로마인 이야기

로마인 이야기 13
최후의 노력

시오노 나나미 지음 · 김석희 옮김

한길사

ROMA JIN NO MONOGATARI XIII

SAIGO NO DORYOKU
by Nanami Shiono

Copyright ⓒ 2004 by Nanami Shiono

Original Japanese edition published by Shinchosha Co., Ltd.
Korean translation rights arranged with Shinchosha Co., Ltd.
through Japan Foreign-Rights Centre

Translated by Kim Seok-Hee
Published by Hangilsa Publishing Co., Ltd., Korea, 2005

塩野七生, ローマ人の物語 XIII(最後の努力), 新潮社, 2002

콘스탄티누스 황제.
콘스탄티누스가 로마사만이 아니라 세계사에서도 위인으로 꼽히는 이유는 뭐니뭐니해도 그가 기독교를 공인했을 뿐만 아니라 기독교 진흥에 몰두한 최초의 로마 황제이기 때문이다.

312년 10월 27일 콘스탄티누스 군대와 막센티우스 군대 사이에 벌어진 '밀비우스 다리 전투'. 이 전투가 '역사를 바꾼 전투'로 불릴 만큼 큰 영향력을 가지는 것은 그 후 1천 년 동안이나 계속된 중세로 가는 문을 열었기 때문이고, 중세 1천 년에 머물지 않고 오늘날까지 지속되고 있는 기독교 세계를 향해 첫 발자국을 찍게 되었기 때문이다.

콘스탄티누스 개선문(위)과 개선문에 새겨진 부조들(아래).
'밀비우스 다리 전투'는 같은 로마인끼리의 전투였는데도 로마 원로원은
승리자 콘스탄티누스에게 개선문을 세워 바치기로 결의했다.

로마인 이야기 13
최후의 노력

시오노 나나미 지음 · 김석희 옮김

한길사

로마인 이야기 13
최후의 노력

독자들에게 · 15

제1부 디오클레티아누스 황제 시대
(서기 284~305년)

혼미에서 탈출 · 21
'양두정치' · 27
'사두정치' · 40
병력 증강 · 63
제국 개조 · 75
관료 대국 · 88
세금 대국 · 99
통제 국가 · 123
디오클레티아누스와 기독교 · 126
디오클레티아누스 목욕장 · 143
은퇴 · 150

제2부 콘스탄티누스 황제 시대
(서기 306~337년)

'사두정치' 붕괴 · 165
여섯 황제 · 169
수뇌 회담 · 182
'공적' 막센티우스 · 192

결전 · 194
역사를 창조한 전투 · 204
'패치워크'의 개선문 · 218
기독교 공인 · 237
새로운 수도 건설 · 267
지도층의 변모 · 276
군대의 변모 · 283
빈부 격차 · 288
가정의 비극 · 293

제3부 콘스탄티누스와 기독교

때를 기다린 시기 · 306
정식 무대로 · 310
'밀라노 칙령' · 315
기독교 진흥책 · 319
니케아 공의회 · 328
'인스트루멘툼 레그니'(Instrumentum regni), 요컨대 '지배의 도구' · 342

- 연표 · 356
- 참고문헌 · 360
- 그림 출전 일람 · 364

비록 나쁜 결과를 낳은 사례라 해도 그것이 시작되었을 당시까지
거슬러 올라가면 선의에서 비롯된 것이었다.
• 율리우스 카이사르

독자들에게

기원전 8세기에 시작하여 기원후 5세기에 끝나는 것이 로마사라는 역사관에서 보면, 로마의 전체 역사는 다음과 같이 진행되었다고 말할 수 있을 것입니다.

왕정→공화정→초기·중기 제정(원수정)→후기 제정(절대군주정)→말기

제13권에서 다루는 것은 역사상으로는 '제정 후기'라는 명칭으로 불리는 시기, 원수정에서 절대군주정으로 이행한 시기의 로마 제국입니다.

왜 절대군주정으로 이행했는가.

그 실태는 어떤 것이었는가.

어떤 점이 원수정과 다른가.

그리고 그것은 어떤 결과로 이어지는가.

당연히 생기는 이런 의문에 간단명료하게 대답하는 것은 나에게는 불가능하고, 그럴 마음도 없습니다. 역사적 사실을 하나하나 더듬어가야만 그 대답에 접근할 수 있다고 생각하기 때문입니다.

로마 제국은 무엇이든 규모가 크고 다양합니다. 융성기에도 그랬고 전성기에도 그랬지만, 끊임없이 쇠퇴하는 시기에 접어든 뒤에도 이 점만은 변하지 않았습니다.

2004년 여름, 로마에서

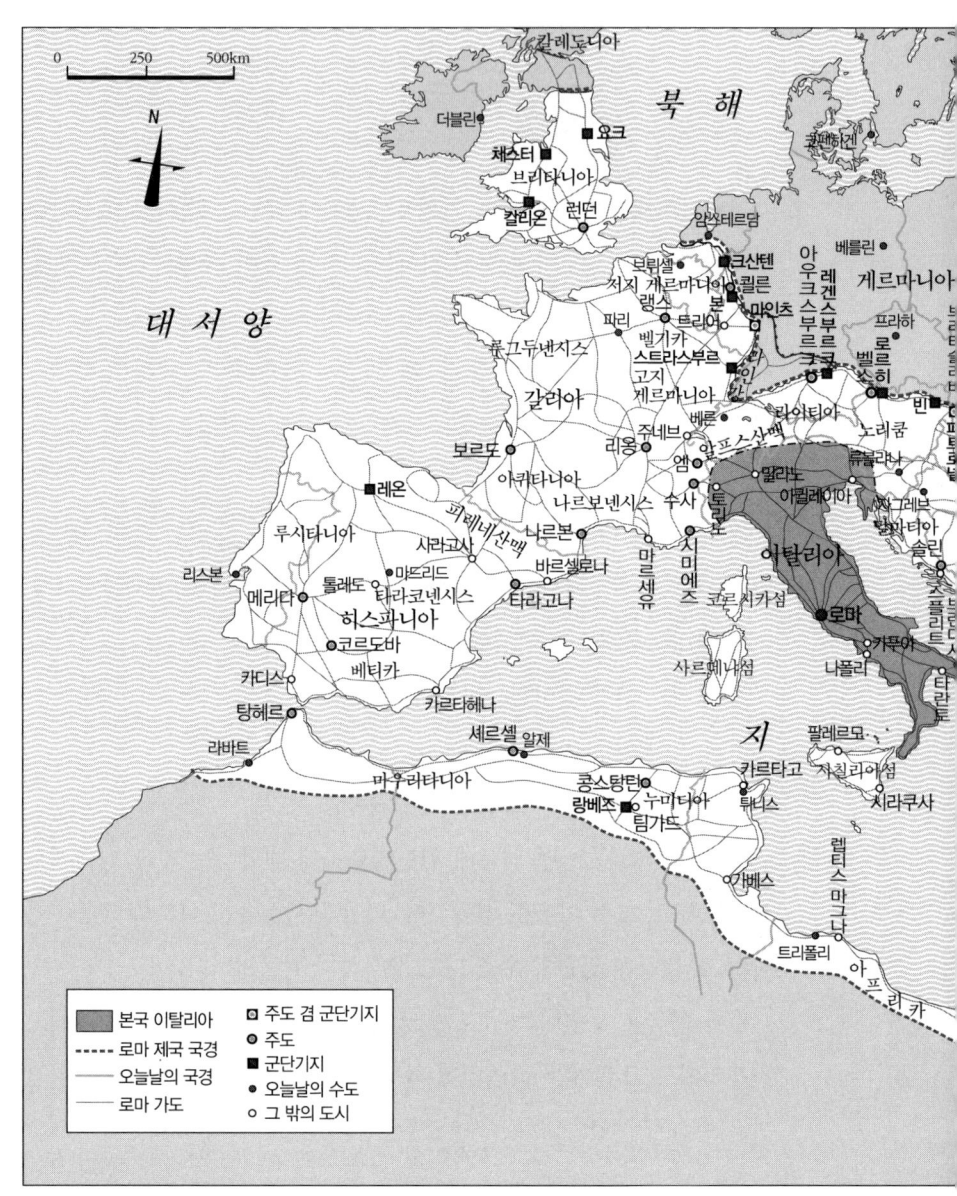

서기 3세기 말의 로마 제국

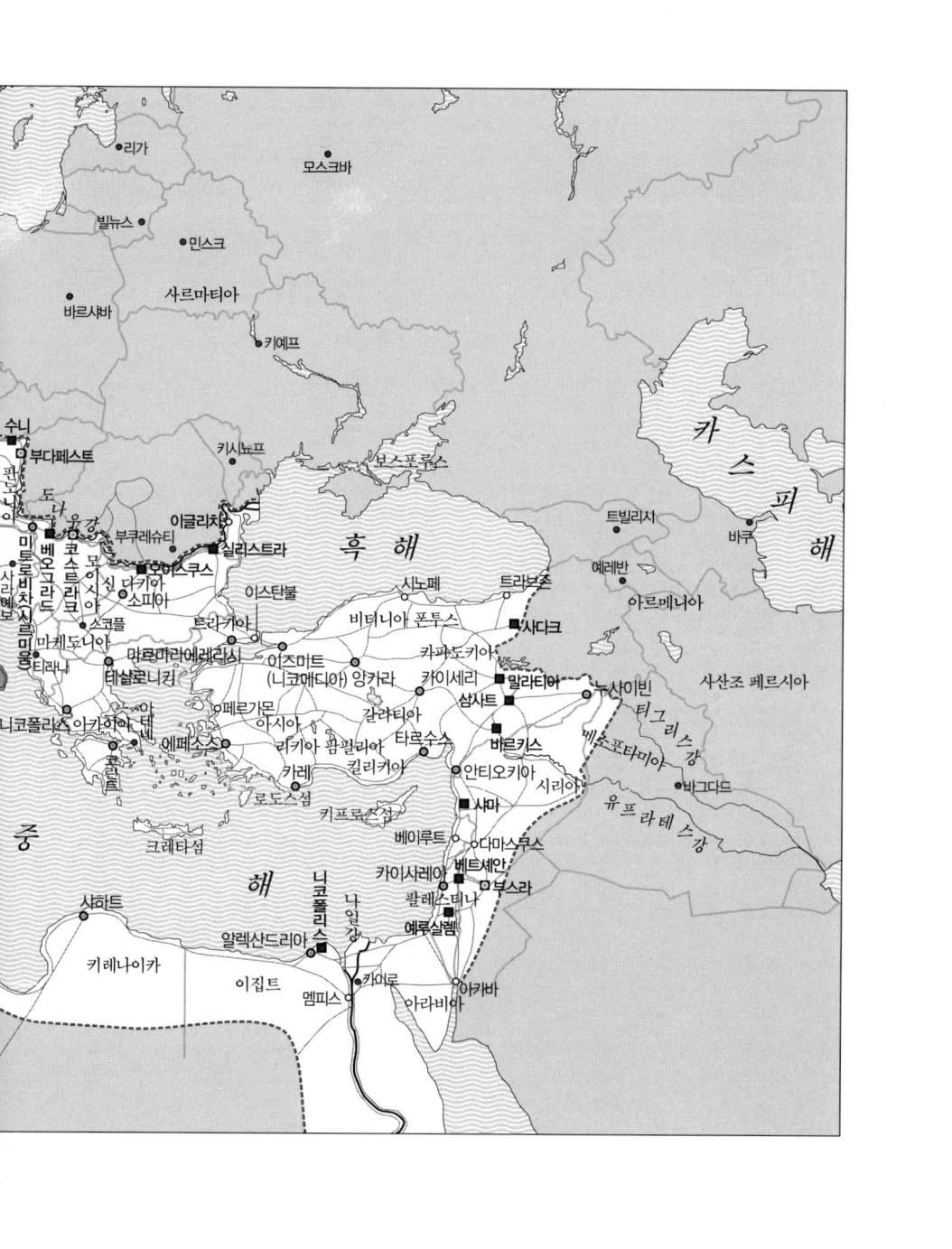

제1부
디오클레티아누스 황제 시대
(서기 284~305년)

혼미에서 탈출

이 인물이 서기 284년에 황제가 되어 로마식으로 '디오클레티아누스'(Diocletianus)라고 이름을 바꾼 뒤에 대해서는 잘 알려져 있지만, 그전에 '디오클레스'라는 이름으로 불린 시절에 대해서는 거의 알려져 있지 않다. 변사한 누메리아누스 황제의 경호대장이었던 것은 확실하지만, 그밖에는 245년 무렵에 아드리아해 동쪽 연안에서 태어났다는 것만 알려져 있을 뿐이다. 출생지는 오늘날의 크로아티아 영토인 스플리트 부근이라고 한다. 부모 이름도 알 수 없고, 농장에서 일하던 해방 노예의 아들이라는 설도 있을 만큼 하층계급 출신이었다. 로마 시대의 성년인 17세가 되자마자 군대에 지원했다면, 그 후 20년 동안 로마군 병사로 보낸 셈이 된다.

그런데 그동안 한 번도 전쟁에서 공을 세운 형적이 보이지 않는다. 중대 규모의 병력을 지휘하는 백인대장까지 진급하려면 5~6년은 필요했으니까 그 기간을 빼면 15년 정도가 되지만, 이 15년은 260년에 현직 황제가 페르시아의 포로로 붙잡히는 로마 제국 최악의 위기에서 겨우 벗어난 직후에 해당하고, 모두 군인 출신 황제인 아우렐리아누스와 프로부스와 카루스가 적극 전법으로 전환한 시기이기도 하다. 바꿔 말하면 전쟁터에서 실력을 발휘할 기회가 누구에게나 열려 있는 시대였다. 그런데 '디오클레스'라는 이름은 그동안 한 번도 들리지 않는다. 게다가 이때 그는 20대 전반에서 30대 후반 사이였으니까 실력을 인정받기에는 가장 적합한 나이였다.

이래서는 그가 군사적 재능은 타고나지 않았다는 많은 연구자들의 의견에 동의하고 싶어진다. 하지만 이 시기의 그는 군대에 소속되어 있어도 전쟁터에는 나가지 않고 군단 관료로서 경력을 쌓고 있었던 게 아닐까. 군대는 숙명적으로 자기완결적인 조직이다. 특히 로마 군단에서는 이것이 전통으로 되어 있었다. 로마 군단에는 의사와 건축가도 있고, 요리사와 재봉사도 있었다. 율리우스 카이사르는 휘하 병사들이 제대한 뒤 정착할 곳으로 본국 이탈리아 이외의 지방에 많은 식민도시를 건설한 최초의 인물인데, 그런 식민도시에 1개 군단을 통째로 정착시켰다. 조직이 이미 만들어져 있어서, 내일부터라도 당장 주민 공동체로 기능을 발휘할 수 있었기 때문일 것이다. 제정으로 이행한 뒤에도 이 전통은 변하지 않았다. 북아프리카의 도시 팀가드가 트라야누스 황제 휘하의 제3아우구스타 군단 병사들이 제대한 뒤의 정착지로 현역 시절에 건설한 도시인 것은 유명하다.

로마 제국의 군대가 이런 조직인 이상, 창칼을 들고 전쟁터에 나가지 않더라도 할 일은 많았을 것이다. 황제가 된 뒤 디오클레티아누스의 통치 방식으로 미루어보아 군단 관료 시절에도 상당한 역량을 발휘했을 것으로 여겨진다. 그가 황제가 될 수 있었던 것은 병사들이 그를 황제로 추대했기 때문이다. 병사들은 평소에는 자신들을 이끌고 전쟁터에서 활약하는 사령관이나 지휘관에게 눈길을 돌린다. 그런데 황제가 변사한 비상사태에 병사들이 선택한 것은 후방을 담당하는 관료였다. 평소 디오클레티아누스의 수완이 병사들 사이에서도 널리 인정받고 있었기 때문일 것이다. 그것도 다음 황제가 결정될 때까지 막간을 때우기 위해 임시로 무난한 노인을 선택한 것이 아니다. 디오클레티아누스는 아직 충분히 젊었다.

그리고 이 군단 관료는 말단 공무원 타입이 아니었다. 자기 담당 분야를 남이 간섭하면 싫어하는 사람이 적지 않은데, 디오클레티아누스는 그런 타입도 아니었다. '남에게 맡기기'가 디오클레티아누스 황제의 기본 전술이었다. 제국이 직면한 현실과 자신이 가진 재능의 성질을 냉철하게 직시했다면 자연히 그런 결론에 도달했을 것이다. 하지만 누구나 할 수 있는 선택은 아니었다.

디오클레티아누스가 제위에 오른 284년에 로마 황제가 시급히 대처해야 할 문제는 수없이 많았지만, 그중에서도 특히 디오클레티아누스가 중요하게 생각한 것은 다음 두 가지였다.
첫째는 안전보장. 둘째는 제국의 구조개혁.

구체적으로는 우선 동방의 대국 페르시아 문제가 있었다. 선황(先皇)인 카루스는 유프라테스강을 건너 페르시아 영토로 쳐들어갔지만 벼락에 맞아 죽었다. 그 후 로마군은 서쪽으로 철수했기 때문에 페르시아와 휴전도 맺지 않은 상태로 전쟁이 중단되어 있었다. 따라서 전쟁이 다시 일어날 위험은 충분했다. 하지만 카루스 황제가 죽기 전에 로마군이 이미 페르시아군에 상당한 타격을 주었기 때문에 페르시아 왕도 쉽사리 반격에 나설 수 없는 상황이었다. 디오클레티아누스도 당분간은 이 문제를 보류할 수 있다고 판단한 모양이다.
하지만 절대로 미룰 수 없는 문제가 있었다. 라인강과 도나우강으로 이루어진 로마 제국의 북쪽 방위선(리메스) 너머에 사는 야만족이다. 로마군의 주력이 동방에 집결해 있는 지금이 좋은 기회라고 보고 로마 영토로 다시 쳐들어오고 있는 북유럽의 여러 부족에 대한 대책이 시급했다. 오리엔트에 원정한 로마군은 카루스 황제가 이끌고 있었다. 황제가 지휘하는 이상, 로마군의 정예부대가 수행했을 것이다. 야만족들은 지금이야말로 방비가 허술해진 제국 서방을 침범할 기회라고 판단하고, 그 판단을 재빨리 실행에 옮기고 있었다.

제국의 방위선을 지키는 문제는 북쪽 방위선에만 국한되지 않았다. 제국의 남쪽 변방에 해당하는 북아프리카 일대에서도 사막 민족의 습격에 진지하게 대처할 필요가 생겼다. 북방 야만족과 마찬가지로 남쪽의 사막 민족들도 이 시대에는 아직 로마 영토로 쳐들어와서 땅을 점령하고 거기에 정착하는 단계에는 이르지 않았다. 쳐들어와서 사람이나 가축이나 재물을 빼앗아 자기네 땅으로 돌아가는 도적행위에 머물러 있었다. 하지만 이런 일이 상례가 되면 그 땅에는 아무도 살지 않게 된다. 겁에 질린 주민은 안전한 도시로 흘러든다. 지방 인구는 줄어들고 도시 인구는 늘어나는 지방 과소화와 도시 과밀화의 시작이다. 도시와 농촌에 주민이 적절히 흩어져 사는 균형 관계가 깨지면, 그다음에 기다리고 있는 것은 생산성 저하와 실업자 증가다. 이것을 막는 길은 안전보장뿐이다. 국토를 방위하여 평화를 유지하려고 애쓰는 방법밖에 없었다. 3세기에 제국의 북쪽 방위선인 라인강과 도나우강에 인접한 로마 영토에서 두드러지기 시작한 지방 과소화와 도시 과밀화 현상이 3세기 말에는 남쪽의 북아프리카에서도 일어나게 되었다.

광대한 북부지방 전역에서 차례로 솟아나는 구름처럼 나타나 기후가 따뜻하고 풍요로운 로마 영토로 쳐들어오는 북방 야만족을 막기 위해 로마 제국은 모두 16개 군단을 투입했다. 그런데 '방위선'의 길이가 거의 같은 북아프리카에는 언제나 1개 군단밖에 배치하지 않았다. 오늘날 알제리의 랑베즈에 기지를 둔 제3아우구스타 군단인데, 그 이름으로 보아 초대 황제 아우구스투스가 창설한 군단임을 알 수 있다. 오늘날의 모로코에서 알제리와 튀니지를 거쳐 리비아에 이르는 긴 방위선을 6천 명밖에 안되는 군단 병력이 300년 동안이나 지켜온 셈이다. 그것이 가능했던 가장 큰 이유는 숲의 민족에 비해 사막 민족은 무엇보다 수가 적었기 때문이다. 하지만 1개 군단으로도 방위선을 지킬 수 있었던 것은 주전력인 군단이 주둔하는 기지를 축으로 하여 제대한 병사들이 집단으로 이주한 '식민도시'와 원주민 마을, 그 사이를 잇는 가도망, 전략지점마다 배치된 성채와 요새로 이루어진 로마 제국의 종합적인 방위체제가 충분히 기능을 발휘하고 있었기 때문이다. 그런데 300년이 지난 3세기 말에는 그것이 제대로 기능을 발휘하지 않게 되었다.

하지만 3세기 말의 로마 제국은 라인강과 도나우강을 건너 쳐들어오는 북방 야만족의 위협과는 비교도 되지 않는 북아프리카의 사막 민족을 상대로 방위력을 증강할 여유가 없었다. 그렇다고 방치해둘 수도 없다. 로마 시대의 북아프리카 일대는 농업을 중심으로 하는 대규모 산업 지대였다. 이집트는 밀 주산지였고, 이집트 서쪽의 북아프리카에서는 밀과 올리브유, 과일에서 수공업 제품까지 무엇이든 생산하고 있었다. 따라서 주민의 생활수준도 높고, 이탈리아 반도와 북아프리카를 잇는 바닷길은 상선으로 항상 북적거렸다. 말하자면 제국의 본국이자 소비지인 이탈리아 반도와 생산지인 북아프리카는 이탈리아와 에스파냐보다 훨씬 가까운 관계에 있었다. 이런 관계가 위협받기 시작한 것이다. 로마 제국으로서는 전처럼 지원부대를 보내 침략자를 쫓아버리면 끝날 문제가 아니었다.

게다가 3세기 말의 로마 제국은 외적을 물리치기만 하면 '팍스 로마나'를 되살릴 수 있는 상태도 아니었다. 즉 제국 내부에도 '적'을 갖게 되었다. 제국 내부의 적이라 해도, 속주가 중앙정부에 대항하여 반기를 들었다는 뜻은 아니다. 횡행하는 도적에 대한 대책을 시급히 마련할 필요가 있었다는 뜻이다. 특히 갈리아 속주에서는 도적이 대규모 집단을 이루어 멋대로 날뛰었고, 도버 해협을 경비하는 군용 선단을 빼앗아 브리타니아 속주까지 폭력 행위의 범위를 넓히고 있었다.

무법자 집단의 세력이 이렇게 강대해진 이유는 좀 이상한 표현이지만 도적의 '질'이 향상되었기 때문이다. 농민을 위협하는 도둑이나 길가는 사람에게 피해를 주는 강도들이 이제 로마 군단에서 제대한 병사나 야만족 중에서도 난폭한 자들이 모인 집단으로 모습을 바꾼 것이다. 간단히 말하면 얼마 전까지는 제국의 방위선을 사이에 두고 적대하던 자들이 쉽게 돈을 벌 수 있다는 이유로 한패가 되었고, 이런 집단이었기 때문에 무기 사용과 습격에도 익숙해져 있었다. 게다가 이 무법자들의 두목은 얼마 전까지 도버 해협을 경비하는 임무를 맡고 있던 로마군 지휘관이었다. 이 인물은 야만족과의 전투에서 획득한 전리품 분배에 불만을 품고 강도로 전업했다니까, 강도 집단의 질적 향상은 로마군의 질적 저하에 기인했는지도 모른다. 어쨌든 도적 집단에 대처하기 위해 황제가 직접 로마 정규군을 이끌고 나가야 하는 시대가 되었다.

이런 '적'에 대한 대책이 황제가 된 직후의 디오클레티아누스가 직면한 과제였다. 하지만 절대적인 위기였다고까지는 말할 수 없다. 로마 제국은 그보다 겨우 20년 전에 현직 황제가 포로로 잡힌 데 이어 제국이 셋으로 분할되는 전대미문의 위기를 겪었다. 그래도 그 시기의 참상은 그 후 제국의 최전선에 나선 군인 출신 황제들의 노력으로 수습할 수 있었다. 위기를 극복했다고는 말할 수 없지만 이전 상태로 돌아갈 수는 있었다. 그 당시에 비하면 3세기 말에 시급히 대처할 필요가 있는 문제들은 위험도가 낮았다. 제국을 이전 상태로 돌려놓은 최고 공로자인 아우렐리아누스 황제였다면, 그는 먼저 문제의 우선순위를 정한 다음, 잠시도 시간을 낭비하지 않고 차례로 전선을 돌아다니면서 문제를 해결했을 것이다. 아우렐리아누스와 디오클레티아누스 둘 다 신분이 낮고 발칸 지방 출신이라는 점도 비슷하지만, 문제 처리 방식은 전혀 달랐다. 이 차이는 두 황제의 성격과 재능의 질적 차이에서 생겨난 동시에 그들이 직면한 위기의 정도 차이에서 생겨난 것이기도 하다.

'양두정치'

디오클레티아누스에게는 황제가 되기 오래전부터 친하게 지낸 친구가 하나 있었다. 아우렐리아누스 황제와 마찬가지로 도나우강 근처의 시르미움(오늘날 유고슬라비아의 미트로비차)에서 태어났다니까, 이 사람도 3세기부터 4세기까지 로마의 제위를 독차지한 발칸 지방 출신이다. 사회적으로는 하층계급 출신이고, 따라서 군단에서 잔다리를 밟아 출세했다는 점에서도 황제가 될 자격은 충분했다. 이름은 막시미아누스(Maximianus). 나이는 디오클레티아누스보다 다섯 살쯤 아래였던 모양이다.

하지만 이 두 사람은 정반대라고 해도 좋을 만큼 성격이 달랐다. 디오클레티아누스는 속마음을 남에게 보여주지 않는 반면, 막시미아누스는 생각이 얼굴에 그대로 드러날 뿐만 아니라 행동에도 드러난다. 집 밖에서 때 아닌 소리라도 나면, 디오클레티아누스는 움직이지 않고 우선 소리의 원인을 알려고 했을 것이다. 하지만 막시미아누스는 이것저것 생각할 것도 없이 다짜고짜 무기를 들고 밖으로 뛰쳐나간다. 이 두 사람이 왜 친했는지는 모르지만, 막시미아누스가 디오클레티아누스를 진심으로 존경한 것은 확실하다. 디오클레티아누스는 막시미아누스의 특질을 누구보다도 정확하게 평가하고 있었다. 그 특질이란 그의 군사적 재능이었다. 전투에 강하다. 즉 싸우면 이긴다. 병사들에게도 절대적인 인기가 있었다. 병사들은 막시미아누스를 존경한다기보다 사랑했다. 전쟁터에서는 후방에서 명령을 내리는 사령관이 많은데, 막시미아누스는 언제나 전선에 있었다.

283년 여름, 카루스 황제가 페르시아 전쟁 중에 벼락에 맞아 죽었다.
같은 해 가을, 카루스의 아들인 누메리아누스 황제도 메소포타미아 지방에서 군대를 이끌고 소아시아의 니코메디아(오늘날 터키의 이즈미트)까지 후퇴했을 때, 마차 안에서 변사체로 발견되었다. 그 직후에 병사들이 디오클레티아누스를 황제로 옹립했다.
이듬해인 284년 여름, 카루스 황제의 또 다른 아들인 카리누스도 전사했다기보다 자멸하고 무대에서 퇴장했다.
디오클레티아누스는 마흔 살이 될까말까 한 나이에 로마 제국 최고 권력자의 지위에 앉았다. 그의 지위를 위협할 수 있는 사람은 하나도 없었다.

보통사람이라면 갓 손에 넣은 로마 제국의 최고 권력을 재빨리 남에게 나누어주지는 않을 것이다. 하지만 디오클레티아누스는 그렇게 했다. 같은 해 가을에 벌써 막시미아누스를 '카이사르'에 임명한 것이다. '양두정치'(兩頭政治, diarchia)의 시작이었다.

'카이사르 아우구스투스'라는 칭호를 붙이면 '황제'이고 '카이사르'만 붙이면 '황태자'를 뜻하는 시대가 오랫동안 계속되었는데, 그 경우에는 두 사람 사이에 항상 20세 가까운 나이 차이가 있었다. 차기 황제니까 당연하다. 하지만 디오클레티아누스가 원한 것은 자신의 뒤를 이을 후계자가 아니라 황제인 자신의 오른팔을 맡아줄 인재였다. 디오클레티아누스가 다섯 살 아래인 친구에게 준 것은 황제와 거의 대등한 권력이었다. 디오클레티아누스는 막시미아누스에게 막강한 권력을 주고 제국 서방이 직면해 있는 문제의 해결을 일임했다. 그리고 자신은 동방을 맡기로 했다. 이 시기의 '동방'은 그리스와 이탈리아 사이에 그은 선의 동쪽이었으니까, 도나우 방위선은 디오클레티아누스의 담당 구역에 들어간다. 한편 막시미아누스가 맡은 곳은 갈리아와 브리타니아·히스파니아·북아프리카였다. 이렇게 제국을 양분하는 결단을 내린 것은 혼자서는 문제를 해결할 수 없다고 보았기 때문이다. 자신은 5년이라는 짧은 기간에 삼분된 제국을 재통합한 아우렐리아누스 황제처럼 탁월한 군사적 재능이 없다는 디오클레티아누스의 적확한 인식과 판단은 칭찬할 만하다. 덧붙여 말하면, 아우렐리아누스 황제가 종횡무진으로 활약한 시기는 디오클레티아누스가 25세부터 30세까지였던 시기와 일치한다. 배우지 않고 이 시기를 보낸 사람은 평생 배우지 못하고 끝난다. 당시 디오클레티아누스는 무명이었지만 뛰어난 관찰력의 소유자였을 것이다.

자신의 한계를 아는 능력이 있고 그것을 토대로 방침을 세울 수 있는 능력이 있어도, 시간을 낭비하지 않고 그것을 실행에 옮기려면 미련을 갖지 않는 산뜻한 자세가 필요하다. 디오클레티아누스는 별로 미련을 갖지 않는 인물이기도 했다.

막시미아누스를 '카이사르'에 임명하여 제국 서방의 문제 해결을 맡겼으니까, 잠시 상황을 보면서 이 '오른팔'이 거두는 성과를 확인했다 해도 비판할 사람은 아무도 없었을 것이다. 막시미아누스도 불평하지는 않았을 것이다. 제국 서방에 질서를 회복하는 임무를 맡은 지 반 년밖에 지나지 않았기 때문이다. 그동안 막시미아누스의 군사행동은 좋은 방향으로 가고 있었지만, 반 년은 특기할 만한 성과를 거두기에는 너무 짧다. '카이사르'가 된 뒤 반 년 동안 막시미아누스는 맡겨진 임무를 수행하고 있었을 뿐이다. 그런데 디오클레티아누스 황제는 여기서 한 걸음을 더 내디뎠다. 이것은 나중에 생각하면 결정적인 한 걸음이었다. 286년 4월 1일, 막시미아누스를 '카이사르 아우구스투스', 즉 '황제'로 승격시킨 것이다. 디오클레티아누스가 제위에 오른 지 2년도 지나지 않았다. 막시미아누스의 황제 승격은 병사들이 추대한 결과가 아니다. 디오클레티아누스 황제가 혼자서 결정한 일이다. 이리하여 41세와 36세의 두 황제가 제국의 동방과 서방을 분담해서 통치하는 체제가 생겨났지만, 디오클레티아누스는 로마 제국을 동서로 분할할 마음이 전혀 없었다.

똑같은 '아우구스투스'(황제)지만, 디오클레티아누스는 거기에 '요비우스'(Iovius)라는 칭호를 덧붙이기로 했다. 요비우스는 최고신 유피테르를 말한다. 막시미아누스에게 붙여진 칭호는 '헤르쿨레스'

'양두정치를 상징하는 기념 화폐

(Hercules)였다. 그리스 신화에 나오는 영웅 헤르쿨레스(헤라클레스)는 절반만 신이다. 하지만 자기 이름에 신이나 반신의 이름을 덧붙이는 것은 산 사람을 신으로 숭배하라는 뜻인가 하고 생각하면 잘못이다. 디오클레티아누스는 제국을 통일된 형태로 유지해 나가고 싶었고, 따라서 두 황제의 지위가 같다는 인상을 주고 싶지 않았을 뿐이다. 그래서 고대인이라면 당장 그 차이를 알 수 있는 신과 반신의 이름을 붙여서 차이를 분명히 했다. 로마인은 별장에도 신의 이름을 붙이기를 좋아했다. 별장을 '베누스'라고 부른다 해도 그곳이 미와 사랑의 여신 비너스가 사는 집이라는 뜻은 아니었다. 카프리 섬의 별장을 '요비스'라고 이름 지은 티베리우스 황제는 로마의 역대 황제 가운데 유일하게 사후 신격화를 거부한 사람이다. 하지만 다신교 민족답게 신과 인간이 이처럼 친밀한 것은 일신교인 기독교 신자들의 신경에 거슬렸다. 별장 이름을 하느님이나 예수 그리스도나 성모 마리아라고 짓는 기독교도는 없을 테니까.

하지만 조각상에서도 근골이 늠름한 육체로 표현되는 헤르쿨레스를 칭호로 받은 막시미아누스는 그 이름 때문인가 싶을 만큼 눈부신 활약을 보였다. 원래부터 전쟁터에서 더욱 생기가 도는 인물이다. 게다가 두 황제 가운데 하나는 제국의 변경에서 농민의 아들로 태어난 사람이다. 기분이 더할 나위 없이 좋은 막시미아누스는 자신에게 맡겨진 제국 서방의 질서 회복에 필요한 군사력 재편성도 지체없이 해치워버린다. 역시 '차기 황제'보다는 '현직 황제'의 칭호가 효력이 컸다. 그 후 막시미아누스는 우선 라인강으로 군대를 보냈다.

요즘으로 말하면 알프스산맥에서 발원하여 스위스·프랑스·독일·네덜란드를 지나 북해로 흘러드는 라인강은 갈리아를 정복한 율리우스 카이사르가 국경으로 정한 뒤 350년 동안 줄곧 로마 제국의 가장 중요한 방위선이었다. 2천 년 뒤인 지금도 이 큰 강을 따라 늘어서 있는 중요한 도시들은 거의 다 로마 시대에 건설되었다. 스트라스부르·마인츠·본·쾰른은 원래 로마 군단 주둔지였다. 그 후 2천 년이 지난 지금도 이런 도시에 많은 사람이 살고 있는 것은 애당초 도시를 건설할 때 지형에 대한 로마인의 판단이 뛰어났기 때문이고, 또한 거기에 도시를 세우기로 결정한 뒤 사회기반시설을 갖추는 공사가 대규모로 철저하게 이루어졌기 때문이기도 하다. 제국 말기부터 중세가 끝날 때까지 야만족의 거듭된 침략으로 파괴되어 원래의 목적으로는 쓸 수 없게 되었지만, 견고한 돌벽은 이 불행 속에서 살아남은 사람들에게 비바람을 피할 곳을 마련해주었다. 그러는 동안 포룸이나 경기장이나 수도교의 돌벽은 작게 쪼개져 사람들이 사는 주택으로 바뀌어간다. 이렇게 마을은 조금씩 규모를 확대하여, 전혀 다른 형태의 근대 도시로 탈바꿈한다. 한때는 완전히 버림받은 마을도 기후가 좋은 유럽에서는 근대 도시로 변모할 수 있었지만, 북아프리카에서는 그렇게 되지 않는다. 인간이 살지 않게 된 마을이나 도시는 그 주변까지도 사람의 손길이 미치지 않게 되니까, 기다리고 있는 것은 사막화뿐이다. 하지만 고고학적으로는 근대 도시 밑에 깊이 묻혀서 발굴하기가 쉽지 않은 유럽보다는 모래만 파면 도시가 모습을 드러내는 북아프리카 쪽이 일하기 쉬운 것은 확실하다.

라인강도 그렇지만, 도나우강도 로마인에게는 단순한 하천이 아니라 그들의 제국을 지켜주는 '방벽'이었다. 도나우강 연변에 있는 빈과 부다페스트·베오그라드 같은 로마 군단 주둔지가 2천 년 뒤인 지금은 동유럽 국가들의 수도가 되어 있다. 덧붙여 말하면 로마인의 언어인 라틴어에서는 라인강을 레누스(Rhenus), 다뉴브강이라고도 부르는 도나우강은 다누비우스(Danuvius)라고 불렸다.

라인 방위선은 로마 제국에 이만큼 중요했지만, 그 방벽마저 토막토막 잘려버린 것이 내가 제12권에서 이야기한 '3세기의 위기' 시대의 로마 제국이었다. 이것은 4개 군단이 지키는 라인 방위선만의 상황은 아니었다. 10개 내지 12개 군단을 투입한 도나우 방위선도 상황은 별로 다르지 않았다. 사실대로 말하면 용맹한 장수 한 사람을 투입한 정도로는 안보 문제가 근본적으로 해결되지 않을 만큼 3세기 말 로마 제국의 방위체제는 심각한 상태였다.

하지만 문제 해결의 책임자가 되면 근본적인 해결에 손을 대기보다는 당장의 불안을 해소하는 것이 우선이라고 생각하는 것도 당연하다. 동방에서는 '시니어' 황제인 디오클레티아누스, 서방에서는 '주니어' 황제인 막시미아누스가 286년부터 293년까지 여기에 전념했다.

우선 막시미아누스가 담당한 서방을 살펴보면, 전쟁터에서 더욱 생기를 띠는 인물인 만큼 전선은 바뀌어도 전술은 계속 적극전법으로 일관했다.

라인강을 건너 서쪽으로 우르르 밀려 들어와 있던 프랑크족을 격파하고, 그 여세를 몰아 라인강 동쪽까지 쳐들어가서 이 북방 야만족 중에서도 유력한 부족의 본거지를 파괴하고 불태웠다.

이리하여 한동안 배후를 걱정하지 않아도 좋은 상황이 되자, 갈리아 전역을 휩쓸고 다니던 도적떼와 대결했다. 로마군에서 쫓겨나거나 도망친 병사. 소속 부족에서 떨어져 나와 독자적으로 행동하는 야만족. 안전이 보장되지 않아서 농사를 짓지 못하고 농경지를 버린 농민. 제국의 경제 사정이 나빠지면서 공적·사적으로 제공되던 대중오락이 줄어들고 그 때문에 실업자가 되어버린 검투사. 지방 과소화와 반비례하여 계속 과밀해진 도시에서 태어나 자랐지만 생계 수단을 잃은 도시 부랑자. 이런 사람들이 3세기 말의 도적 집단을 구성하고 있었다. 이 집단이 조직화되고 습격 방법이 교묘해진 것도 당연했다. 야만족과 페르시아라는 강력한 외적에 대처하느라 국내 치안에까지 손을 돌리지 못한 시기가 길어진 것도 도적 집단이 멋대로 횡행하게 된 원인의 하나였다.

'팍스 로마나'는 로마에 의해 확립된 평화라는 의미지만, 로마에 정복당한 속주민도 그 '팍스 로마나'를 지지한 것은 외적에 대한 방위만이 아니라 국내 치안을 유지하는 데에도 성공하고 있었기 때문이다.

치세의 대부분을 제국 순행에 바쳐 특히 변경지대를 구석구석 시찰한 것으로 유명한 하드리아누스 황제는 군단도 거느리지 않고 이 일을 해냈다. 그래도 황제니까 경호대 정도는 수행했겠지만, 순행한 곳에서 대처하기 힘들 만큼 많은 수의 병사는 아니었다. 이것으로도 분명히 알 수 있듯이 하드리아누스를 포함한 오현제 시대까지는 '팍스 로마나'가 완벽하게 기능을 발휘하고 있었다. 그리고 로마 통치자들은 전통적으로 치안을 방위와 마찬가지로 중요하게 생각했다. 치안이 유지되지 않아도 지위가 높은 사람이나 유복한 사람은 몸을 지킬 수단이 있다. 자경단을 조직하거나 경호원을 고용할 수도 있다. 재력이 있기 때문이다. 일반 사람은 그런 재력이 없다. 따라서 이런 상태를 방치하면 우선 생산에 종사하는 사람이 줄어든다. 애써 생산해봤자 도적한테 빼앗길 게 뻔한데 누가 쓸데없이 고생을 하겠는가. 또한 여행길이 불안한 것은 사람과 물자의 교류에 장애가 되었다. 이런 상태는 경제활동 저하를 낳고, 경제활동 저하는 실업자를 늘린다. 그렇기 때문에 치안도 방위와 마찬가지로 국가가 맡아야 할 '공적' 책무가 되는 것이다. 하드리아누스 황제가 살았던 2세기와 디오클레티아누스가 통치하는 3세기 말의 차이는 전에는 도적을 퇴치하기 위해 황제가 나설 필요가 없었는데 지금은 그럴 필요가 있다는 것이었다. 막시미아누스 황제가 야만족을 라인강 너머로 쫓아낸 뒤 맞붙은 과제가 바로 도적 퇴치였지만, 당시 로마인들은 아무도 그것을 이상하게 생각지 않았다.

이제 도적 집단은 질도 향상되었고 수도 늘어나 있었다. 그래서 그들을 완전히 소탕하는 데에는 야만족을 라인강 너머로 쫓아내는 것보다 더 긴 기간이 걸린 모양이다. 게다가 갈리아는 넓은 지역이었다. 오늘날의 프랑스와 벨기에, 스위스의 서쪽 절반, 독일의 서쪽 4분의 1, 거기에 네덜란드 남부까지 포함된다. 라인강이 흘러드는 북해 연안의 갈리아 북부에도 도적 집단을 소탕하기 위해 병력을 보낼 필요가 있었다. 이 일대에는 최근 작센족(색슨족)이라는 이름의 부족이 눈에 띄게 자주 출몰하고 있었다. 어느 부족이든 야만족과 도적 집단이 연합하는 것은 로마가 절대로 막아야 할 일이었다.

겨우 갈리아를 도적 집단에서 해방시킨 막시미아누스는 북아프리카로 전선을 이동한다. 도적단의 일부는 도버 해협을 건너 브리타니아로 도망쳤지만, 브리타니아의 질서 회복보다 북아프리카의 질서 회복이 선결 문제였기 때문이다. 북아프리카는 제국 중심부와 가까웠지만 브리타니아는 멀었다.

로마 제국 남부를 이루고 있는 북아프리카는 군단을 이끌고 온 황제를 본 적이 없는 지역이었다. 순행하러 온 하드리아누스에 대해서는 들어서 알고 있다. 북아프리카 출신인 세베루스 황제가 금의환향했을 때 상황도 오랫동안 이야깃거리가 되었다. 북아프리카와 인연이 깊은 황제가 또 한 사람 있었지만, 이 고르디아누스 황제는 겨우 보름 동안 제위에 있었을 뿐이다. 제국의 중요한 지역인데도 북아프리카에 사는 사람들은 카르타고가 패배한 뒤 무려 450년 동안이나 군단을 이끌고 행동하는 황제를 한 번도 본 적이 없었다. 그런데 이제 막시미아누스가 군단을 이끌고 북아프리카에 간 것은 오랫동안 1개 군단만으로 방위해온 북아프리카에도 황제가 직접 나설 필요가 생겼다는 뜻이다. 역시 시대가 완전히 달라져 있었다.

그래도 역시 로마군이 황제를 앞세워 본격적으로 개입한 것은 나름대로 효과를 거두었다. 사막 민족을 사막 저편으로 쫓아보내는 전투는 갈리아 전역에서 도적떼를 완전히 소탕한 것보다 짧은 기간에 끝난 모양이다. 로마 제국 서방을 담당한 막시미아누스 황제는 일단 임무를 완수했다.

그동안 동방을 맡은 디오클레티아누스 황제도 한 자리에 느긋하게 앉아 있을 겨를이 없었던 것은 마찬가지였다. 아니, 기후와 지세가 극단적으로 다른 지방을 계속 왕래하느라 다섯 살 아래인 동료보다 더 바빴다 해도 좋다. 동방에서도 도나우 방위선을 돌파하여 쳐들어오는 야만족을 격퇴하는 것이 무엇보다 우선이었다. 어느 전선에서도 디오클레티아누스가 전쟁터에 나가 전투를 진두지휘했다는 기록은 없다. 자신은 후방에 있고, 실제 지휘는 휘하의 장수들에게 맡겼을 것이다. 그래도 황제가 전쟁터 끝에라도 있다는 사실은 적과 싸우는 장병에게 큰 영향을 주었다. 알프스에서 발원하여 중부 유럽과 동유럽을 가로질러 흑해로 흘러드는 것이 도나우강이다. 방위선 자체가 길다. 그 강을 건너 로마 영토로 대거 남하해오는 북방 야만족을 도나우강 북쪽으로 쫓아내는 데 2년은 걸린 모양이다.

이 문제를 처리하자마자 디오클레티아누스는 동방으로 간다. 수비에 필요한 병력만 남겨두고 나머지 병력은 모두 이끌고 갔다. 전투에 호소하는 방법 이외에 군대를 배경으로 적을 위압하는 방책을 선택할 수도 있었다. 어느 쪽을 택하든, 목적은 유프라테스강과 티그리스강 사이에 끼여 있는 지역이라는 뜻에서 '메소포타미아'라고 불린 넓은 지방의 북부를 페르시아 왕에게 양도받는 것이었다. 영토를 확대하기 위해서가 아니라 라인강과 도나우강과 더불어 로마의 가장 중요한 방위선인 유프라테스강 방위선을 더욱 강화하는 것이 주된 목적이었다.

이것은 절반의 성공을 거두었다. 페르시아 왕은 메소포타미아 북부를 로마에 양도하지는 않았지만, 그 지방이 로마 제국의 지배 아래 들어가는 것을 묵인했기 때문이다. 또한 아르메니아 왕국의 왕위에 친로마파인 티리다테스 3세를 앉히는 데에도 성공했다.

아르메니아 왕국이 동쪽의 페르시아에 붙느냐 서쪽의 로마에 붙느냐는 동쪽의 지배자가 파르티아 왕국이었던 시대부터 로마 제국에 매우 중요한 문제였다. 유프라테스강이 흐르는 서방에서만이 아니라 메소포타미아 북부의 북쪽에 있는 산악 지대에서도 메소포타미아 지방 전역을 감시할 수 있게 되기 때문이다. 과거에는 파르티아 왕국의 수도가 있었고 지금은 페르시아 왕국의 수도가 있는 메소포타미아에 필요하면 언제든지 군대를 남하시킬 수 있는 가능성을 확보해두면 전략상 대단히 유리하다. 참고로 말하면, 옛날의 아르메니아는 2천 년 뒤인 지금은 터키 동부에 해당한다. 오늘날에도 미국 정부는 터키를 NATO에 가입시키고 터키와의 동맹을 강화하는 데 열심인데, 흑해와 지중해를 잇는 보스포루스 해협과 이스탄불을 중심으로 한 터키 서부의 전략적 중요성만이 그 이유는 아닐 것이다. 소련이 건재했던 시대에는 이 지역이 전략적으로 매우 중요했지만, 지금은 그 중요성이 상대적으로 떨어졌다. 하지만 터키에는 아직 이라크와 접해 있는 동부가 있다.

디오클레티아누스가 이 방면의 방위선을 강화하는 데 성공한 것은 288년이었다. 수도 로마의 원로원은 디오클레티아누스에게 '페르시아를 제압한 위대한 사람'을 뜻하는 'persicus maximus'라는 존칭을 주기로 결의했다. 전투는 전혀 치르지 않고 거둔 성공이지만, 아직 로마 원로원에는 그 의미를 정확히 이해할 수 있는 사람이 있었다. 하지만 디오클레티아누스는 이 기회에도 수도를 방문하지 않았다. 제위에 오른 지 4년이 지났지만, 그동안 그는 한 번도 로마에 가지 않았다. 288년에도 시리아의 안티오키아에서 군대와 함께 다시 서쪽으로 돌아갔지만, 도나우강과 라인강 상류가 접근하는 라이티아 지방으로 가는 쪽을 우선한다. 라인강 상류를 엄중히 감시하여, 갈리아에서 도적 떼 소탕작전을 벌이고 있는 막시미아누스 황제와 그 군대의 배후를 안전하게 해두는 것이 목적이었다.

그럴 필요가 없어진 290년, 디오클레티아누스와 그의 군대는 다시 동방으로 이동한다. 이번 동방행의 목적은 로마 제국 영토인 시리아에 출몰하기 시작한 사라센 도적을 퇴치하는 것이었다. 로마 제국이 멸망한 뒤 중세의 주역이 될 색슨족과 프랑크족, 랑고바르드족, 사라센족의 이름이 눈에 띄기 시작하는 시대가 되어 있었다.

사라센 소탕작전은 곧 끝났는지, 이듬해인 291년에 디오클레티아누스는 이집트에 머물고 있었다. 관광도 아니고 시찰여행도 아니다. 나일강 상류에서 습격해오는 원주민을 로마 정규군을 동원하여 격파하는 것이 목적이었다. 로마 제국의 곡창인 이집트에는 1개 군단이 상주해 있고, 원주민의 공격은 과거에는 '산발적 위협' 정도로 여겨지고 있었다. 하지만 이 이집트에서도 이제 상주하는 군사력으로는 그런 적에게도 대응할 수 없게 되었다.

그런데 이집트에서도 짧은 기간에 목적을 달성할 수 있었는지, 이듬해인 292년에 디오클레티아누스는 도나우 방위선으로 돌아와 있었다. 이번에는 도나우강을 건너 남하해온 북방 야만족인 사르마티아족을 격퇴하는 것이 목적이었다.

286년부터 292년까지 7년 동안 두 황제는 이런 식으로 전쟁터를 전전했다. 이 7년 동안 두 황제는 한 번밖에 만나지 않았다. 289년에서 290년으로 넘어가는 겨울에 메디올라눔(오늘날의 밀라노)에서 며칠을 함께 보냈을 뿐이다. 막시미아누스는 북아프리카로 가기 전, 디오클레티아누스는 사라센족에 대처하기 위해 시리아로 가기 전의 '막간'이라고 해도 좋았다.

이 7년 동안, 디오클레티아누스가 제위에 올랐을 때부터 헤아리면 8년 동안, 당면 문제는 일단 해결되었다. 제국의 동방과 서방을 두 황제가 분담 통치하는 '양두정치' 체제의 효용성을 실증한 셈이다. 하지만 47세가 된 디오클레티아누스는 거기서 한 걸음 더 나아간 체제를 구상하고 있었다.

'사두정치'

293년 5월 1일, 그것은 디오클레티아누스가 본거지로 삼고 있던 소아시아 서부의 니코메디아와 막시미아누스의 본거지인 이탈리아 북부의 밀라노에서 동시에 발표되었다. 역사에서 '사두정치'(四頭政治, tetrarchia)라고 불리는 사분(四分) 통치 체제가 시작된 것이다.

두 명의 '아우구스투스'가 각자 '카이사르'를 한 명씩 임명한다.
제국 서방의 '아우구스투스'인 막시미아누스가 임명한 '카이사르'는 콘스탄티우스 클로루스(Constantius Chlorus)였다. 이 두 사람은 나이 차이가 없었던 모양이다.
제국 동방의 '아우구스투스'인 디오클레티아누스가 임명한 '카이사르'는 갈레리우스(Galerius)였다. 이 사람은 260년 무렵에 태어났다니까, 디오클레티아누스와는 열다섯 살의 나이 차이가 있었다.

'카이사르'라는 칭호를 받은 콘스탄티우스와 갈레리우스는 둘 다 디오클레티아누스가 고른 듯하다. 단순히 차기 황제를 지명하여 정국 안정을 꾀하기 위한 인선은 아니었기 때문이다.

우선 네 사람이 모두 로마 군단에서 경력을 쌓은 '군인'이었다. 그리고 네 사람이 모두 도나우강에서 아드리아해 사이, 후세에 발칸이라고 불린 지방 출신이다. 발칸 지방은 당시에는 정예 군인의 산지로 알려져 있었다. 그리고 모두 농민의 자식이라는 것도 공통점이었다.

여러 가지로 상통하는 점이 많은 동향인이라는 것. 특히 전쟁터에서 유능한 장수라는 것. 사회적·경제적으로 혜택받은 기성 계급은 개인주의적이고 소극적인 경향이 강해지고 있었지만 그 계급과는 거리가 먼 농민 출신이라는 것. 그리고 나이에서도 경험과 체력과 기력이 균형을 이루는 장년이라는 것. 이런 것들이 디오클레티아누스의 인선 기준이 아니었나 싶다.

과거에는 '아우구스투스'를 '황제', '카이사르'를 '차기 황제'라고 번역할 수 있었지만, '사두정치'가 실시된 뒤에는 '정제'(正帝)와 '부제'(副帝)로 번역하는 편이 실상에 가깝다. 하지만 당시의 기록에는 전과 마찬가지로 'Augustus'와 'Caesar'라는 칭호가 계속 쓰이고 있다. 디오클레티아누스는 칭호는 그대로 놓아두고 알맹이만 바꾼 것이다. '카이사르'가 황제 후계자로 후방에서 기다리는 것이 아니라 '아우구스투스'와 거의 대등한 책무를 맡았기 때문이다. 이것은 네 사람의 나이에도 잘 나타나 있다. '사두정치'가 실시된 해인 293년에 네 사람의 나이는 기록이 불확실해서 '안팎'이라는 단서를 붙일 수밖에 없지만 대충

다음과 같았다.

제국 동방을 담당하는 '정제' 디오클레티아누스 ― 48세.
'부제' 갈레리우스 ― 33세.
제국 서방을 담당하는 '정제' 막시미아누스 ― 43세.
'부제' 콘스탄티우스 클로루스 ― 43세.

'정제'만이 아니라 동서의 '부제'에게도 지역을 명시하여 그 지역의 방위를 다 책임지게 했다. 그것을 지도로 나타내면 다음 페이지와 같다.
'부제' 콘스탄티우스 클로루스가 담당한 지역은 브리타니아·갈리아·히스파니아, 그리고 고대에 '헤라클레스의 두 기둥'이라고 불린 지브롤터 해협 건너편에 있는 북서 아프리카. 수도는 라인강으로 흘러드는 지류인 모젤강 상류의 트리어. 오늘날의 독일과 벨기에 국경 근처에 있다.
'정제' 막시미아누스가 담당한 지역은 오늘날의 독일 남부에 해당하는 도나우강 상류 일대에서 시작하여 알프스산맥 너머에 있는 본국 이탈리아, 코르시카섬과 사르데냐섬과 시칠리아섬을 거쳐 오늘날 알제리와 튀니지와 리비아가 늘어서 있는 북아프리카에서 끝난다. 수도는 밀라노. 알프스를 넘어 북상할 때도, 제국의 수도인 로마에 갈 때도 교통이 편리하다는 이유로 선택된 모양이다.
재미있는 것은 고대인들에게 지중해는 대륙 사이를 갈라놓는 장애물이 아니라 두 대륙을 연결하는 길로 여겨지고 있었다는 점이다. 2천 년 뒤인 지금도 북아프리카에서 조각배나 고무보트에 목숨을 맡기고 지중해를 건너오는 난민들은 같은 생각을 가지고 있다.
제국 동방으로 이야기를 옮기면, '부제' 갈레리우스가 맡은 지역은

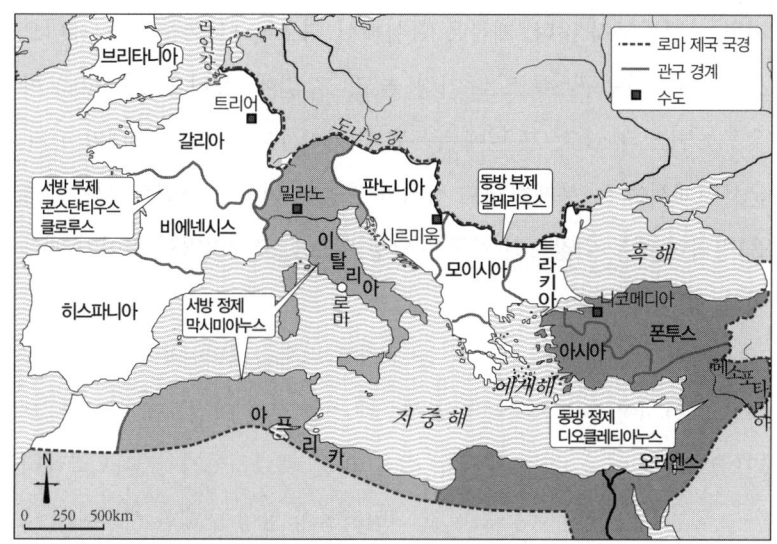

'사두정치' 시대의 로마 제국 약도

도나우 방위선 남쪽에 펼쳐져 있는 판노니아·모이시아·트라키아였다. 북쪽은 도나우강, 남쪽은 아드리아해와 이오니아해와 에게해에 접해 있으니까, 그리스를 포함한 발칸 전역이다. 지도에서는 다른 세 사람이 담당한 지역보다 작아 보이지만, 로마 제국의 안전보장 능력을 가늠하는 계측기라고 불린 도나우 방위선을 견지하는 문제가 걸려 있다. 네 사람 가운데 가장 젊은 갈레리우스를 여기에 배치한 디오클레티아누스의 의도는 분명하다. 수도는 시르미움. 도나우강에서 20킬로미터밖에 떨어져 있지 않으니까, 총사령관이 전선에 상주하는 셈이다.

'사두정치' 체제로 이행한 뒤에도 '시니어' 황제인 디오클레티아누스의 우세한 지위는 변하지 않았다. 제국을 넷으로 분할한 것이 아니라 네 사람이 각자 담당 구역의 방위를 책임지는 것이니까, 네 사람의

제1부 디오클레티아누스 황제 시대 43

지위는 평등하지 않다. 계급은 확실해서 디오클레티아누스가 '세니오르(senior) 아우구스투스'로 가장 높고, 그 밑에 '유니오르(junior) 아우구스투스'가 있고, 그 밑에 두 '부제'(카이사르)가 있는 형태가 된다. 군사면에서는 두 부제한테도 정제와 동등한 권력을 주었으니까, 계급을 명확히 해두지 않으면 제국은 당장 넷으로 쪼개져버릴 것이기 때문이다.

네 사람 가운데 가장 지위가 높은 정제 디오클레티아누스의 담당 구역은 소아시아에서 시리아와 팔레스티나를 거쳐 이집트에 이르는 '오리엔트' 전역이다. 가장 무서운 적은 물론 페르시아지만, 디오클레티아누스는 로마 역사상 동방 방위 책임자들이 항상 주재한 시리아의 대도시 안티오키아를 자신의 본거지인 수도로 선택하지 않았다. 그는 소아시아 북서부에 있는 니코메디아를 수도로 정했다. 니코메디아는 항구도시니까, 좁은 바다를 서쪽으로 건너가기만 하면 도나우 방위선에 지원군을 보낼 수도 있고, 동쪽의 시리아와 남쪽의 이집트와도 해로로 연결되어 있었기 때문이다.

네 황제가 모두 제국의 방위선에 가깝거나 가깝지는 않더라도 쉽게 달려갈 수 있는 곳에 수도를 두었다. 이것은 '사두정치'가 제국의 방위를 가장 큰 목적으로 안출된 체제임을 증명한다. 네 사람이 각자 책임 구역을 명확히 하여 넷이 함께 로마 제국을 방위한다는 생각이다. 따라서 디오클레티아누스는 '양두정치' 때와는 달리 '요비우스'가 아니라 '세니오르'로 불리게 되었지만, 그것은 그가 네 사람 가운데 제일 나이가 많았기 때문은 아니었다. 군사는 네 사람이 분담하지만, 제국 전체를 통치하는 데 필요한 정책은 디오클레티아누스 혼자 결정한다고 해석해도 좋다. 아니, 그렇게 해석해야 한다.

하지만 군사에 국한한다 해도 '사두정치'를 실시하기로 결정했을 당시 디오클레티아누스는 제국을 방위하려면 이 방법밖에 없다는 확신에 도달한 게 아닐까. '양두정치'로도 일단은 제국을 방위할 수 있었지만, 그것을 유지하려면 '사두정치'로 갈 수밖에 없다고 판단한 게 아닐까. 이 문제는 로마의 안전보장체제의 변화와 깊이 관련되어 있었기 때문이다.

황제가 통치하는 국가와 제국이 반드시 동의어는 아니다. '엠파이어'(empire, 제국)의 어원은 라틴어 '임페리움'(imperium)인데, 이 명사는 '지배하다·통치하다·명령하다'를 뜻하는 동사 '임페라레'(imperare)에서 생겨났다. 공화정이든 제정이든 정치체제와는 관계없이 다른 나라나 민족까지 지배하는 패권 국가는 모두 '제국'이다. 따라서 공화정 시대의 로마인들도 대국 카르타고를 무찌르고 지중해를 '우리 바다'나 '내해'라고 부른 기원전 2세기부터는 자기네 나라를 '제국'이라고 불렀다. 지중해를 중심으로 그 주변 국가와 민족을 지배하는 패권 국가가 되었기 때문이다.

이 기원전 2세기부터 디오클레티아누스가 '사두정치'를 실시한 서기 4세기 초까지 로마의 방위체제 변화를 간단히 도표로 나타내면 다음 페이지와 같다.

왜 이렇게까지 방위가 디오클레티아누스의 머리를 차지하고 있었을까. 그것은 그가 속주의 하층계급 출신이라도 제위에 오른 뒤에는 로마의 역대 황제들과 같은 생각을 갖게 되었기 때문이다. 제국의 우두머리인 황제의 가장 큰 책무는 제국 안에 사는 모든 사람의 안전을 보

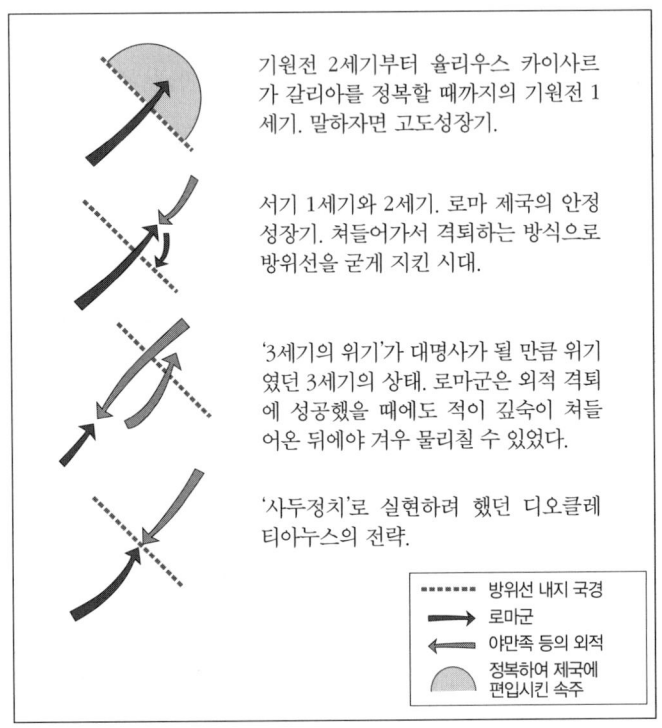

로마 제국 방위체제의 변화

장하는 것이고, 그것을 보장할 수 없는 국가는 이미 국가가 아니고, 황제 자리에 앉아 있을 자격도 없다는 생각이다. 너무 당연한 생각이라서 특기할 필요도 없어 보이지만, 위기 상황에서 벗어나려 할 때에는 가장 본원적인 명제로 돌아가서 방책을 세울 필요가 있다. 이것은 최우선 사항에서 벗어나지 않기 위해서도 효과적인 방법이다. 당면 과제를 해결하려고 애쓰는 것은 중요하지만, 거기에만 정신이 팔려 가장 중요한 목적을 놓칠 위험이 있기 때문이다. '사두정치'는 가장 중요한 과제이자 본원적인 명제를 염두에 두고 안출한 체제였다.

그리고 이 과제 해결에서는 '사두정치'가 충분히 기능을 발휘했다고 말할 수 있다. 황제는 네 명 모두 전방인 방위선 근처에 본거지를 두고 적을 엄중히 감시했다. 이것이 '사두' 체제의 특징이었고, 이 전략의 효과는 누가 보아도 분명했다. 3세기의 로마인을 절망에 빠뜨린 것은 야만족이 대규모로 국내 깊숙이 쳐들어온 데에서 비롯된 참상이었지만, 그런 참상은 언제 그랬더냐 싶게 자취를 감추었다. 방위선 너머까지 쳐들어가 승리함으로써 방위선을 지킨 1세기나 2세기의 상태로 돌아가지는 못했지만, 라인강이나 도나우강을 건너 쳐들어온 야만족이 겨우 반격에 나선 로마군에 격퇴당할 때까지 온갖 포학한 짓을 자행한 3세기는 이제 과거가 되었다. 역사 연구자들 중에도 디오클레티아누스의 등장과 '사두정치'의 실시로 로마 제국이 부활하고 부흥했다고 보는 사람이 적지 않다.

방위에 한정하여 생각하면 그 말이 옳다. 적이 없어진 것은 아니지만, 계속 적에게 눌리던 로마가 적을 누르는 쪽으로 바뀌었다. 그 효과는 야만족이 제국 안으로 깊숙이 쳐들어오는 일이 없어진 것으로 나타났고, 이것은 곧 국내에 안전과 평화가 돌아왔다는 뜻이었다. 디오클레티아누스가 황제로서 혼자 통치한 기간이 1년 남짓, 그가 실시한 '양두정치'가 7년 동안 계속되었고, 거기에 '사두정치'가 실시된 12년을 더하면 모두 20년이 된다. 20년 동안 야만족이나 도적떼가 집으로 밀고 들어오는 일도 없고 자기네 정원이 그들을 쫓아내기 위해 달려온 로마군과 야만족의 전쟁터로 변하는 일도 없어졌다면, 당시 로마인들이 얼마나 깊은 안도감에 잠겼을지는 쉽게 상상할 수 있다. 평화는 인간 세상에서 최상의 가치다. 하지만 아무 일도 하지 않고 있으면 평화는 당장 손에서 넘쳐흘러버린다.

브리타니아·갈리아·히스파니아를 담당한 부제 콘스탄티우스 클로루스는 수도로 정한 트리어에 느긋하게 앉아 있을 수 없었다.

로마 시대에 '트레베로룸'이라고 불린 트리어에서 '모젤라강'(오늘날의 모젤강)을 따라 100킬로미터쯤 내려가면 라인 방위선에 도달할 수 있다. 모젤강이 라인강과 합류하는 곳은 코블렌츠인데, 이 이름은 라틴어로 합류를 의미하는 '콘플루엔테스'에서 유래했다. 또한 로마식 가도를 이용하면 트리어에서 라인 방위선의 주요 기지까지 쉽게 오갈 수 있었다.

북쪽으로 올라가면 '본나'(오늘날의 본)에 이르고, 동쪽으로 가면 '모곤티아쿰'(오늘날의 마인츠)에 이른다. 남동쪽으로 가면 '아르젠토라테'(오늘날의 스트라스부르)에 이르고, 서쪽으로도 로마 가도를 따라가기만 하면 랭스와 아미앵을 지나 도버 해협에 다다를 수 있었다. 랭스와 아미앵은 로마 가도의 '콘플루엔테스'(합류 지점)였기 때문에, 로마 시대에는 파리보다 중요한 도시였다. 오늘날의 독일과 벨기에와 프랑스를 횡단하게 되지만, 지리 감각은 시대에 따라 달라진다. 자주 다니면 '익숙'해진다. 로마인의 머릿속에는 제국 전역의 지도가 자연스럽게 담겨 있었던 게 분명하다. 자동차로 갈 수 있는 오늘날에도 이렇게 먼 거리를 왕래하는 것은 질색이라는 생각이 들지만, 콘스탄티우스 클로루스는 이 거리를 자주 왕래했다. 게다가 도버 해협을 건너 브리타니아까지 야만족이나 도적떼를 소탕하러 가야 했다. 콘스탄티우스 클로루스는 부제가 된 뒤 북쪽과 동쪽과 서쪽으로 뛰어다니는 동안 12년이 지나가버린 게 아닐까. 하지만 그가 이처럼 바쁘게 뛰어다녔기 때문에 갈리아와 히스파니아도 안전을 누릴 수 있었다.

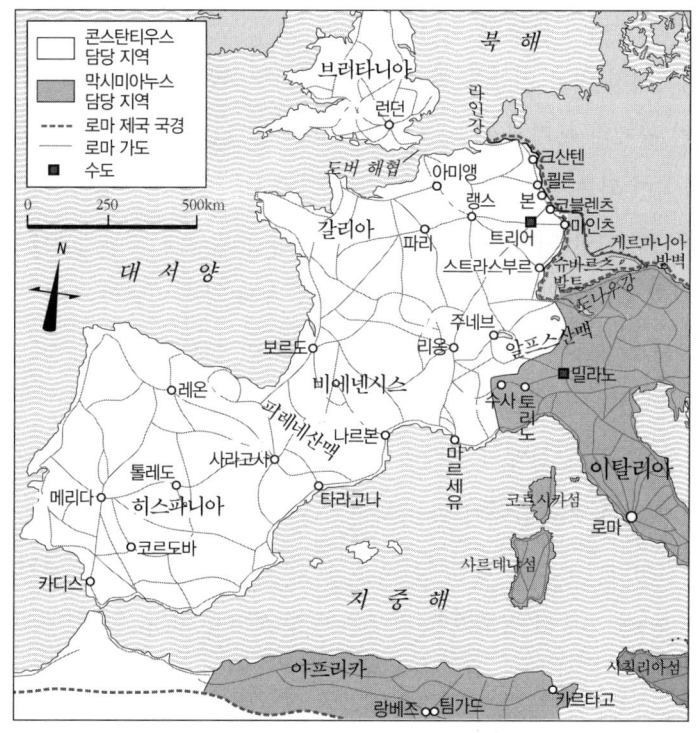

로마 제국 서방

  콘스탄티우스 클로루스가 종횡무진으로 활약해준 덕분에 '사두정치'가 실시된 뒤 12년 동안 제국 서방의 정제인 막시미아누스는 비교적 평온하게 지냈다.

  로마 시대의 '메디올라눔'이 후세의 밀라노인데, 로마의 군단기지도 아니고 제대병의 정착지도 아니었던 밀라노가 서방의 정제 막시미아누스의 본거지로 선택된 것 자체가 로마 제국 후기의 군사 상황을 여실히 보여준다. 알프스산맥은 로마 가도가 지나기 때문에 병력이 쉽게 이동할 수 있었고, 밀라노에서 알프스만 넘으면 바로 라인강 상류와 도나우강 상류가 접근하는 지대에 도달할 수 있기 때문이다. 인체에

제1부 디오클레티아누스 황제 시대　49

비유하면 옆구리에 해당하는 이 일대를 지키고 있던 '게르마니아 방벽'이 방기되지 않고 기능을 발휘하고 있었다면, 밀라노가 로마군 총사령관인 황제의 본거지가 되는 일도 일어날 수 없었다. 시대의 변화는 곧 중심이 되는 땅의 변화이기도 했다.

그것은 500년만 지나면 이슬람이라는 다른 문명권에 속하게 되는 북아프리카 일대와 지금은 기독교 문명권에 속해 있는 이탈리아 반도가 그 양대 일신교에 물들기 전에는 매우 밀접한 관계에 있었던 것으로도 알 수 있다. 알프스 북쪽의 위험도가 낮아졌기 때문에, 밀라노에 있는 막시미아누스 황제의 관심이 북아프리카에 집중된 것도 당연했다. 그의 책임 구역에 들어가 있는 북아프리카의 방위체제를 강화하는 작업에 막시미아누스는 정력적으로 맞붙었다. 북아프리카 주민들의 지지가 그에게 집중될 정도였다. 제국의 수도 로마는 그의 관할인데도 거기에 머문 형적이 없다. 부유한 농장주들이 환영해주기 때문에 북아프리카에 가느냐고 막시미아누스의 허영심을 비난하는 사람도 없지 않았지만, 그는 어떤 면에서는 고지식한 데가 있어서 친구라 해도 연장자인 디오클레티아누스에게 깍듯이 예의를 차렸다. 디오클레티아누스와 함께 가는 게 아니면 제국의 수도를 일시적으로 방문하지도 않았다. 그래서 로마와 밀라노가 그렇게 먼 거리도 아닌데, 수도 로마의 주민들은 황제의 얼굴도 오랫동안 보지 못했다.

제국 동방의 부제인 갈레리우스는 네 황제 가운데 가장 젊었던 만큼 제국 방위의 생명선이자 가장 지키기 어려운 도나우 방위선을 맡고 있었다. 그는 부제에 취임한 뒤 2년을 여기에 소비했다. 방위선의 길이만 해도 또 다른 부제인 콘스탄티우스가 라인강에서 도버 해협을 건너 브리타니아까지 가는 거리보다 두 배나 길다. 게다가 도나우 방위선은 그 북쪽에 사는 야만족의 수와 용맹함에서도 다른 방위선과는 비교가 되지 않았다. 그런데 겨우 2년 만에 그 길고 어려운 방위선인 도나우강으로 야만족이 침입하는 것을 저지하는 데 성공했으니까, 갈레리우스의 군사적 능력은 대단했던 게 분명하다. 도나우강 상류의 방위 책임은 원래 막시미아누스에게 있지만, 갈레리우스는 그쪽에서 침입하는 야만족을 막는 데에도 성공하여 막시미아누스의 짐을 덜어주었을 정도다. 지원군을 보내야 할 경우에 대비하여 니코메디아에서 대기하고 있던 디오클레티아누스도 걱정거리가 줄어들었다. 자신의 군사적 재능이 충분치 않다는 것을 자각한 디오클레티아누스가 군사적 재능이 뛰어난 인재를 발탁하여 성공을 거둔 셈이다.

하지만 디오클레티아누스가 부제의 활약을 모른 체하고 니코메디아의 황궁 생활을 즐기고 있었던 것은 아니다. 시리아에도 가고 이집트에도 갔다. 그리고 나중에 이야기하겠지만, 무엇보다도 제국의 구조개혁을 실행에 옮겼다. 이 일을 할 권리는 그 혼자만 갖고 있었다. 걱정거리는 되도록 빨리 줄이는 것이 상책이었다. 언제 새로운 걱정거리가 생겨날지 모르기 때문이다. 실제로 그 예상은 들어맞았다.

페르시아 왕국에서는 3년 전에 왕이 바뀌었다. 전제군주국에서는 모든 권력이 군주에게 집중해 있기 때문에, 왕이 평온하게 바뀐 경우에도 반대파가 생길 수밖에 없다. 그렇게 되면 새 왕은 국내의 반대파를 억누르기 위해 대외적으로 강경한 자세를 취하게 된다. 외국과의 전쟁이 국내 통합에는 특효약이기 때문이다. 유프라테스강 건너편의 주인은 파르티아에서 페르시아로 바뀌었지만, 그들의 상대는 여전히

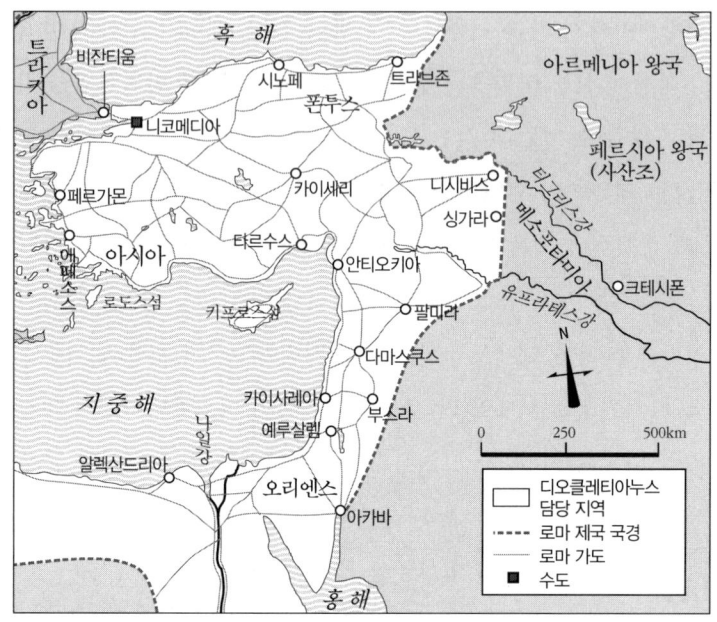

로마 제국 동방

로마였다. 그리고 이 시기의 페르시아는 8년 전 군대를 등에 업은 디오클레티아누스와 협약을 맺고 메소포타미아 북부 지방이 로마의 지배 아래 들어가는 것을 용인할 수밖에 없었다는 원한이 있다. 메소포타미아 북부는 페르시아에 대한 전략상 매우 중요한 지역이고, 그 지역을 손에 넣은 로마가 유리해지는 만큼 그 지역을 내놓은 페르시아는 불리해진다. 동서고금을 막론하고 양쪽이 서로 차지하려고 다투는 각축장은 항상 존재하는데, 로마와 페르시아의 각축장은 메소포타미아 북부와 그 북쪽에 있는 아르메니아 왕국이었다.

296년, 왕이 몸소 이끄는 페르시아 대군은 메소포타미아 지방을 북상하여 로마 제국 영토인 메소포타미아 북부로 쳐들어왔다. 그리고 여세를 몰아 아르메니아 왕위에서 친로마파인 왕을 몰아내는 데에도 성공했다.

로마 제국 동방—오늘날 중동이라고 불리는 지방—은 디오클레티아누스가 직접 방위 책임을 지고 있다. 그 지방에 적이 쳐들어오면 그가 군대를 이끌고 적을 맞아 싸워야 한다. 하지만 디오클레티아누스는 시리아의 안티오키아까지 작전본부를 전진시켜놓고, 도나우 방위선을 담당하는 갈레리우스를 불러들여 지휘를 맡겼다.

그 해에 갈레리우스는 서른여섯 살이었지만, 그때까지의 경험으로 잘 알고 있다고 말할 수 있는 지방은 출신지일 뿐만 아니라 부제로서 모든 책임을 맡고 있는 도나우강 남쪽의 발칸 지방과 '양두정치' 시대에 디오클레티아누스 밑에서 종군한 중동 지방이다. 디오클레티아누스가 쳐들어온 페르시아군을 격파하는 일을 갈레리우스에게 맡긴 것은 도나우 방위선에서 2년 남짓 만에 이룩한 실적만이 아니라 그의 오리엔트 경험도 고려했기 때문일 것이다. 페르시아를 상대로 한 전투에 내보내기에는 가장 적합한 인재였다.

그런데 여기서 30대 후반에 접어든 젊은 나이가 기대를 배반한다. 시급히 대처할 필요가 있었던 것은 이해하지만, 무조건 대담하면 좋은 것은 아니다. 디오클레티아누스가 기다리는 안티오키아에 도착한 갈레리우스는 치밀한 준비도 하지 않고 근처에 주둔해 있던 병력만 이끌고 재빨리 출정했다. 유프라테스강을 건넌 뒤에도 행군 속도를 늦추지 않고, 페르시아군이 침공한 메소포타미아 북부로 직행했다. 그리고 거기서 페르시아 왕이 이끄는 군대와 마주쳤다.

부제 갈레리우스는 얼마 전에 아르메니아에서 추방된 티리다테스왕과 합류하여 로마군의 전통적 방식인 다국적군을 편성하는 것은 잊지 않았지만, 전쟁터 선택에는 별로 주의를 기울이지 않았던 모양이다. 페르시아 왕과 싸우는데 유프라테스강 동쪽에 펼쳐져 있는 사막지대를 전쟁터로 고른 것이다. 이것은 사막 전투에 익숙한 페르시아 쪽에 절대적으로 유리하다고 말할 수 있었다.

그래도 첫 번째 전투와 두 번째 전투는 승부가 나지 않은 상태로 끝났다. 로마군이 용감하게 싸웠다기보다 왕을 따라 참전한 아르메니아 병사들이 직사광선에 달구어지고 지형의 기복도 거의 없는 황무지에서 싸우는 데 익숙했기 때문이다. 하지만 쫓겨난 왕을 따라온 병사는 수가 많지 않다. 세 번째 전투에서 갈레리우스가 이끄는 로마군은 참패를 당하고 말았다.

전쟁터가 유프라테스강과 가까웠던 것이 그나마 다행이었다. 페르시아 기병에 포위되어 아군 병사들과 떨어져버린 티리다테스는 말에 탄 채 강물에 뛰어들어 강을 건넌 뒤, 그 길로 안티오키아까지 내달렸다. 갈레리우스는 이런 위험을 겪지는 않았지만, 전투에 패배하고 후퇴하는 군대의 장수가 된 것은 마찬가지였다. 안티오키아에서 기다리고 있던 디오클레티아누스는 동맹자인 티리다테스왕은 따뜻하게 맞아주었지만 갈레리우스한테는 냉랭했다. 정제가 가마를 타고 가면 부제는 말을 타고 나란히 가는 것이 당연한데, 갈레리우스는 걸어가는 것밖에 허락받지 못했다. 패장이 된 벌은 누구나 알 수 있는 방식으로 철저하게 받았다. 하지만 51세의 정제는 36세의 부제에게 다시 한번 기회를 주었다. 설욕할 기회는 이듬해인 297년 봄으로 결정되었다.

이번만은 갈레리우스도 신중했다. 무엇보다도 먼저 도나우 방위선에서 지휘한 3개 군단을 불러들였다. 게다가 야만족을 무찌른 뒤 부하로 삼은 고트족 기병대까지 불러들였다. 지금까지 그들이 싸운 상대는 동방의 페르시아군이 아니라 북방 야만족이었지만, 어쨌든 적과 싸우는 데 이골이 난 정예병력 2만 5천 명이 설욕전의 주요 전력을 이루었다.

　또한 전략도 바꾸었다. 유프라테스강을 건넌 뒤에도 계속 동쪽으로 직행하여 사막지대를 전쟁터로 삼지 않고, 유프라테스강을 더 상류에서 건넌 다음 산지를 따라 적에게 접근하는 우회로를 택하기로 했다. 도나우강에서 온 병사들은 지금까지 복잡한 지형에서 싸웠기 때문에, 그런 지형을 전쟁터로 택하면 그들 본래의 능력을 발휘시킬 수 있기 때문이다. 문제는 이런 지형까지 페르시아군을 꾀어내는 것이었지만, 로마군에 대승하여 기분이 좋아진 페르시아 왕은 로마 기병의 도발행위에 숨어 있는 진의를 통찰하지 못했다. 이리하여 297년에 벌어진 로마와 페르시아의 전투는 역시 메소포타미아 북부를 전쟁터로 삼았지만, 유프라테스강과 가까운 땅에서 싸운 296년과는 달리 이번에는 티그리스강과 가까운 곳에서 싸웠다.

　갈레리우스는 또 다른 전법도 겸용할 작정이었다. 해가 진 뒤에는 싸우지 않는 습관을 가진 페르시아군을 밤중에 습격하는 것이다. 로마군에는 야습에 익숙한 고트족 기병대가 있다. 얼마 전까지만 해도 로마군을 습격했던 야습의 달인 고트족 기병대가 이번에는 로마 쪽에서 페르시아와 싸우고 있었다.

　그래도 어둠을 틈탄 공격은 승부사 기질을 가진 사람이 아니면 성공하기 어렵다. 일단 시작하면 도중에 작전을 변경하기가 불가능하기 때문이다. 갈레리우스의 강한 성격이 이번에는 유리하게 작용했다.

선발대로 나간 고트족 기병대의 기습과 뒤이은 로마군 정예부대의 공격으로 대혼란에 빠진 페르시아군 진영은 반격할 태세를 갖출 수 있는 형편이 아니었다. 병사들은 자신의 안전밖에는 염두에 없었고, 왕의 호위병들은 다친 왕을 보호하면서 간신히 도망칠 수 있었다. 왕이 군대를 이끌고 출정하면 왕의 처첩과 자식들까지 동행하는 것이 오리엔트의 관습이다. 뒤에 남겨진 그들은 왕의 막사와 그 주위에 쳐진 화려한 천막 속에서 공포에 떨고 있었다.

불타는 횃불이 둥글게 늘어선 가운데 병사들에게 끌려나온 여자들과 아이들 앞에서 갈레리우스는 600년 전 페르시아 왕에게 승리했을 때의 알렉산드로스 대왕을 생각했을지도 모른다. 갈레리우스는 포로 신세가 된 페르시아 왕비를 비롯한 여자들과 왕자와 왕녀들한테 신변 안전과 신분에 어울리는 대우를 보장하겠다고 약속했다. 그리고 그 약속을 지켰다.

물론 안티오키아에서 기다리는 디오클레티아누스에게는 파발마를 보내 승전을 알렸다. 갈레리우스는 우선 승리를 보고한 뒤, 정제가 직접 나서달라고 청할 수 있는 상태를 회복했으니까 니시비스까지 와달라고 청했다. 오늘날 누사이빈이라고 불리는 니시비스는 시리아와의 접경에 있는 터키 동부의 변경 도시에 불과하지만, 알렉산드로스 대왕의 페르시아 원정 시대에 그리스인의 손으로 건설된 뒤 600여 년 동안 지배자가 파르티아인으로 바뀌었다가 다시 페르시아인으로 바뀌어도 동서교역의 중계지로 살아남았다. 오리엔트에는 그런 역사를 가진 그리스계 도시가 적지 않았다. 방위상 필요하기 때문에 메소포타미아 북부에 집착한 로마가 이곳을 군사기지로 요새화했지만, 주민이 그 것을 싫어한 흔적은 없다. 원래 그리스계 도시이기 때문인지, 동방보다는 서방의 지배를 받는 편이 더 좋았는지도 모른다. 이 니시비스라면 로마 제국 동방의 정제와 부제가 신변 안전을 걱정하지 않고도 만날 수 있었다. 그리고 북부라고는 하지만 메소포타미아 지방인 이상, 페르시아 왕의 특사를 접견하는 데에도 여러 가지로 편리했다.

갈레리우스는 티그리스강 연안 전쟁터에서 니시비스까지 조금만 남하하면 된다. 안티오키아에 있는 디오클레티아누스는 동쪽으로 와서 유프라테스강을 건너 메소포타미아 북부를 횡단할 필요가 있었다. 당연히 갈레리우스가 일찍 도착한다. 그리고 페르시아 왕은 디오클레티아누스가 도착하기 전에 벌써 특사를 니시비스로 보내왔다. 포로 신세가 된 처첩과 아이들이 걱정되었을 게 분명하다. 또한 아녀자를 적에게 빼앗기고도 되찾지 않는 것은 오리엔트 남자의 수치였다. 하지만 페르시아군이 궤멸 상태에 빠져버렸기 때문에 군사력으로 그들을 되찾는 것은 당분간 절망적이었다. 특사가 가져온 것은 페르시아 왕이 로마 황제에게 보내는 강화 요청서였다.

디오클레티아누스가 아직 도착하지 않았기 때문에 갈레리우스가 혼자 페르시아 왕의 특사를 만났다. 특사는 우선 왕비를 비롯한 왕실 여인들을 후대해주어서 고맙다는 왕의 말을 전했다. 하지만 뒤이은 특사의 말은 오리엔트 전제군주의 신하다웠다.

"로마와 페르시아 두 제국은 세계의 두 눈이나 마찬가집니다. 어느 쪽이든 하나가 없으면 세계는 불구자처럼 불완전한 형태가 됩니다."

이 말에 갈레리우스는 화를 냈다. 37세가 된 그는 작년의 패배로 많은 부하를 잃었다. 목소리가 거칠어진 것도 무리는 아니었다.

"다른 사람도 아닌 페르시아인에게 관용의 미덕을 배울 필요는 없소. 불행한 발레리아누스 황제에 대한 페르시아의 처사는 무어라고 평하면 좋겠소. 전투가 아니라 속임수로 사로잡은 로마 황제에게 당신들은 그 지위에 걸맞지 않은 대우를 계속했소. 페르시아 왕은 로마 황제를 석방하라는 이웃 나라 왕들의 충고에도 전혀 귀를 기울이지 않았소. 그리고 이 불명예를 견디지 못한 발레리아누스 황제가 숨을 거둔 뒤에도 그 유해를 민중의 조롱거리로 방치한 게 누구였소?"

부제 갈레리우스는 다시 말을 이었다.

"로마인은 절대로 패배자한테 발길질을 하지 않소. 그것은 패배자의 심정을 배려한다기보다 로마인 자신의 자존심에 어긋나는 짓이기 때문이오.

황제가 도착하시면, 어떤 조건이라면 두 나라 사이에 오랫동안 평화가 지속될 수 있을지 의논하게 될 거요. 그 조건이 결정되면 알려드리겠소."

페르시아 왕의 특사는 빈손으로 돌아갈 수밖에 없었다. 며칠 뒤 디오클레티아누스가 니시비스에 도착했다. 디오클레티아누스도 갈레리우스와 마찬가지로 시간을 헛되이 보내는 성질이 아니다. 로마가 페르시아에 제시한 강화 조건은 다음과 같았다.

물론 페르시아 왕이 쫓아낸 아르메니아 왕 티리다테스의 왕위 복귀도 빼놓을 수 없는 조건이었다. 하지만 가장 중요한 것은 다음 두 가지였다.

(1) 니시비스와 그 남쪽의 싱가라를 최전선으로 하고 거기에서 유프라테스강에 이르는 메소포타미아 북부를 페르시아가 로마에 정식으

로 양도한다.

9년 전에 디오클레티아누스가 한 번도 싸우지 않고 무력을 등에 업은 교섭만으로 얻어낸 것은 '양도'가 아니라 '묵인'이었다. 페르시아는 메소포타미아 북부를 로마에 양도한 것이 아니라 그 지방을 로마가 지배하는 것을 묵인했을 뿐이다. 이것은 일종의 '중간 지대'를 두는 것과 마찬가지니까, 로마는 요새를 즐비하게 건설하여 그 일대를 '방어선'으로 만들 수는 없다. 하지만 '양도'인 경우에는 그곳을 방어선으로 만들 수 있다. 정식으로 로마 제국 영토가 되기 때문이다.

(2) 티그리스강 동쪽에 있는 5개 지역에 대한 지배권도 로마에 양도한다.

이것은 메소포타미아 지방으로 흘러드는 티그리스와 유프라테스강의 상류 전역을 로마가 지배한다는 뜻이었다. 이곳은 오늘날의 요르단과 시리아와 터키에 해당하고, 서쪽과 북쪽에서 이라크를 감시하는 모양이 된다. 방위 전략상 로마 제국이 일찍이 누려본 적이 없는 유리한 지형이었다.

페르시아 왕은 받아들일 수밖에 없었다. 포로 신세가 되었던 왕비와 후궁들과 왕녀들은 반지 하나 빼앗기지 않고 왕에게 돌아갔다.

297년의 이 강화조약으로 이루어진 두 강대국의 평화는 그 후 콘스탄티누스 대제의 치세 말기에 이르기까지 한 번도 깨지지 않고 40년 동안이나 지속되었다. 로마가 새로 얻은 지역이 방위 전략상 유리했을 뿐만 아니라, 승리에 들떠 우쭐대지 않는 디오클레티아누스가 그 지역의 방위체제를 강화하는 것을 잊지 않았기 때문이기도 하다.

메소포타미아 북부는 유프라테스강까지 포함하면 4중의 방위선으

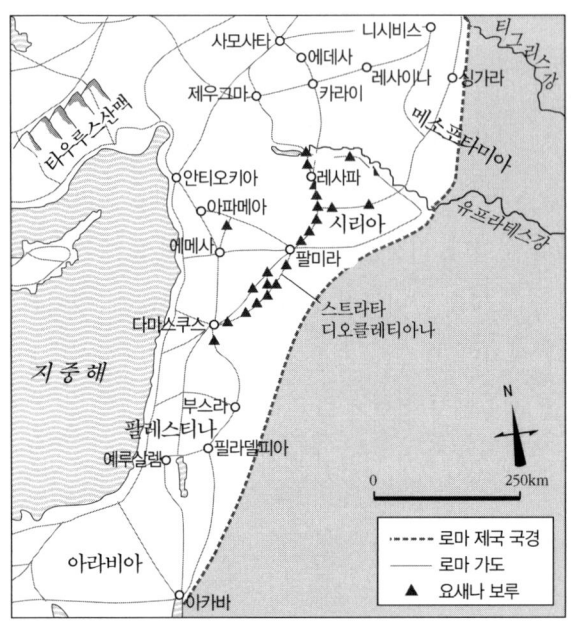

디오클레티아누스 황제 시대의 로마 제국 동방의 가도망

로 지켜지게 되었다. 싱가라를 지나 유프라테스강에 이르는 방위선. 니시비스를 지나 유프라테스강으로 흘러드는 지류 연변의 방위선. 유프라테스강의 지류 유역에 있고 시리아의 로마 군단 기지이기도 한 사모사타에서 시작하여 에데사와 카라이를 지나 유프라테스강에 이르는 방위선. 끝으로 타우루스산맥에서 발원하여 동남쪽으로 흐르는 유프라테스강 본류를 따라 이어지는 방위선. 이 마지막 방위선은 제우그마를 비롯하여 대부분 그리스인이 세운 그리스계 도시들을 연결하고 있었다. 제국 동방의 요충인 대도시 안티오키아를 공격하려면 적은 이 4개의 방위선을 모두 돌파해야 했다.

　제국 동방에서 실시된 디오클레티아누스의 방위체제 재편성은 메소포타미아 북부에만 국한되지 않았다.

오늘날의 시리아와 요르단에 해당하는 지역은 줄곧 로마 제국 영토여서 로마 가도망이 깔려 있었는데, 이 가도망에서 페르시아가 있는 동쪽으로 가는 가도를 모두 방위선으로 만들었다. 도시를 둘러싼 성벽은 견고하게 바뀌었고, 도시와 도시를 잇는 가도 연변에는 요새와 감시탑과 보루가 염주처럼 늘어섰다.

하지만 연속된 돌담을 세워 페르시아 영토와 로마 영토를 단절하는 것은 허용되지 않는다. 로마 제국 동방의 주민도 페르시아인도 동서교역으로 생계를 꾸리고 있다. 요새와 감시탑의 역할은 적을 막는 것이 아니라 상인의 왕래는 허용하면서 적의 내습을 재빨리 탐지하여 후방의 군단 기지에 알리는 것이었다.

라틴어에서 도로를 의미하는 낱말은 그때까지는 '비아'(via)뿐이었다. 시리아의 다마스쿠스에서 시리아사막을 건너 팔미라에 이른 뒤 유프라테스강으로 가는 도로는 그때까지는 '비아 하드리아나'(하드리아누스 가도)라고 불렸다. 하지만 이 무렵부터는 '스트라타 디오클레티아나'로 명칭이 바뀐다. '스트라타'(strata)는 이탈리아어의 'strada'와 영어의 'street'의 어원이 된 라틴어인데, 연구자들은 이것이 로마 제국 후기에 생긴 낱말로 보고 있다. 4층으로 이루어진 로마식 포장도로는 전과 마찬가지로 '비아'라고 부르고, 길가에 요새나 보루가 일정한 간격을 두고 늘어서 있는 도로는 '스트라타'라고 구별해서 부른 게 아닐까 하고 나는 생각한다. 다마스쿠스에서 로마 군단 기지가 있는 부스라, 그리고 로마 시대의 필라델피아(오늘날 요르단의 수도 암만)를 거쳐 홍해로 나가는 출구인 아카바에 이르는 도로는 트라야누스 황제가 건설했기 때문에 '비아 트라야나 노바'(새 트라야누스 가도)라고 불렸지만, 이것이 '스트라타'로 바뀌었다는 기록은 없다. 이 도로 연변에도 요새는 세워졌지만, 그 수는 다마스쿠스 북쪽 지방과는 비교가 되지 않는다. 디오클레티아누스가 제국 동방의 방위체제를 재편성할 때 다마스쿠스 북쪽에 주안점을 두었기 때문일 것이다. 그 일대에서는 제국의 동쪽 방위선인 유프라테스강이 서쪽으로 크게 우회하고 있기 때문이다. 그래서 일단 유프라테스강을 건너버리면 로마 제국 동방의 최대 도시인 안티오키아까지는 150킬로미터밖에 안된다.

그래도 오현제 시대에 '흑해에서 홍해까지'라고 일컬은 제국 동방을 관통한 방위선은 150년 뒤인 디오클레티아누스 시대에도 유지되었다. 적어도 유지하려는 노력은 이루어지고 있었다. 그리고 로마 제국의 '방위선'은 기축적인 방위선 바깥쪽에 감시만을 목적으로 하는 석조 보루가 연기나 횃불로 연락을 주고받을 수 있는 거리를 두고 세워져 있어야 한다. 그것이 로마인이 생각하는 '방위선'이었다. 따라서 오늘날의 시리아와 요르단에 해당하는 로마 제국의 동방에서는 이런 보루가 전망 좋은 사막에 세워진다. 허물어진 돌담의 잔해가 모래에 반쯤 묻힌 채 저공비행하는 헬리콥터 앞에 나타났다가 뒤쪽으로 사라져가는 것을 한 번이라도 본 적이 있는 사람이라면, 제국을 계속 유지하는 어려움과 노고에 한숨을 내쉴 수밖에 없지 않을까.

페르시아군이나 북방 야만족이 로마 제국 깊숙이 쳐들어와 멋대로 날뛰는 일은 없어졌다. 황제가 차례로 살해되면서 일어난 정치 불안정도 다 지난 일이 되었다. 에드워드 기번이 아니더라도 이렇게 말하고 싶어질 게 분명하다.

"무능한 지도자와 야만족의 침략으로 곤경의 구렁텅이에 빠져 있던 제국을 구출하는 것은 대단히 어려운 일이었지만, 일리리아 지방 출신 농민들이 그 일을 해냈다."

하지만 신이 정했다고 여겨지는 일도 마찬가지지만, 인간이 결정하고 실행하는 일은 모두 밝은 면과 어두운 면을 아울러 가지고 있다. 지금까지 말한 것은 밝은 면이고, 앞으로 말하려고 하는 것은 어두운 면이다.

병력 증강

디오클레티아누스가 창설한 '사두정치'는 '정제'와 '부제'의 차이는 있지만 실질적으로는 특히 군사면에서 네 황제가 각자 담당 구역을 명확히 하여 제국 전역을 공동으로 방위하는 체제였다. 전에는 한 사람이었던 황제가 지금은 네 명으로 늘어났다. 그리고 전에는 로마군 최고사령관인 황제 밑에 속주 총독이 있고, 그중에서도 국경에 인접한 속주의 총독이 각자 담당한 방위선은 보통 2개 군단이 지키고 있었다. 로마 시민권 소유자인 군단병이 1만 2천 명에다 속주민도 지원할 수 있는 보조병이 1만 2천 명 이하니까, 둘을 합치면 2개 군단의 병력은 2만 명 정도였다. 이 시대에도 황제가 직접 출정하면 적어도 5개 군단이 종군했지만, 이것은 일시적인 사태였고 평소에는 '전략 군단'이라는 별명으로 불린 2개 군단이 통상적인 군사행동을 하는 것이 보통이었다.

로마 제국은 이 체제로 1세기와 2세기에 200년 동안 '팍스 로마나'를 실현했다. 하지만 이 체제로는 대응할 수 없게 된 것이 위기의 세기라고 불리는 3세기였다. 디오클레티아누스는 이 위기를 극복하기 위해 '사두정치'를 안출하고 실시한 것이다.

하지만 그 결과 황제가 네 명으로 늘어났다. 황제가 속주 총독처럼 2개 군단만 지휘할 수는 없다. 또한 3세기의 참상을 경험한 뒤로는 고참병과 신병을 합쳐 2만 명밖에 안되는 병력으로는 야만족 1개 부족을 물리치기도 어려워졌다. 정확한 사료는 남아 있지 않지만, 네 황제가 항상 8만 명 안팎의 병력을 휘하에 두고 있었던 게 아닌가 싶다. 연구자들에 따르면 이 시기를 경계로 로마 제국의 전체 병력이 30만에서 60만으로 늘어났다고 한다. 군단병과 보조병을 합친 30만 명은 방위선에 붙박이로 배치되어 있었다. 제국의 국경이기도 한 방위선에 새로운 병력이 투입되어 방위력이 증강되었다는 사료는 없다. 그렇다면 60만에서 30만을 뺀 나머지 30만 명은 네 황제의 직속 부대가 된 게 아닐까.

제국 서방의 부제인 콘스탄티우스 클로루스의 본거지는 트리어. 정제 막시미아누스의 본거지는 밀라노. 동방의 부제인 갈레리우스의 본거지는 시르미움. 정제 디오클레티아누스의 황궁은 니코메디아에 있었다. 이 네 곳을 각 황제의 본거지로 정한 사람은 분명 디오클레티아누스겠지만, 네 곳이 모두 전선기지라 해도 좋은 지점에 자리잡고 있다. 7~8만 명의 병사가 항상 대기하고 있을 이유는 충분했을 것이다. 과거의 비상사태는 이제 정상 상태가 되었다. 북방 야만족의 대규모 침입도 없어지고, 동쪽의 대국 페르시아까지 억누르게 되었을 만큼 로마 제국이 방위력을 회복한 것은 무엇보다도 병력 증강에 기인한 것으로 여겨진다.

하지만 여기서 한 가지 의문이 고개를 쳐든다. 그것은 병력을 두 배로 늘렸기 때문에 '사두정치'가 기능을 발휘할 수 있었느냐, 아니면 네 명이 제국 방위를 분담하게 된 결과 병력이 두 배로 늘어나버렸느냐 하는 것이다. 국가 경제에 대한 디오클레티아누스의 배려(여기에 대해서는 나중에 이야기하겠다)로 미루어보아 후자가 아닐까 하는 생각이 든다.

분담은 현재 있는 것을 분할하는 것만으로는 끝나지 않는 문제를 내포하고 있다. 분담은 각자의 책임을 분명히 해주기 때문에, 그들 사이에 경쟁 관계가 생기는 것은 인간의 본성으로 보아 지극히 당연한 결과라고 말할 수밖에 없다. 네 사람은 모두 자기 책임으로 정해진 구역에서 실적을 올리려고 한다. 이 경우에는 외적에 대해 많은 전과를 거두려 한다. 그러기 위해 자기 휘하에 있는 군사력을 질적으로나 양적으로 향상시키려고 애쓰는 것은 당연하다. '3세기의 위기'를 경험한 뒤, 로마군의 주된 전력은 전통적인 중무장 보병에서 오랫동안 특수 기능병 같은 존재였던 기병으로 바뀌어가고 있었다.

그렇다면 우수한 기병은 어디에서 조달할까. 등자가 아직 존재하지 않았던 시대다. 안장 양쪽에 늘어져 있는 발을 등자가 받쳐주면 다리를 힘껏 버틸 수 있지만, 등자가 없는 고대에는 안장이 없는 말도 자유자재로 탈 수 있는 사람만 기병이 될 수 있다. 사회의 상류층에서 태어나 말을 타는 데 익숙해진 사람이나 태어날 때부터 말에 둘러싸여 자란 사람이 아니면 안 된다. 그래서 좋은 말 생산지가 곧 우수한 기병 생산지이기도 했다.

로마군의 주전력이 보병에서 기병으로 바뀐 가장 큰 원인은 떼지어

처들어오는 야만족 기병들에게 기동력있게 대항하기 위해서였다. 기병과 보병의 기동성은 평평한 마름돌로 포장되어 있는 고속도로인 로마 가도에서도 5 대 1 정도의 차이가 있었다고 한다. 휘하 부대의 전투력 향상에 열심인 사령관이라면, 로마군을 공격했다가 패배하고 항복한 야만족 기병이라도 자기 휘하에 편입시키는 것을 망설이지 않았을 것이다. 이리하여 야만족이 로마군 주전력에 공공연히 침투하게 되었고, 이런 추세는 계속 이어졌다.

하지만 진짜 문제는 야만족이 로마군 주전력에 침투한 것이 아니다. 로마사를 돌이켜보면, 패배자도 받아들여 활용한 것은 오래전부터 나타난 현상이다.

갈리아 전쟁 당시 율리우스 카이사르는 그에게 지고 로마 산하에 들어온 갈리아 기병은 물론, 그에게 지기는 했지만 로마 산하에 들어갈 생각은 없었던 게르만족까지도 기병 전력을 강화하는 데 도움이 된다면 주저없이 받아들였다.

제정으로 이행한 뒤에는 이런 '이질 분자의 도입'이 제국의 기본 정책으로 정착되어간다. 공화정 시대처럼 카이사르라는 보기 드문 지도자의 개방성이나 유연성 같은 개인적 성향에 따른 것이 아니라, 누가 황제가 되든 지속될 국가 정책으로 정착한 것이다. 물론 그것은 카이사르의 후계자가 된 초대 황제 아우구스투스가 양아버지의 그 방식이 로마에 유효하다고 판단했기 때문이다.

아우구스투스가 체계화한 보조병제도에 따르면, 로마에 정복당한 속주민도 보조병에 지원할 수 있고 25년의 병역을 마치면 로마 시민권을 얻을 수 있었다. 일찍이 그들이 로마인에게 '야만족'이라고 불린 것을 생각하면, 이것은 로마인의 개방성과 더불어 환경에 대한 적응성을 보여주는 표본이라는 생각마저 든다. 이 경우 로마 시민권은 세습권이었기 때문에 자식은 태어날 때부터 '로마 시민'(Civis Romanus)이다. 로마 시민권 소유가 자격 조건이었던 정규 군단병에도 당당히 지원할 수 있고, 실력에 따라 얼마든지 출세할 수도 있었다. 또한 속주 출신도 뛰어나게 유능하면, 25년 뒤에 만기 제대할 때까지 기다리지 않아도 조상 대대로 로마 시민이었던 사람들과 동등한 조건을 갖출 수 있었다. 속주민만으로 편성된 보조부대 대장이 되면 기다렸다는 듯이 로마 시민권이 주어졌다. 보조부대 대장은 작전회의에 참석할 자격이 있는데, 총사령관이 소집하는 작전회의에 고정 멤버로 참석하는 사람이 '로마 시민'이 아니라면 불편하기도 했을 것이다.

물론 이렇게 개방적이면 그에 따른 위험도 늘어난다. 보조부대 대장으로 로마군의 전략과 전술을 훤히 알게 된 속주 출신이 반란을 일으켜 로마가 진압에 애를 먹기도 했다. 하지만 이런 사례 가운데 로마 시대 연대기 저자—요즘으로 치면 언론매체—가 기록에 남길 만한 '뉴스 가치'가 있었던 사건은 두 건 정도밖에 찾을 수 없다. 300년 동안 겨우 두 건이다. 이 개방 노선의 유효성을 확신할 수 있었기 때문에 로마는 토이토부르크숲의 대참사를 겪은 뒤에도 노선을 변경하지 않았을 것이다. 이 사건은 로마군에서 장군으로까지 출세한 아르미니우스(게르만식 이름으로는 헤르만)가 토이토부르크숲에 매복하여 3개 군단과 3개 기병대에 보조병 6개 대대로 이루어진 3만 5천 명의 로마군을 전멸시킨 사건이다(제6권 353쪽 참조). 이것은 로마 제국에 강력한 타격이었다.

게다가 이 참사가 일어난 것은 서기 9년. 기원전 30년에 출범한 제정이 겨우 궤도 위를 안정된 속도로 나아가게 된 시기였다. 아우구스투스 정치의 중요한 기둥 가운데 하나가 로마군에 이질 분자를 도입하는 정책이었다. 이 정책이 진행되는 와중에 일어난 대참사였다. 황제로서 로마군 최고사령관이기도 한 아우구스투스가 밤마다 가위에 눌린 것도 무리는 아니다. 그래도 71세의 아우구스투스는 아무것도 바꾸지 않았다. 그 참사에 질려서 패배자를 로마군에 받아들이는 노선을 바꾸었다면 그 후 로마 제국을 특징지은 개방 노선은 존재하지 않았을 것이다. 이 초대 황제가 결정한 정책은 그 후 300년 동안 대부분 계승되었다.

그리고 패권 아래 있는 사람들의 안전보장을 가장 중요한 책무로 삼는 패권 국가인 이상, 로마군은 로마 제국의 기둥 같은 존재이기도 하다. 따라서 로마군에서 이루어진 일은 로마 사회의 다른 분야에도 보급될 가능성이 높다. 군단의 신속한 이동을 가장 큰 목적으로 삼는 군용도로로 건설된 로마 가도망이 민간인과 물자 이동에도 효과적이었던 것과 마찬가지다. 로마군에 이질 분자를 도입하는 것은 로마 영토에 이민족을 이주시키거나 이민족이 사는 지방을 통째로 제국에 편입시키는 것과 연결되었다.

이 면에서도 선례를 만든 것은 율리우스 카이사르였다. 그는 라인강 동쪽에 살고 있던 게르만족의 일파인 우비족이 로마를 적대시하지 않는 것을 보고, 얼마 전에 로마의 영토가 된 라인강 서쪽으로 그들을 이주시켰다. 오늘날 독일의 주요 도시인 쾰른의 역사는 그때 우비족의 본거지가 된 데에서 시작되었다. 그 후에도 오랫동안 라인 방위선의 주요 도시로 번영한 쾰른이 로마에 반란을 일으켰다는 기록은 전혀 없다.

이민족이 살고 있는 지방을 통째로 본국에 편입시킨 사례는 이탈리아 북부에서 찾아볼 수 있다. 루비콘강과 알프스산맥 사이에 있는 이 일대는 원래 갈리아인이 사는 지역이고, 루비콘강 남쪽에 사는 로마인은 그곳을 '키살피나'(Cisalpina: 알프스 이쪽)라고 불렀다. 밀라노와 토리노도 갈리아인의 촌락에서 유래한 도시다. 로마는 가까운 지역인 이곳에 로마 가도를 건설하고 피아첸차나 크레모나 같은 식민도시도 건설했지만, 그것은 '트란살피나'(Transalpina: 알프스 저쪽)라고 불린 남프랑스 속주와 다를 게 없었다. 그런데 갈리아 전쟁 당시 북이탈리아 속주 총독을 지낸 카이사르가 갈리아에서 전쟁을 수행하고 있는 그를 후방에서 지원해준 보답으로 북이탈리아 속주를 본국 이탈리아에 편입시켰다.

그러지 않았다면 만토바 출신인 베르길리우스나 코모 출신인 카툴루스가 라틴 문학사를 장식하지도 않았을지 모른다. 카이사르의 개방정책은 그밖에도 여러 방면에 걸쳐 있었다. 속주민을 비서관으로 기용하는 일은 다반사였고, 갈리아의 유력한 부족장이 투항하면 로마 시민권만이 아니라 원로원 의석까지 제공했다. 카이사르는 결국 이에 반발한 브루투스 일파에게 살해당하지만, 육체는 소멸되어도 사상은 계승되어 100년 후에는 원로원 의원의 출신지가 제국 전역에 미치게 되었다. 무슨 일이든 시작이 중요하다. 로마의 토목기사들은 가도를 놓을 때 처음부터 완전 포장된 4층 구조의 가도를 건설하고, 100년 동안은 보수할 필요가 없다고 호언장담했다.

요컨대 이질 분자든 야만족이든 도입하는 것 자체에 문제가 있었던 것은 아니다. 문제는 도입된 쪽이 로마에 동화하려는 의욕을 가지고 있느냐 없느냐 하는 것이었다.

'3세기의 위기'가 대명사로 사용될 만큼 전례없는 위기가 닥쳐온 260년대, 당시 황제인 갈리에누스는 걸핏하면 '게르마니아 방벽'을 뚫고 쳐들어오는 알레마니족을 아예 '방벽' 안쪽으로 이주시켜 로마에 받아들이려 했다. '게르마니아 방벽'은 라인강과 도나우강의 상류가 접근하는 곳이었기 때문에 로마의 옆구리에 해당한다. 2세기까지의 로마 제국이라면 게르만족의 일파인 알레마니족도 이 '게르마니아 방벽'에서 로마의 방패로서 기꺼이 방위의 최전선에 섰을 것이다. 그것이 '로마 시민'이 될 수 있는 지름길이라고 확신하면서. 하지만 3세기에는 그런 일이 일어나지 않았다. 알레마니족은 이 일대에 계속 거주하면서 로마가 군사력을 회복하면 로마 쪽에 붙고, 로마가 약해지면 다른 게르만족과 마찬가지로 침략을 일삼았다. 로마 쪽에 붙어 있는 편이 유리한 것은 로마가 그들을 지켜주었기 때문이다. 그것을 믿을 수 없게 되면 로마에 등을 돌렸으니까 그들의 배반 행위를 비난할 수도 없다. 로마 제국의 북방 방위선에서 가장 중요한 지대는 이 무렵부터 사실상 방기되었다. 공식 기록에도 'Limes Germanicus'(게르마니아 방벽)라는 글자는 나타나지 않는다. 하지만 이것이 제국 북방의 방위력 약화에 얼마나 영향을 주었는지는 헤아릴 수 없다.

로마군 내부에 많이 침투한 야만족 출신 장병에 대해서도 같은 말을 할 수 있지 않을까.

로마 시민권도 카라칼라 황제의 칙령이 나온 뒤에는 누구나 갖는

'기득권'이 되어, 그것이 '취득권'이었던 시대에 가졌던 매력과 이점을 잃어버렸다.

또한 과거에는 속주민에게 최고의 영예로 여겨진 원로원 의석도 이제 동경의 대상이 아니었을 뿐만 아니라, 그 후의 경력에 오히려 불리해진다. 갈리에누스 황제가 원로원 의원은 군대 사령관에 취임할 수 없다는 법률을 제정했기 때문이다. 그로부터 30년 뒤, 이번에는 디오클레티아누스 황제가 민간 경력과 군대 경력을 완전히 분리하는 개혁을 단행했다. 2세기까지는 군단에서 잔다리를 밟아 출세한 사람도 황제의 추천으로 원로원 의원이 되어 정무를 경험한 뒤 군단장으로 복귀하여 다시 군무를 볼 수 있었다. 이렇게 정무와 군무를 둘 다 경험하게 하여 양쪽에 정통한 인재를 키우는 것을 특징으로 하는 로마의 엘리트 양성 시스템도 다 지난 이야기가 되어버렸다.

지금까지의 이야기는 디오클레티아누스의 로마군 재편성이라는 본론에서 옆길로 벗어난 것처럼 보일지 모른다. 하지만 로마 제국이 왜 이 무렵부터 '후기'로 여겨지는가를 밝히고 싶으면 이것에 대한 고증을 피해서 지나갈 수는 없다. 많은 연구자가 이 시대 이후의 로마 제국을 평가할 때 '로마군의 야만족화'나 '로마 제국의 야만족화'라는 표현을 쓴다. 하지만 이런 표현을 문자 그대로 받아들여 이해하면 실정을 잘못 볼 위험이 있다. 로마군이 기병을 주전력으로 삼게 되어 야만족화됐고, 로마 제국도 군대 경력과 민간 경력이 분리되어 야만족화된 것은 사실이다. 하지만 진짜 문제는 야만족이 로마화할 의욕을 잃어버렸다는 것이고, 로마 제국 자체도 로마답지 않게 되었다는 것이다. 로마는 패배자 동화 노선을 착실히 추진하여 융성했다. 하지만 300년이 지난 3세기 말, 그 노선은 오히려 쇠퇴의 요인이 된다. 전에는 패배자도 로마에 동화하는 것을 기뻐했지만, 이제는 기뻐하지 않게 되었기 때문이다. 제행무상(諸行無常)이란 이런 것을 두고 말하는 게 아닌가 싶다.

디오클레티아누스의 로마군 재편성으로 이야기를 되돌리면, 군대는 병사 개개인의 전투력이 아무리 높아도 기병만으로 성립될 수는 없는 조직이다. 고대의 기병대는 오늘날의 공군이라고 생각해도 좋다. 기병대가 적을 격파할 수는 있어도, 적지를 점령하거나 적에게 빼앗긴 땅을 되찾으려면 반드시 지상군을 파견해야 한다. 로마 제국이 멸망한 뒤, 중세 유럽에서는 주전력이 기병만으로 이루어졌다고 해도 좋을 정도다. 하지만 그것은 골짜기를 사이에 두고 양쪽 언덕 위에 본거지(성채)를 둔 봉건 영주들 사이의 소규모 충돌로 전쟁 수준이 떨어졌기 때문이다. 이 정도 규모의 전쟁에서는 전투에 이기는 것만이 목적이고, 넓은 땅을 지배하고 싶으면 좁은 땅을 지배하는 봉건 영주들을 자기 산하에 되도록 많이 모을 수밖에 없었다. 중세 유럽의 십자군이 군사적으로는 용감히 싸웠는데도 결국 실패한 요인은 유럽에서 익숙해진 전법을 시리아와 팔레스티나에 그대로 옮겨왔기 때문이 아닐까. 로마 제국 후기에도 잃은 땅을 되찾는 것은 기병만으로 할 수 있었지만 그 땅을 계속 유지하려면 보병이 반드시 필요했다.

그렇다면 우수한 보병은 어디에서 조달할까. 그것은 뻔하다. 방위선을 따라 배치되어 있는 군단 기지밖에 없다. 역대 황제들은 이 보병들의 질을 유지하기 위해 특별한 노력을 기울였다.

'사두정치' 시대의 네 황제가 각자 맡고 있는 책임 구역에는 중요한 방위선이 포함되어 있다. 콘스탄티우스는 라인강, 막시미아누스는 라인강 상류와 도나우강 상류 일대, 갈레리우스는 도나우강, 디오클레티아누스는 유프라테스강이다. 이들은 군단 기지에서 정예 병력을 빼낼 때 누구의 허락도 받을 필요가 없었다. 이는 로마 시대 역사가들도 이미 알아차리고 있었던 '방위선 전력의 노령화와 약체화'를 가속화했다. 로마 군단병은 17세부터 45세까지가 현역이었다. 네 황제가 빼낸 것은 30대를 중심으로 한 건장한 병사였고, 모두 우수한 정예 병력이었을 게 분명하다. 로마군 병사는 30만 명에서 갑절인 60만 명으로 늘어났다. 하지만 그것은 국경인 '방위선'을 지키는 전력의 약체화라는 희생을 수반한 '증강'이었다.

게다가 이 흐름은 또 다른 요인으로 더욱 강화된다. 그것은 경쟁 관계에서 생겨나는 각 황제의 세력권 의식이었다. 디오클레티아누스가 갈레리우스에게 페르시아와의 전투를 맡긴 것이 오히려 예외였다. '사두정치'가 기능을 발휘한 12년 동안 두 황제가 힘을 합쳐 싸운 예는 이 페르시아 전쟁뿐이다. 황제가 한 사람이었던 시대처럼 도나우강 방위를 맡고 있는 군단이 브리타니아나 북아프리카에 지원군으로 파견되는 경우는 완전히 사라졌다. 자기 관할 구역에 다른 황제가 개입하는 것을 바라지 않으니까 남의 관할 구역에도 개입하지 않는다는 불문율이라도 존재했나 싶을 정도다.

하지만 과거의 로마에서는 남이 지휘하는 병력을 필요에 따라 서로 융통해주어, 방위선의 길이를 생각하면 놀랄 만큼 적은 병력으로 그 광대한 로마 제국 전역을 지킬 수 있었다. 본국과 속주의 구별없이 종횡무진으로 깔린 로마 가도망의 가장 중요한 존재 이유는 제국의 각 방위선에 배치되어 있는 군단의 신속한 이동이었다. '사두정치'가 초래한 결과 가운데 하나는 네 사람의 관할 구역 사이에 벽이라도 세운 것처럼 이 유동성을 차단해버린 것이다. 그리고 서로 융통해주는 체제가 없어지면 자기 휘하의 군사력을 증강할 수밖에 없다. 300년 동안이나 거의 바뀌지 않은 로마군 병사의 수가 겨우 10년 사이에 갑절로 늘어난 것은 책임 분할로 일어난 '관료체제화'에도 원인이 있었던 게 아닐까 하는 생각이 든다.

그리고 군사력 증강은 군사비 증가로 연결될 수밖에 없다. 그 결과는 세금 증가다. 여기에 관해서는 나중에 자세히 이야기하겠지만, 의무적으로 안전을 보장해야 하는 땅의 넓이가 안전보장과 세금의 관계에 어떻게 영향을 미치는지를 보여주는 예를 하나 들고 싶다.

로마 제국의 국유지를 빌려 농사를 짓는 농민의 경우, 나라에 내는 1년 소작료는 수입의 10분의 1로 정해져 있었다. 게다가 율리우스 카이사르의 농지법이 성립된 뒤에는 소작권이 사실상 영원히 보장되었다고 생각해도 좋으니까, 실상은 소작농이 아니라 자작농이다.

그런데 중세에는 농민이 지주인 영주에게 내는 소작료가 50%면 거의 천국이고, 70%나 80%도 드물지 않았다. 그것은 소작료에 안전보장비도 포함되어 있었기 때문이다. 영주는 적의 폭력에서 농민의 신변을 지켜주는 대신 그 비용을 징수할 권리가 있다고 여겼기 때문이다.

로마 황제가 속주민에게 부과한 속주세(수입의 10분의 1)도 키케로의 말마따나 '안전보장비'라는 것을 당시 속주민도 납득하고 있었다. 어쨌든 로마군이 국경을 지켜주니까 농민들도 안심하고 농사에 전념할 수 있었기 때문이다. 그 '안전보장비'가 수입의 10분의 1에 그친 이유는 로마 제국이 넓은 지역에 걸쳐 있고 그 안에서 필요에 따라 군단을 이동시키는 군사력 융통 체제로 경비를 절약했기 때문이다. 땅이 넓으면 1인당 부담은 줄어들고, 땅이 좁으면 1인당 부담은 늘어난다. 중세의 봉건 영주들은 적은 병력밖에 갖고 있지 않았겠지만, 적은 수라도 병력을 갖지 않으면 영주 노릇을 할 수 없었다. 요컨대 필요하지 않을 때라도 병력은 유지해야 한다. 시대는 달라도 이런 현상을 낳는 요인은 변치 않을 것이다. 그리고 이것이 방위면에서 제국을 넷으로 분할하여 각자에게 책임을 분담시킨 '사두정치' 체제에서 방위비가 급증하는 결과로 이어진 게 분명하다. 다시 말하지만, 분담은 현재 있는 것을 분할하여 맡긴 것만으로는 끝나지 않는다.

시야가 넓고 냉철한 현실주의자였던 디오클레티아누스가 이 현상을 인식하지 못했을 리는 없다. 인식하기는 했지만, 지금의 로마 제국에는 이 방법밖에 없고 아무리 큰 희생을 치르더라도 제국의 국경은 지켜야 한다고 생각했을까. 디오클레티아누스는 네 황제 가운데 그에게만 권한이 있었던 정치에서 인원 증가를 피할 수 없는 분리 분할 정책을 법으로 정착시켰기 때문이다. 그것은 초대 황제 아우구스투스 이후 최대 규모로 로마 제국 전체를 개조하는 작업이었다.

제국 개조

아우구스투스가 초대 황제가 되는 것으로 시작된 로마 제정을 역사에서는 '원수정'이라고 불러 디오클레티아누스 이후의 '절대군주정'과 구별한다. 라틴어의 '프린켑스'(Princeps)를 '원수'라고 번역했지만, 원래의 뜻은 '로마 시민 가운데 제일인자'일 뿐 국가 로마의 주권자라는 의미는 없다. 'S.P.Q.R.'는 로마를 나타내는 약어인데, 이것은 '로마 원로원 및 시민'이고, 원로원과 로마 시민이 바로 국가 로마의 주권자다. 로마는 도시국가로 출발했기 때문에 이런 주권재민 사상이 당시 사람들에게는 오히려 자연스러웠을 것이다. 건국 이래 로마는 왕정에서 공화정으로, 다시 제정으로 통치체제가 바뀌었지만, 왕도 집정관도 황제도 오늘날의 국회와 비슷한 '로마 원로원'(Senatus Romanus)과 오늘날의 국민에 해당하는 '로마 시민'(Civis Romanus)이라는 주권자에게서 통치를 위임받은 존재라는 점은 마찬가지였다.

  물론 공화정 시대의 집정관과 제정 시대의 황제는 유권자에게서 권력을 위임받았다는 점에서는 같지만, 그밖에는 많은 차이점이 있었다. 집정관은 선거로 선출되었지만 황제는 전임자의 지명으로 결정된다. 임기도 집정관은 1년이지만 황제는 종신이다. 하지만 이것도 영토가 계속 넓어지고 '로마 시민'도 그 영토로 계속 진출하는 시대의 변화에 적응하기 위한 방책이었다고 나는 생각한다. 공화정 말기에는 거의 500만 명에 이르렀던 로마 시민권 소유자, 즉 유권자를 1년에 한 번씩 수도에서 실시되는 선거에 어떻게 모을 수 있겠는가. 전과 마찬가지로 수도 로마에서 열리는 시민집회에서 계속 집정관을 선출했다면, 그것은 유권자 전체의 뜻을 반영하는 것이 아니라 기껏해야 3만 명밖에 안 되는 수도 로마 시민의 생각을 반영하는 데 불과했을 것이다. 대의제도가 영국에서 시작된 것은 1,900년 뒤의 일이다. 직접민주정치가 기능을 발휘하느냐 못하느냐는 유권자의 수와 그들이 사는 땅의 넓이에 영향을 받지 않을 수 없다.

'로마 시민 가운데 제일인자'가 왜 '황제'와 동일인물인가 하면, 황제는 로마군 전체의 최고사령관이기도 했기 때문이다. 따라서 '황제'(Imperator)는 군사 관계자들 사이에서 통한 호칭이고, 전투에서 이긴 뒤 병사들이 자기네 사령관을 찬양하여 환성을 지를 때의 호칭이 어원으로 되어 있다. 이 '승장'(勝將)이 제정으로 이행한 뒤 정치의 최고 책임자이기도 한 '황제'로 바뀐 것이다.

하지만 '시민 가운데 제일인자'와 '임페라토르'와 '아우구스투스'를 모두 '황제'로 통일하여 번역하는 것이 적절한 시대, 즉 서기 1세기와 2세기의 로마 제국에서도 황제가 원로원과 시민에게 통치를 위임받은 존재인 것은 변함이 없었다.

황제가 되려면 무엇보다도 먼저 원로원의 승인과 시민의 동의가 필요했다. 새 황제는 포로 로마노에 있는 원로원에서 취임 연설을 한 다음, 원로원 회의장 근처에 있는 통칭 로스트라(연단) 위에 올라가 시민들에게 취임 인사를 한다. 이것을 무사히 마쳐야만 비로소 포로 로마노와 비탈길 하나로 이어져 있는 카피톨리노 언덕에 올라가 신전에 참배하고 신들의 도움을 청한다. 이것으로 취임 행사는 모두 끝난다. 그동안 새 황제가 몸에 걸치고 있는 것은 다른 원로원 의원들과 마찬가지로 붉은색 가장자리 장식을 댄 하얀 토가다. '시민 가운데 제일인자'임을 부각시키기 위해서였던 것은 물론이다.

여기서 중세 이후의 황제나 국왕이 즉위할 때 반드시 따라다니는 대관식이 로마 제국에는 없었다는 데 주목해달라. 로마 황제의 특질을 이 사실만큼 여실히 보여주는 것도 없기 때문이다.

대관식이 존재하지 않는 것은 애당초 황제가 쓰는 왕관이 없고 황제의 머리에 왕관을 씌워줄 존재가 없기 때문이다. 로마 황제가 머리에 무언가를 쓴 모습으로 묘사된 조각상도 있고 화폐도 있지만, 그것은 대부분 떡갈나무 잎을 엮은 '시민관'으로 전쟁터에서 아군을 구한 병사에게 주는 것이 보통이었다. 승전을 기념하는 관도 올림피아 대회의 승리자에게 준 것과 마찬가지로 월계수 잎을 엮어 만든 머리띠였다. 그것이 초록색 잎이 아니라 금이나 은으로 만들어져 있어도 의미는 변함이 없다. 만드는 법이 화관과 같기 때문에, 잎을 엮는 역할을 한 리본의 매듭이 목덜미에 보인다. 햇빛처럼 황금으로 만든 선이 나란히 늘어서 있는 관을 쓸 때도 있었지만, 이런 경우는 극히 드물다. 황제가 쓰는 왕관이라면 우리는 보석을 아로새긴 호화로운 형태의 관을 쉽게 떠올리지만, '디아데마'라고 불린 그런 관은 명목상으로나마 황제가 '시민 가운데 제일인자'였던 원수정 시대에는 존재하지 않았다.

황제의 머리에 관을 씌워줄 사람이 없었던 것은 누가 황제가 될 것인가를 결정하고 승인하는 것이 로마에서는 '신'이 아니라 '인간'이었기 때문이다. 로마의 신들은 노력하는 사람을 도와주는 신이었지만, 인간에게 무언가를 '하라'고 명령하는 신은 아니었다. 인간 세상의 인사에 참견하여 누구를 황제로 삼으라고 명령하는 신이 아니라, 인간들이 황제로 삼은 사람에게 황제가 된 이상 황제의 책무를 완수하기 위해 전력을 다하면 우리 신들도 지원을 아끼지 않겠다고 격려하는 존재였다.

주권자가 원로원과 로마 시민권 소유자인 로마 제국에서 신들은 이런 존재였고, 신들을 섬기는 제사장도 그 일만 전담하는 전문직이 아니라 시민들이 돌아가면서 맡거나 선거로 결정했다. 최고위 제사장은 율리우스 카이사르 이래 줄곧 황제가 겸하고 있었다. 따라서 왕관을

황제가 쓰는 두 종류의 관을 새긴 주화(왼쪽: 햇빛관, 오른쪽: 시민관)

황제의 머리에 씌워줄 사람은 당사자인 황제밖에 없었다. 이것이 로마 황제가 즉위할 때의 실정이었다. 로마 제국과 그 후 인류 역사에 나타난 제국은 많은 차이가 있다. 로마 제국에는 대관식이 없었다는 것도 그 차이점 가운데 하나다. 그래서 다음과 같은 에피소드도 존재할 수 있었을 것이다.

하드리아누스 황제가 제의를 거행하러 신전으로 가는 길에 한 여자가 그를 불러세웠다. 여자는 황제에게 무언가를 진정하려고 길가에서 기다리고 있었다. 하지만 하드리아누스는 "지금은 시간이 없다"고만 대답하고 그대로 지나가려고 했다. 그 등을 향해 여자가 소리쳤다. "그렇다면 당신은 통치할 권리가 없소!" 황제는 돌아와서 여자의 이야기를 들어주었다.

이 하드리아누스 시대부터 150여 년이 지난 4세기, 디오클레티아누스는 로마 제국의 황제상을 완전히 바꾸어놓는다. 대관식은 여전히 없었지만, 보석을 아로새긴 '디아데마'라는 호화로운 관이 황제의 머리 위에 등장하기 시작했다. 그때까지 로마에서는 이것을 오리엔트 전제군주의 것으로 생각하여 경멸하는 눈으로 보고 있었다. 이것을 맨 처음 머리 위에 쓴 사람은 디오클레티아누스라고 한다. 물론 그때까지의 로마 황제들처럼 목덜미에서 리본으로 묶는 방식의 관을 버린 것은 아니다. 조상과 화폐에서는 대부분 이런 방식의 관을 쓰고 있다. 하지만 전에는 금이나 은으로 떡갈나무나 월계수 잎을 본뜨는 정도에 그쳤다면, 이 시기 이후에는 번쩍이는 보석을 아로새겨 훨씬 호화로운 관을 만들게 되었다.

디오클레티아누스는 '시민 가운데 제일인자'가 될 마음이 없었기 때문이다. 아니, 그러지 않는 편이 정치 안정에 이바지한다고 확신했는지도 모른다.

이 사람은 로마군에서 청년기를 보냈는데, 그때는 군단 출신 황제가 연달아 배출된 이른바 군인황제 시대였다. 그 황제들 중에서도 특히 아우렐리아누스와 프로부스 황제는 적극 전법을 구사하여 제국을 붕괴에서 구해낸 공로자다. 군대만이 아니라 민간에서도 높은 지지를 받은 황제들이었다. 그런데도 아우렐리아누스는 5년, 프로부스는 6년밖에 다스리지 못하고 둘 다 정말 하찮은 이유로 휘하 병사들에게 살해되었다. 두 황제는 부하들의 음모 따위는 전혀 걱정할 필요가 없었는데, 실제로는 가까운 측근에게 목숨을 잃었다. 게다가 그 범인들이 황제를 죽인 뒤에 진심으로 후회한 것도 공통점이다. 디오클레티아누스는 이 불상사를 30세에서 37세까지 두 번이나 경험했다. 39세에 제위에 오른 그가 이 사건을 잊지 않은 것은 당연했다.

이리하여 로마 제국은 원수정에서 절대군주정으로 가는 첫걸음을 내디뎠다. 황제상도 '시민 가운데 제일인자'에서 '시민과는 동떨어진 곳에서 지배하는 자'로 바뀌었다. 하지만 그것은 디오클레티아누스가 암살당할 것을 우려하여 세운 대책은 아니었다. 3세기 후반에 살았던 이 사람은 제국을 유지하려면 무엇보다도 통치의 안정이 필요하다는 것을 깨달았다. 로마 제국에서 통치가 안정되려면 황제의 지위가 안정되어야 했다. 디오클레티아누스는 시민 속의 황제가 아니라 시민한테서 유리된 황제가 됨으로써 그것을 실현하려고 생각한다. 병사들이 황제를 자기와 같은 시민으로 생각지 않고, 자기와는 전혀 다른 높이에 있는 사람으로 생각하게 하기 위해서다. 시민과 거리를 두는 것이 이 노선의 기본 방침이 된 이유는 여기에 있었다.

사람을 싫어한 티베리우스 황제나 노년기의 하드리아누스 황제처럼 수평적인 거리를 둔 것이 아니라 수직적인 거리를 두었기 때문에, 일반인에게 황제는 우러러보아야 하는 존재가 된다. 원수정 시대의 티베리우스 황제를 '주인님'(dominus)이라고 부른 것은 사저의 하인들뿐이었지만, 디오클레티아누스 시대부터는 시민이 황제에게 쓰는 말이 된다. '시민 가운데 제일인자'(princeps)는 '지배자'(dominus)로 바뀌었고, '시민'(civis)도 '신하'(servus)로 바뀌었다.

머리에 쓰는 관이 호화로워지면 옷도 거기에 맞춰 호화로워질 필요가 있다. 이제 황제쯤 되면, 평범한 시민이 입는 하얀 토가는 제의를 거행할 때나 몸에 걸치게 되었다. 고대에는 가장 값싼 푸른색이나 갈색으로 염색하는 데에도 값이 꽤 비싸게 먹혔지만, 보라색이나 붉은색으로 염색하려면 헝겊 양에 따라 값이 천정부지로 올라간다. 게다가 금실이나 은실로 수를 놓고 때로는 그 사이에 진주나 보석을 아로새기

제1부 디오클레티아누스 황제 시대 81

기도 했다. 구두까지도 비단실로 수를 놓고 보석을 박은 것이 귀하게 여겨졌다. 이제야 비로소 할리우드 사극에 나오는 로마 황제상이 통상화된 것이다. 원수정 시대에는 칼리굴라나 네로처럼 색다른 옷차림을 하는 것이 자기주장이라고 믿은 젊은 황제들만 그렇게 튀는 옷을 입었지만, 이제는 그것이 장년에 이른 네 황제의 통상적인 모습이 되었다. 호화로움을 좋아했다기보다 황제와 신하 사이에 거리를 두어야 한다고 생각한 디오클레티아누스를 다른 세 황제도 본받은 결과였다.

해가 뜨면 하루를 시작하는 로마인에게 '살루타티오 마투티나' (salutatio matutina)라고 불린 아침 문안은 생활 습관이 되어 있었다. 웬만한 집에는 반드시 '타불라리움'(응접실)이 있었다. 원래 '패트런'의 어원인 '파트로네스'의 집에 '클라이언트'의 어원인 '클리엔테스'가 인사하러 가는 것에서 시작되었다. 인간관계를 중시한 로마다운 관습이지만, 태어날 때부터 미래의 황제로 정해지지 않은 사람이 제위에 오르는 예가 많았던 원수정 시대에는 원로원 의원 시절의 '아침 문안'을 황제가 된 뒤에도 계속하는 것이 보통이었다.

하지만 시민과 거리를 두는 것을 기본 방침으로 삼은 디오클레티아누스는 이 관습을 폐지해버린다. 어쩌다 하는 경우에도 그것은 '문안 인사'가 아니라 '알현'이고, '도미누스'(지배자)가 만날 것을 허락한 '세르부스'(신하)만 접견하는 자리가 되었다. 옥좌에 앉은 황제 앞에서는 나이가 많고 지위가 높은 사람도 계속 서 있어야 했다. 말투와 태도도 달라지는 것이 당연했다. 그리고 전에는 황제를 찾아가면 만나주었지만, 이제는 황궁 내부의 복잡한 관료조직을 통과하지 않으면 황제를 만날 수도 없게 되었다. 황제를 만나 이야기를 나누는 것 자체가 '특권'이 된 것이다.

 디오클레티아누스 황제는 즉위한 뒤 무려 19년 동안이나 수도 로마를 방문하지 않았다. 전쟁터를 전전하느라 바빴던 것은 확실하다. 하지만 밀라노에는 갔으면서 아이밀리아 가도와 플라미니아 가도를 이용하면 금방 도착할 수 있는 로마에는 행차하지 않았다. 로마 시내와 로마 주민을 싫어했기 때문은 아닐 것이다. 제국의 수도 로마에는 이제 명색뿐인 주권자지만 로마 제국의 전통적 주권자인 로마 원로원과 로마 시민이 둘 다 존재하고 있었기 때문이다.
 원로원 의원도 입으로는 그를 '주인님'이라고 부를 것이다. 하지만 마음속 생각은 어떨까.
 로마 주민도 콜로세움의 귀빈석에 나타난 디오클레티아누스를 박수갈채로 맞이했을 것이다. 하지만 그들의 마음속에는 저 사람이 우리 시민의 대표구나 하는 친근감보다 저 사람이 우리 황제인가 하는 호기심이 더 강했을 것이다.
 원로원은 800년 동안이나 국가의 중추가 될 인재를 배출했고, 로마 주민은 콜로세움이나 대경기장에서 박수나 야유로 여론 조사의 표본이 되었다. 황제와 시민의 관계가 새롭게 변했다 해도 그 오랜 관계가 하루아침에 변할 수는 없다. 디오클레티아누스는 원로원과 시민이 자기한테 환호성을 지르지 않을 수 없을 때까지 수도 방문을 미룬 게 아닐까. 원로원과 시민이 쌍수를 들어 황제를 환영할 때는 원로원에서 승전을 보고하고 시민과 함께 승리를 축하하고 신들에게 감사를 드리는 개선식 때였다.

303년 11월 20일, 디오클레티아누스와 막시미아누스는 로마에서 화려한 개선식을 거행했다. 새로운 땅을 정복한 것은 아니다. 북아프리카, 브리타니아, 라인강, 도나우강, 유프라테스강, 나일강 등의 방위선을 굳게 지킨 것을 축하하는 개선식이다. 이것이 수도 로마를 무대로 한 마지막 개선식이 되었다. 그 후로는 로마 황제들이 승리에서 멀어져간다. 그리고 이 흐름과 보조를 맞추듯 로마도 제국의 수도 역할에서 멀어져간다. 그리고 로마가 시리아의 안티오키아나 이집트의 알렉산드리아와 같은 수준까지 떨어지는 것과 제국의 본국인 이탈리아가 다른 속주와 다름없는 존재가 되는 것도 디오클레티아누스가 실시한 제국 개조의 일환이었고, 그가 기울인 '마지막 노력'의 하나였다.

다음 페이지의 지도 두 장이 모든 것을 말해주지 않을까 생각한다. '일두정치'이면서 '시민 가운데 제일인자'가 통치하고 있었던 원수정 시대의 로마 제국과 '사두정치'를 폈는데도 절대군주정으로 변한 로마 제국의 차이다.

다만 다소의 해설은 필요할 것이다.

(1) '사두정치'라 해도 그것은 네 사람이 방위 책임을 분담했다는 뜻이고, 제국 전체의 정치는 어디까지나 네 사람 가운데 제일인자인 디오클레티아누스의 책무였고 결정권도 그에게 있었다. 'tetrarchia'에서 'tetra'라는 그리스어에는 '넷'이라는 뜻 외에 '군대 지휘관'이라는 뜻도 있다. 따라서 '사두정치'를 의역하면 '네 명의 방위 지휘관'이 된다. 그리고 무엇보다도 디오클레티아누스는 로마 제국을 넷으로 분할할 생각이 전혀 없었다.

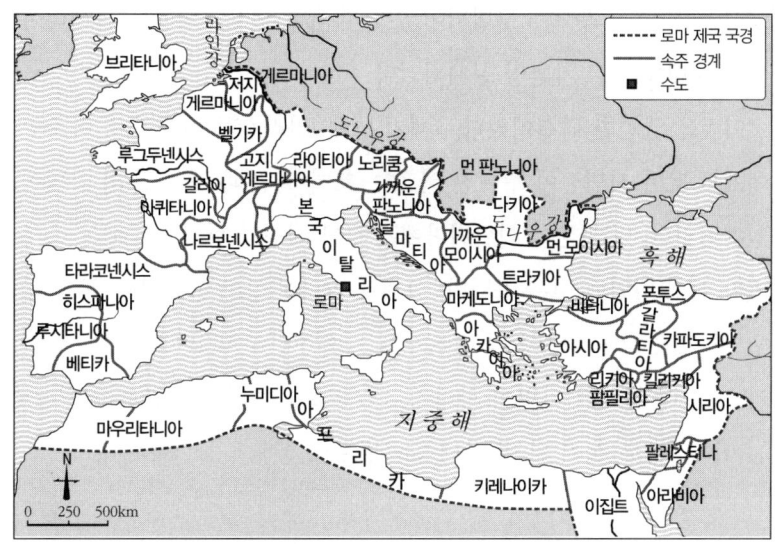

트라야누스 황제 시대의 로마 제국

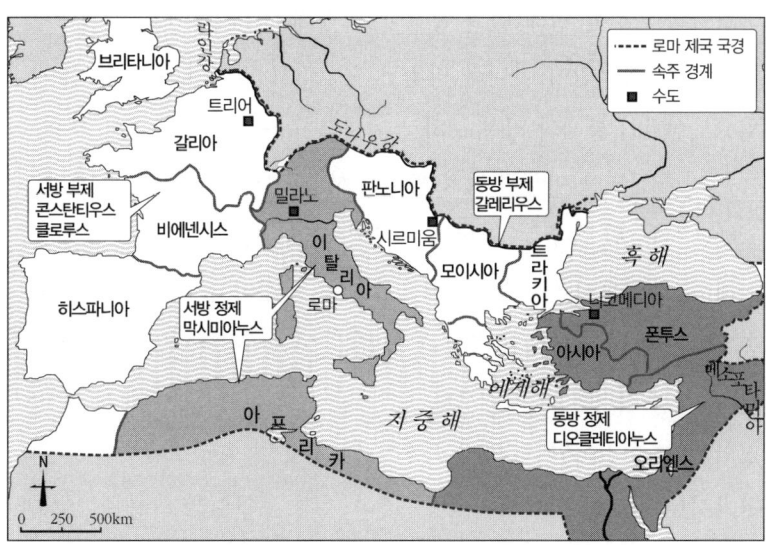

디오클레티아누스 황제 시대의 로마 제국

(2) 2세기 초의 트라야누스 황제 시대, 즉 원수정 시대의 로마 제국에서는 본국과 속주가 구별되어 있었지만, 4세기 초의 디오클레티아누스 시대에는 그 차별이 철폐되었다.

이것은 당연한 귀결이었다. 3세기 초에 '카라칼라 칙령'으로 속주민에게도 로마 시민권이 주어진 뒤로는 '로마 시민'과 '속주민'의 차별이 철폐되었다. 원래 본국 이탈리아에는 로마 시민만 살고 속주에는 속주민만 살고 있었던 것은 아니다. 실제로 뒤섞여 살고 있었지만, 본국 주민 중에는 로마 시민이 많고 속주에는 속주민의 비율이 높았을 뿐이다. 그런데 양자의 차별이 사라지고 동일화되었다. 디오클레티아누스는 이미 기정사실이 된 이 상태를 국법으로 정하여 공식화했다.

(3) '황제 속주'와 '원로원 속주'의 구별도 사라졌다. 전자는 제국의 국경인 방위선에 접해 있는 속주이고, 황제가 총독을 임명했다. 이들은 속주의 통치만이 아니라 방위도 책임지고 있어서, 로마군 전체의 최고사령관인 황제의 직속 부하로 여겨졌기 때문이다. 그래서 속주 총독은 자주 군단을 이끌고 적과 싸우는 사령관이기도 했다.

한편 '원로원 속주'는 로마의 속주가 된 지 오래되었고 방위선에도 접해 있지 않아서 군단을 둘 필요가 없는 속주였다. 이곳을 담당하는 총독의 임명권은 원로원이 갖고 있었다. 이 속주는 집정관을 지낸 사람이 '전직 집정관'의 자격으로 부임하는 임지였다. 군사적 재능이 임명의 첫째 조건이었던 '황제 속주'의 총독도 '원로원 속주' 총독과 마찬가지로 원로원에 의석을 갖는 것이 자격 조건으로 되어 있었지만, 이것은 자국의 엘리트에게는 문무를 모두 경험하게 한다는 로마의 일관된 전통을 반영하고 있다. 따라서 '황제 속주'와 '원로원 속주'의 경력이 분리되어 있었던 것은 아니다. 장년기에는 '황제 속주' 총독에 임명되어 변경 생활을 견디고, 노년기에는 야만족이 쳐들어올 염려도 없고 생활 여건도 훨씬 쾌적한 '원로원 속주' 총독에 취임하여 공직 경력의 마지막을 장식하는 예가 많았다. 물론 '황제 속주' 총독을 지내는 동안 야만족과 싸우다가 전사하지 않아야 했지만.

그런데 원수정 시대에 문무의 경력 사이에 작용한 이런 유동성도 3세기 후반부터는 과거의 일이 되어버렸다. 갈리에누스 황제가 군단을 지휘하는 사령관에 원로원 의원이 취임하는 것을 법으로 금지했기 때문이다. 이제 군사 전문가이기만 하면 방위선을 지키는 '황제 속주'의 총독이 될 수 있었다. 야만족의 거듭된 침략에 대항하기 위한 고육지책이긴 했지만, 결과적으로 이것은 국가 요직을 맡을 만한 인재를 공급하는 기관이었던 원로원에서 그 역할을 빼앗게 되었다. 또한 로마 제국에서 가장 중요한 일인 안전보장에 관여할 수 없게 된 원로원 의원들은 국가를 통치하는 자에게 없어서는 안 될 공적 문제의식과 책임감을 잃어버리게 되었다. 권력이란 그것을 가진 자를 타락시키지만, 갖지 않은 자도 타락시키는 성질을 갖고 있다.

게다가 '방위선'이 무너지고 적이 제국 깊숙이 쳐들어오는 일이 잦았던 3세기 후반의 쓰라린 경험을 통해 원수정 시대에는 안전하고 쾌적한 임지로 여겨진 '원로원 속주'도 전혀 안전하지 않다는 사실이 입증되었다. 즉 '원로원 속주'를 방위하는 책임도 군사 전문가에게 맡길 필요가 생긴 것이다. 이렇게 위기의 3세기를 경험함으로써 디오클레티아누스가 단행한 제국 재편성의 밑바탕은 벌써 충분히 마련되어 있었다.

관료 대국

'사두정치'라 해도 제국을 넷으로 분할할 의도는 없으니까 네 황제 사이에도 엄연히 계급이 존재한다. 그것을 도표로 나타내면 다음과 같다.

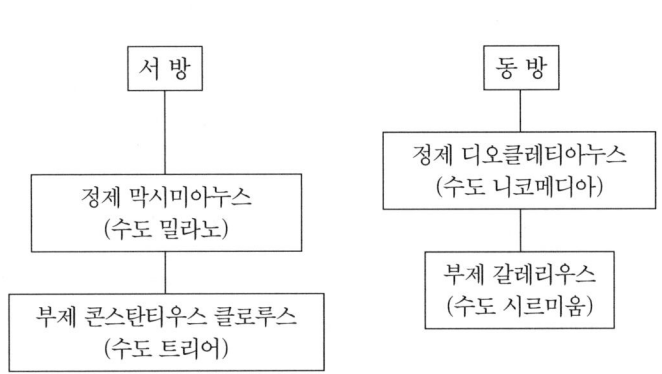

각 황제가 본거지로 삼은 수도의 위치를 보면 '사두정치'가 무엇보다도 제국의 방위를 최우선 목적으로 삼은 것을 알 수 있다. 네 수도가 모두 제국의 방위선으로 쉽게 달려갈 수 있는 곳에 있었다. 제국 전체의 정치를 생각하는 디오클레티아누스를 포함하여 네 황제는 모두 '임페라토르'라는 호칭에 걸맞게 군대를 지휘하는 것이 주된 임무였다.

그렇다면 행정에만 종사할 사람이 따로 필요해진다. 그래서 디오클레티아누스는 각 황제의 담당 구역을 다시 '디오케시'(diocesi: 관구)로 나누고, 황제 대리를 의미하는 '비카리우스'(vicarius)가 각각의 관구를 다스리도록 행정조직을 개편했다. 하지만 앞의 지도에서도 알 수 있듯이, 현대와는 비교할 수도 없을 만큼 인구가 적었던 1,700년 전이라 해도 '황제 대리'가 맡는 지역이 너무 넓다. 그래서 '디오케시'를 다시

'프로빙키아'로 세분했다.

'프로빙키아'(provincia)는 원수정 시대에도 존재했지만, 그때와는 달리 이제 '속주'라고는 번역할 수 없다. 현대 이탈리아어에는 이 라틴어를 그대로 받아들인 '프로빈치아'라는 낱말이 있는데, 이것은 '도'(道)나 '주'(州)라고 번역할 수밖에 없다. 그리고 이 세분화에 숨어 있는 진짜 목적은 세금을 쉽게 징수하려는 것이었다.

원수정 시대의 로마 제국과 '사두정치' 이후 시대의 로마 제국을 조직면에서 비교하면 다음 페이지와 같다.

얼핏 보기에는 디오클레티아누스가 재편성한 후기의 로마 제국이 아우구스투스가 창설한 원수정 로마보다 조직체로서 더욱 질서정연하고, 따라서 합리적인 것처럼 보인다. 그렇다면 기능도 당연히 향상되었어야 한다. 하지만 실제로는 성질이 다른 각종 주민 공동체가 뒤섞여 제국을 구성하고 있던 서기 1세기나 2세기에 로마인의 안전은 더욱 잘 보장되었고, 그 성과인 '팍스 로마나' 밑에서 로마 제국의 경제는 상층과 하층이 일체가 되어 번영을 누리고 있었다. 무엇 때문일까.

디오클레티아누스가 개편한 4세기 이후의 로마 제국이 조직체로서는 더 진화한 것이 분명한데, 왜 150년 뒤에 찾아올 멸망을 피하지 못했을까.

거대해진 조직체를 분할하고 세분화하면 기능성이 좋아지는 것은 사실이다. 하지만 모든 일은 밝은 면과 어두운 면을 아울러 갖는 것이 인간사의 현실이다. 그 현실에 눈을 돌리면 이런 문제가 남는다. 분할하고 세분화한 데 따른 기능성 향상이 밝은 면이라면, 어두운 면은 무엇인가 하는 문제다.

로마 제국 전기·중기의 '원수정'(1~2세기)

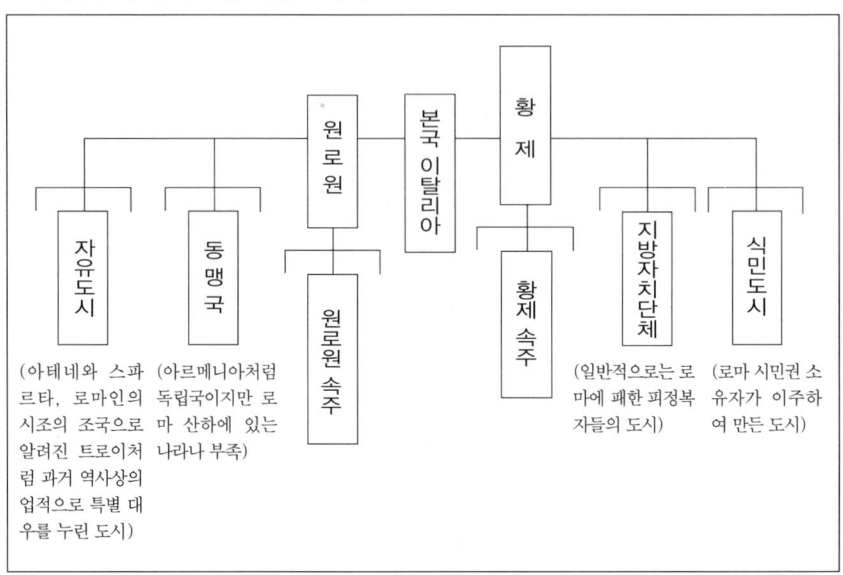

로마 제국 후기의 '사두정치'(4세기 이후)

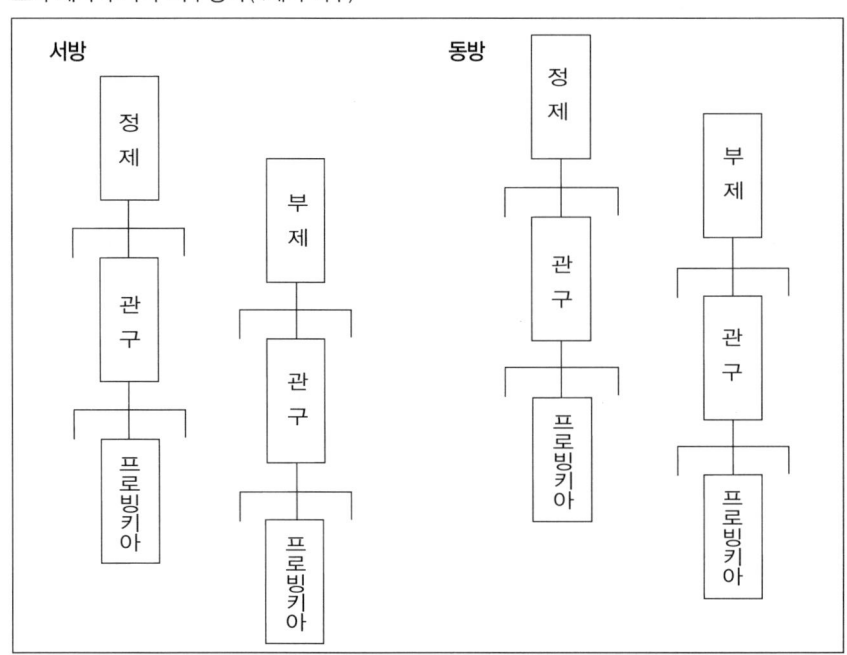

첫째, 분할하고 세분화하면 오히려 각 분야마다 필요한 인원과 비용이 늘어난다.

네 황제가 제국의 안전보장을 분담하는 '사두정치'가 국방에 종사하는 병사의 수를 갑절로 늘린 것에 대해서는 앞에서 이미 이야기했다. 30만이 60만 명으로 늘어난 것이다. 종래의 방위선에 배치된 병사에 황제가 직접 지휘하는 병력이 추가되었으니까, 60만 명이 된 것도 이상하지 않다. 덧붙여 말하면, 이 시기부터는 제국의 국경인 방위선에 설치된 군단기지를 지키는 병사를 '리미타네이'(limitanei)라고 부르게 되었다. 방위선을 지키는 병사라는 뜻이거나 아니면 방위선을 지키는 것만으로 임무가 한정된 병사라는 뜻일 것이다. 원수정 시대에는 로마군의 주전력으로 명성을 떨쳤던 '군단병'이 4세기에는 이런 꼴이 되었다.

한편 황제를 따라 적이 쳐들어오는 곳이면 어디든 달려가는 것이 임무인 황제 직속 병사는 '팔라티니'(palatini)라고 불리게 된다. 황제가 가는 곳이면 반드시 수행하는 병사니까 '황궁병'이라는 뜻일 것이다. 원수정 시대라면 '근위군단병'이 할 일이었지만, 그들이 모두 종군해도 1만 명밖에 안된다. 그런데 '사두정치' 시대에는 '황궁병'이 황제 1인당 7만 명이 넘었다. 황제가 네 명이니까 약 30만 명이다.

또한 각 황제가 본거지로 삼았기 때문에 '수도'라고 불리게 된 곳도 네 곳으로 늘어났다. 트리어도 밀라노도 시르미움도 니코메디아도 모두 그 전부터 중요한 도시이기는 했다. 따라서 가도와 시내 도로, 교외 도로와 상하수도는 물론 로마인이 도시의 필수조건으로 생각한 공공 광장과 공회당, 경기장, 원형투기장, 반원형극장, 공중목욕장 같은 설비도 이미 정비되어 있었다. 없는 것은 황궁뿐이었을 것이다.

하지만 네 황제는 모두 황궁만 새로 건설하는 것으로는 만족하지 않았다. 네 황제가 모두 하층계급에서 태어나 자랐다는 것을 잊어서는 안 된다. 그래서 황제가 된 것을 구체적인 형태로 과시하고 싶은 마음이 더 강했는지도 모른다. 트리어도 밀라노도 시르미움도 니코메디아도 원래 전선기지였다는 것을 잊게 할 만한 도시로 개조되었다. 없는 것은 새로 만들고, 이미 있는 것은 대규모로 다시 만들었다. 수도 로마를 의식한 것은 물론이다.

하지만 수도를 그렇게 쉽사리 만들 수 있는 것은 아니다. 하드웨어를 아무리 정비해도 그것만으로 수도가 완성되는 것은 아니다. 오늘날 대도시로 변모한 밀라노에 1,700년 전 수도의 흔적이 전혀 남아 있지 않은 것은 당연하다 해도, 모젤강 상류의 트리어나 도나우강과 가까운 시르미움, 소아시아 북서부에 있는 니코메디아에서도 과거의 흔적은 거의 찾아볼 수 없다. 요컨대 고대 유적이 동시대의 다른 주요 도시에 비해 두드러지게 빈약하다. 부제 콘스탄티우스 클로루스의 수도는 트리어였는데, 이 황제가 다스린 리옹과 아미앵·나르본·보르도 같은 도시가 도시화에서는 오히려 트리어보다 훨씬 앞서 있었다. 도시, 특히 수도는 오랜 세월과 거기에 사는 사람들이 함께 만들어가는 것이다.

네 황제는 네 도시를 수도화하는 작업에 저마다 열심히 매달렸지만, 그 비용은 '사두정치'가 완전히 기능을 발휘한 293년부터 305년까지로 시기를 한정한다 해도 제국의 재정을 압박할 정도는 아니었을 것이다. 하지만 '상자'를 만드는 비용은 대단치 않아도, 그 '상자'에 들어갈 사람에게 드는 비용이 문제였다.

네 황제를 새긴 '사두상'(四頭像)—1204년의 제4차 십자군 당시 베네치아가 콘스탄티노플에서 가져온 전리품 가운데 하나. 그 후 산 마르코 광장의 통령 관저(팔라초 두칼레) 입구에 놓여 있다.
주목해야 할 점—관과 검이 모두 고대 로마보다는 중세 유럽에 더 가깝다.

우선 중앙정부라고 할 수 있는 황궁에서 일할 사람이 필요하다. 요즘으로 치면 대통령이나 총리의 관저에 근무하는 사람이다. '사두정치'니까 이런 사람의 수와 비용도 네 배가 된다. 게다가 황제는 담당 구역의 안전보장 이외에 그 지방 전역의 행정도 맡고 있다. 하지만 실제로는 전선에 나가 있을 때가 많다. 그래서 디오클레티아누스는 중앙정부인 황궁에 지방정부와 비슷한 '관구'를 만들고 '황제 대리'가 행정을 담당하게 했다. 그리고 '관구'를 더 많은 '프로빙키아'(주·도)로 분할했다. 그리고 이런 행정기구에서 일하는 모든 '관료'들의 임명권도 황제가 장악했다. 디오클레티아누스부터 시작된 로마 제국 후기를 역사 연구자들이 '절대군주정'이나 '전제군주정'이라고 단정하게 된 근거가 이것이다.

게다가 디오클레티아누스 황제가 군대 경력과 민간 경력을 말단에 이르기까지 완전히 분리했다는 것도 잊어서는 안 된다. 40년 전에 갈리에누스 황제가 원로원 의원이 사령관으로 나가는 것을 법으로 금지했지만, 당시에는 대상이 고위층에만 한정되어 있었다. 하지만 그 후 40년이라는 세월은 군대 경력과 민간 경력을 말단까지 완전히 분리하는 데 대한 저항감을 둔화시키기에 충분한 세월이었는지도 모른다. 디오클레티아누스의 이 변혁에 반대한 사람이 있었다는 기록은 동시대 역사가들의 서술에 전혀 나타나지 않는다.

하지만 이로써 거대화한 군대 기구와 어깨를 나란히 하는 거대한 관료 기구가 탄생했다. 군대 경력과 민간 경력이 분리되어 있으니까 두 기구 사이에는 인적 유동성이 없다. 원수정 시대처럼 군대 경력과 민간 경력을 번갈아 거치면서 제국을 짊어질 지도자로 성장해가는 엘리트상은 과거의 것이 되어버렸다.

디오클레티아누스가 로마 제국 후기를 특징짓는 이 제도를 만든 것은 군대 경력과 민간 경력 가운데 한쪽에만 종사하면 책임감을 가지고 임무를 충분히 수행할 거라고 생각했기 때문이다. 하지만 인간은 하나의 조직에 속하는 데 익숙해지고 책임을 갖게 되면 다른 분야의 간섭을 싫어하게 되는 법이다. 간섭을 싫어하게 되면 자기도 남에게 간섭하지 않게 된다. 자기가 남의 일에 간섭하지 않으니까 남의 간섭도 배제하겠다는 것이다. 이런 사고방식이 자기가 속한 조직을 비대하게 만드는 결과로 이어지는 것은 당연했다. 간섭이나 도움을 청할 필요가 없도록, 지금은 쓸모없는 물건이나 사람이나 부서도 계속 유지하기 때문이다. 디오클레티아누스의 생각에 따라 조직된 로마 제국 후기의 관료 기구가 그의 의도보다 훨씬 비대해져버린 것도 이런 조직이 내포하는 성질에 원인이 있었던 게 아닌가 싶다. '한 가지 분야에만 종사하는 것'은 효율성만 생각하면 합리적인 체제로 보이지만, 깊은 함정이 숨어 있었다.

이처럼 조직을 정연하게 세분화한 뒤, 종적 관계라는 사고방식이 존재하지 않았던 원수정 시대의 산물인 가도와 수도(水道)의 유지 보수는 어떻게 되었을까. '도'의 경계가 된 하천 이쪽에 있는 가도의 유지 보수는 우리 도가 하겠지만, 저쪽은 다른 도의 책임이다. 그 하천에 걸려 있는 다리도 한가운데에서 나누어 양쪽을 두 도가 따로 관리한다면, 같은 자재와 기술로 통일할 필요가 있는 공사는 할 수 없지 않을까. 이런 면에서 당시의 실정이 어떠했는지를 말해주는 사료는 없다. 하지만 사료가 전하는 바에 따르면, 야만족의 거듭된 침략으로 유지 보수에 신경쓸 형편이 아니었던 3세기에 이어 4세기에도 로마 제국에

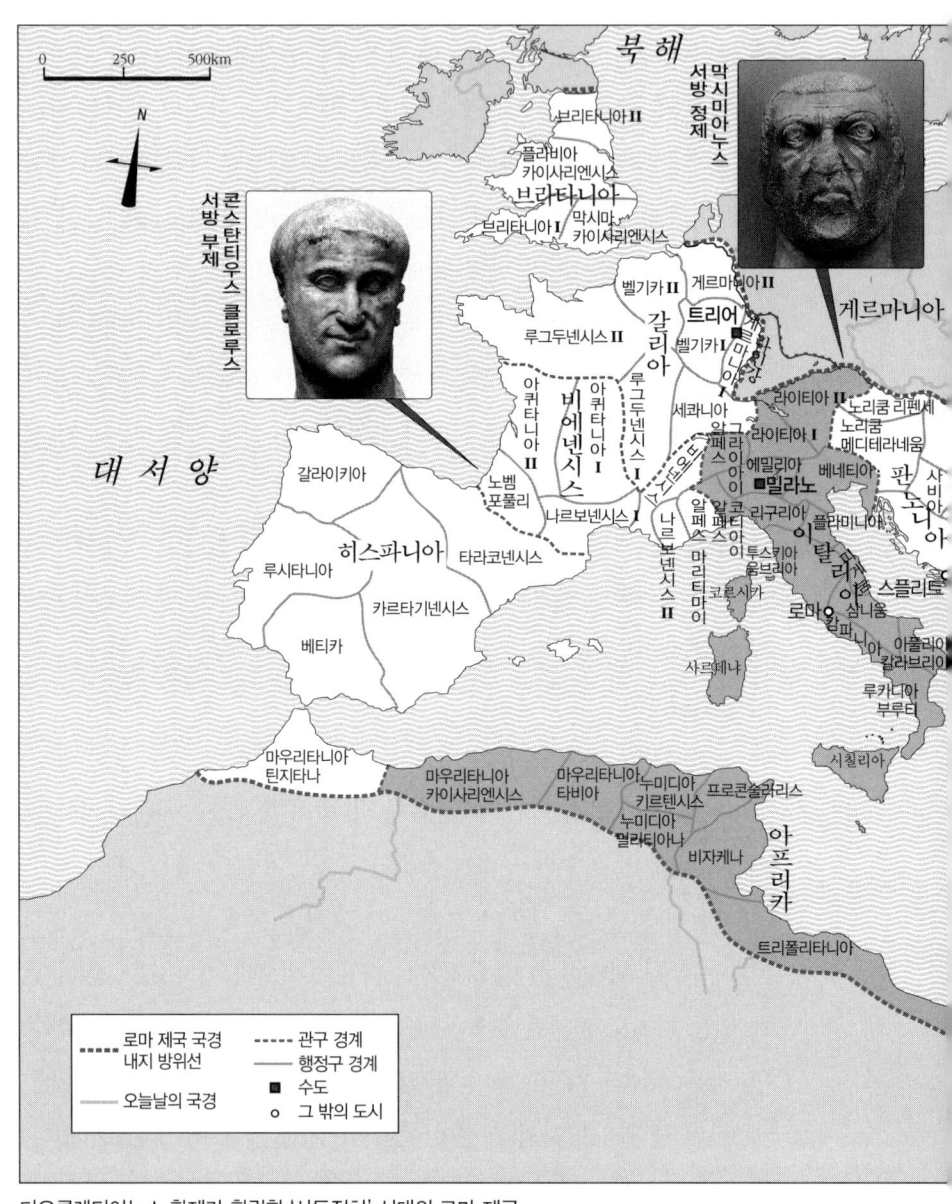

디오클레티아누스 황제가 확립한 '사두정치' 시대의 로마 제국

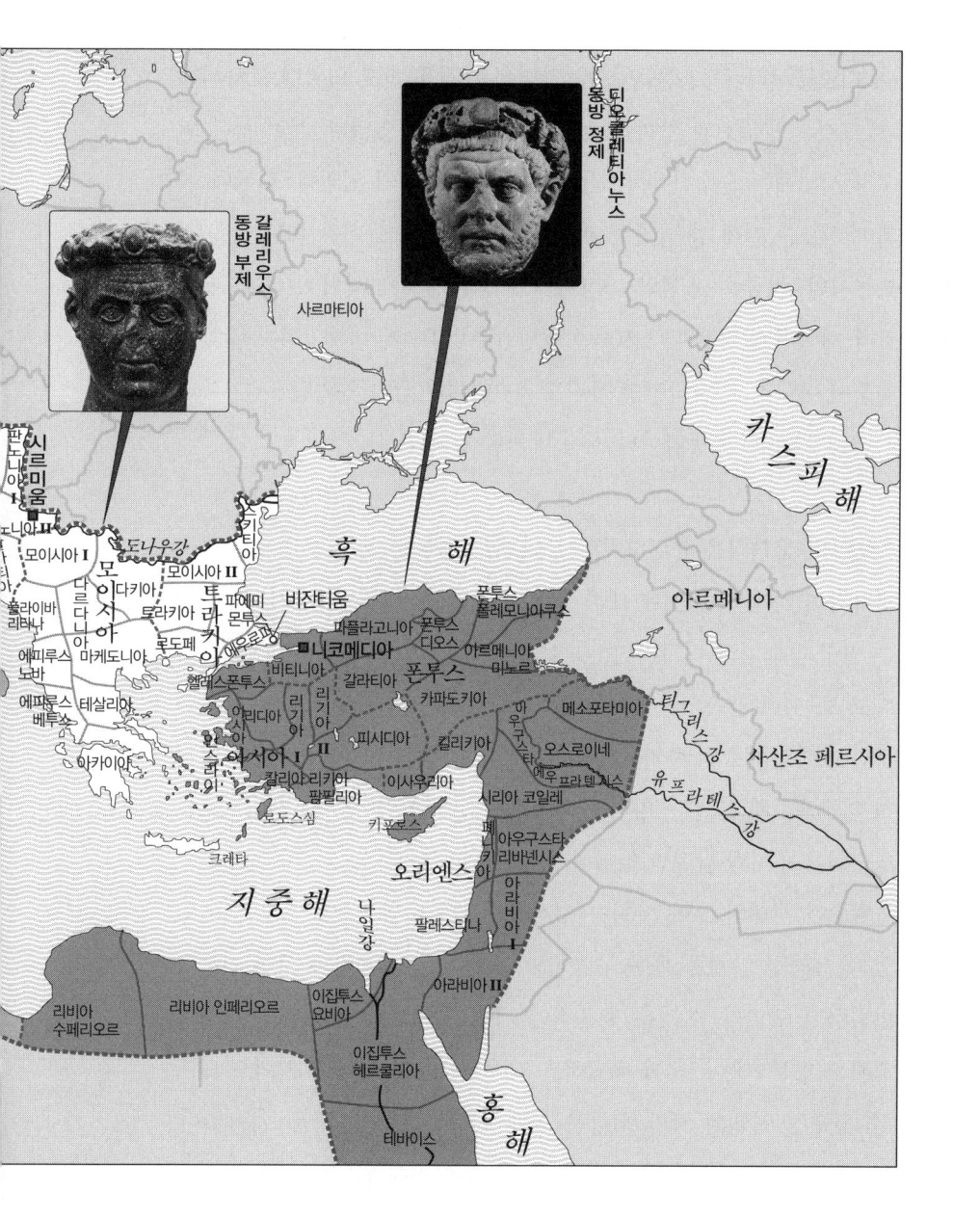

서는 유지 보수라고 부를 만한 공사가 전혀 이루어지지 않았다고 한다. 디오클레티아누스는 인프라 정비에 관심을 갖고 있었던 모양이지만, 그것은 방위선과 가까운 인프라에 한정되어 있었다. 이런 곳은 원수정 시대에는 순수한 군용 인프라로 격이 매겨져 있었다. 일찍이 아피아 가도는 길에 깐 납작한 포석 사이에 토사가 들어갈 틈도 없을 정도였지만, 지금은 포석의 가장자리가 둥글게 마모되어 있다. 그것도 로마 제국이 멸망한 뒤 1,500년 동안 유지 보수가 이루어지지 않았기 때문이 아니라, 멸망하려면 아직도 300년이나 남아 있었던 3세기부터 지금까지 1,800년 동안이나 계속 방치한 결과다.

　로마의 군사력은 유명하기 때문에, 연구자들은 제국 후기에 로마군 병사의 수가 늘어난 것에 대해서는 정말 열심히 연구하고 있다. 그 수는 연구자에 따라 다르지만, 나 같은 사람은 대다수 연구자가 유력하다고 보는 '60만 명'을 택할 수밖에 없다. 그런데 전문가들은 무엇 때문인지 행정 관료의 수가 늘어난 것에 대해서는 병력의 경우만큼 열심히 연구해주지 않는다. 따라서 추정치도 쓸 수 없지만, 내 생각으로는 병력의 경우처럼 갑절만 늘어나지는 않았을 것 같다.

　원수정 시대의 로마 사회는 수직적으로나 수평적으로 유동성이 있었다. 유능한 인재를 문무 구별 없이 활용하는 체제가 충분히 기능을 발휘하고 있었다. 이것은 효율적인 자원 활용이었다. 게다가 중앙집권과 지방분권을 교묘히 배합하는 아우구스투스의 통치 철학도 있어서, 원수정 시대의 로마 제국은 현대식으로 말하면 '작은 정부'였다. 패권 국가에다 대제국인 로마 제국이 '작은 정부'였다면 농담으로 들을지 모르지만, '작은 정부'였기 때문에 '팍스 로마나'를 구가할 수 있

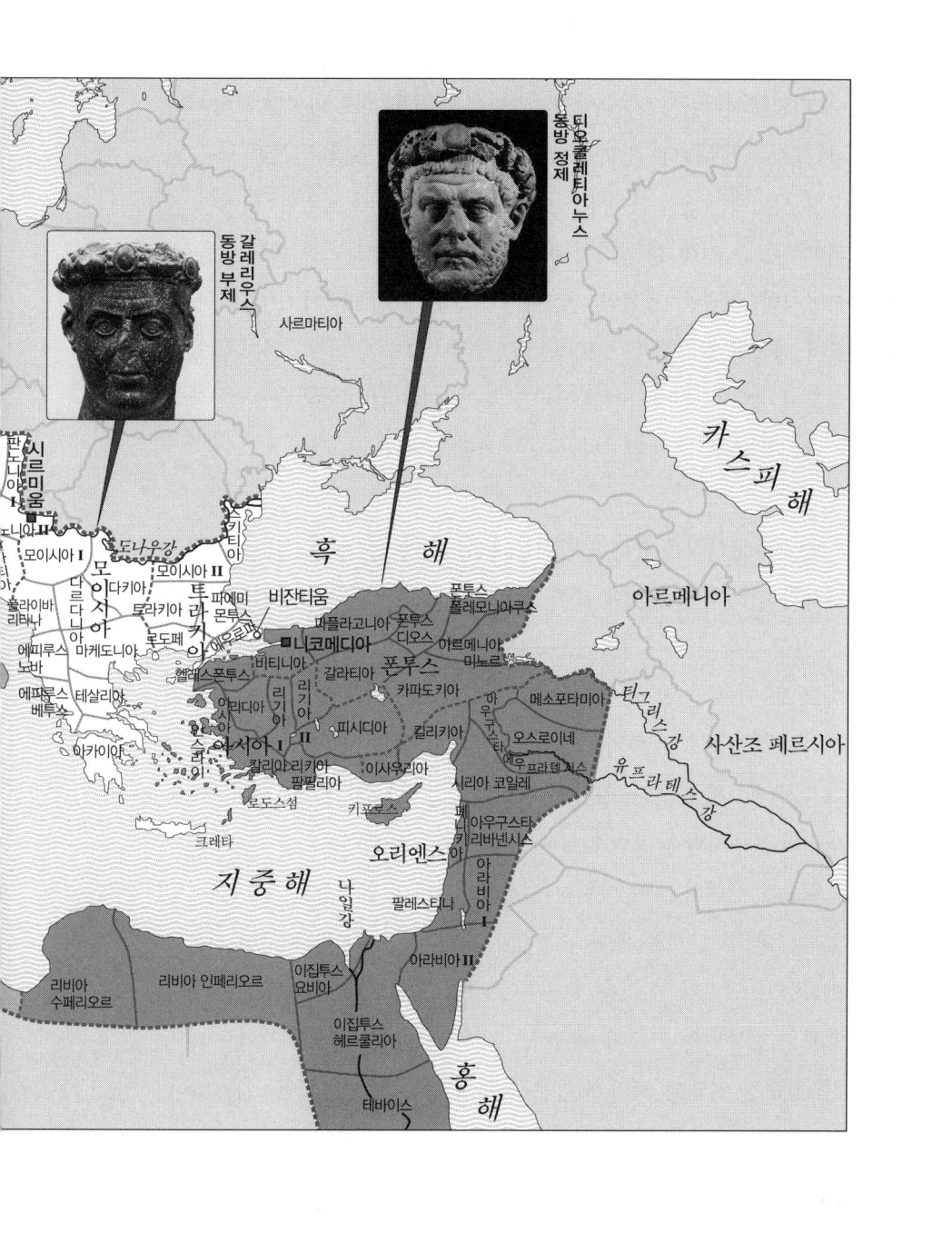

서는 유지 보수라고 부를 만한 공사가 전혀 이루어지지 않았다고 한다. 디오클레티아누스는 인프라 정비에 관심을 갖고 있었던 모양이지만, 그것은 방위선과 가까운 인프라에 한정되어 있었다. 이런 곳은 원수정 시대에는 순수한 군용 인프라로 격이 매겨져 있었다. 일찍이 아피아 가도는 길에 깐 납작한 포석 사이에 토사가 들어갈 틈도 없을 정도였지만, 지금은 포석의 가장자리가 둥글게 마모되어 있다. 그것도 로마 제국이 멸망한 뒤 1,500년 동안 유지 보수가 이루어지지 않았기 때문이 아니라, 멸망하려면 아직도 300년이나 남아 있었던 3세기부터 지금까지 1,800년 동안이나 계속 방치한 결과다.

로마의 군사력은 유명하기 때문에, 연구자들은 제국 후기에 로마군 병사의 수가 늘어난 것에 대해서는 정말 열심히 연구하고 있다. 그 수는 연구자에 따라 다르지만, 나 같은 사람은 대다수 연구자가 유력하다고 보는 '60만 명'을 택할 수밖에 없다. 그런데 전문가들은 무엇 때문인지 행정 관료의 수가 늘어난 것에 대해서는 병력의 경우만큼 열심히 연구해주지 않는다. 따라서 추정치도 쓸 수 없지만, 내 생각으로는 병력의 경우처럼 갑절만 늘어나지는 않았을 것 같다.

원수정 시대의 로마 사회는 수직적으로나 수평적으로 유동성이 있었다. 유능한 인재를 문무 구별 없이 활용하는 체제가 충분히 기능을 발휘하고 있었다. 이것은 효율적인 자원 활용이었다. 게다가 중앙집권과 지방분권을 교묘히 배합하는 아우구스투스의 통치 철학도 있어서, 원수정 시대의 로마 제국은 현대식으로 말하면 '작은 정부'였다. 패권 국가에다 대제국인 로마 제국이 '작은 정부'였다면 농담으로 들을지 모르지만, '작은 정부'였기 때문에 '팍스 로마나'를 구가할 수 있었다고 생각한다. 그런데 이 로마 제국도 후기에는 '큰 정부'로 변모한다. 그리고 그 주요 원인은 군대 기구와 행정 기구의 비대화가 아니었을까.

나의 이 가설은 4세기에 살았던 한 로마인의 서술에 근거를 두고 있다.

"세금을 내는 사람의 수보다 세금을 걷는 사람의 수가 더 많아졌다."

네 명으로 늘어난 황제, 갑절로 늘어난 병력, 비대화된 관료 기구, 이 모든 것은 국가 재정으로 유지해야 한다. 그런데 디오클레티아누스의 제국 개조가 실시된 것은 3세기와 4세기에 걸친 10년도 채 안되는 기간이다. 역사적으로는 로마 제국을 덮친 전례없는 위기를 의미하는 '3세기의 위기'를 겪은 직후였다. 제국의 기축 통화인 데나리우스(은화)의 은 함유율이 3세기 초 카라칼라 황제 시대에는 50%를 유지하고 있었지만, 그 후 반세기가 지나는 동안 5%까지 떨어졌다. 이렇게 경제가 절망적인 피폐 상태에 빠졌을 때 제국 개조가 단행된 것이다. 재편성의 결과로 급증한 지출을 계속 줄어드는 수입으로 충당할 수 있을 리가 없다. 디오클레티아누스의 제국 개조에 근본적인 세제 개혁이 필요해진 이유도 여기에 있었다. 이리하여 3세기 말부터 4세기까지 로마 제국에서는 세금에 대한 철학이나 사고방식이 완전히 달라지게 된다.

세금 대국

초대 황제 아우구스투스가 세운 뒤 역대 황제들이 300년 동안 계승한 원수정 시대의 세금 철학과 디오클레티아누스가 제국 개조를 단행한 4세기 이후의 세금 철학을 한마디로 정리하면 다음과 같다.

아우구스투스 세제—납세자가 우선이다. 국가는 세입이 허용하는 범위의 것에만 손을 댄다.

디오클레티아누스 세제—국가가 우선이다. 국가에 필요한 경비가 세금으로 납세자에게 부과된다.

그야말로 180도의 전환이라고 말하고 싶을 정도의 변혁이었다.

제6권에서 자세히 기술했지만, 아우구스투스가 창설한 원수정 시대의 세제를 다시 한번 돌이켜보면 다음과 같이 요약할 수 있을 것이다.

세금 내기를 기뻐하는 사람은 동서고금에 한 사람도 없다. 무거운 세금에 짓눌리면, 그에 따른 불만이 봉기나 반란과 결부될 위험이 크다.

그래도 세금은 필요하다. 개인은 할 수 없는 많은 일들—국방, 치안, 인프라 정비, 사회복지 등—은 주민 공동체인 국가가 해야 하고, 그것을 게을리하면 개인적으로 재력을 가진 사람과 갖지 않은 사람이 분리되어 사회 불안이 일어나기 쉽다.

그렇다면 납세자가 기뻐하지는 않더라도 납득하는 세금의 한도는 어느 정도인지가 중요한 문제가 된다. 공화정 시대에도 지중해를 '내 해'라고 부를 수 있는 패권 국가로 치닫고 있었던 로마가 참고할 만한 예가 세 개 있었다.

오리엔트 군주국—세율은 일정하지 않아서 무거운지 가벼운지 확실치 않지만, 부역이나 전쟁에 끌려 나가는 부담이 늘 가중되었다.

카르타고—세율은 최고 25%나 되지만, 카르타고 본국은 농업 기술을 지도하는 형태로 지방에 대한 진흥책을 취한 모양이다.

시라쿠사—참주가 지배하는 전제국가지만, 그곳을 방문한 플라톤이 강한 흥미를 가졌을 만큼 사회가 안정되어 있었던 이 나라의 세율은 줄곧 10%였다.

로마인은 그리스인과 달리 원리원칙주의자는 아니었다. 율리우스 카이사르도 말했듯이, 로마인은 좋다 싶으면 적의 것이라도 태연히 받아들여 자기 힘을 증강했다. 패권 국가가 되고 제정으로 이행하자 세제도 그에 걸맞게 새로 만들 필요가 생겼지만, 그때도 이 자세는 변하지 않았다. 따라서 위의 세 가지 예도 경우에 따라 교사가 되기도 하고 반면교사가 되기도 했을 것이다. 덧붙여 말하면 새로운 세제를 창설한 아우구스투스는 율리우스 카이사르가 후계자로 지명한 인물이었다.

이 초대 황제가 만든 로마 제국의 세제는 간단명료한 기본 방침에 바탕을 두고 있었다.

세율은 낮게 억누르되 되도록 많은 사람이 세금을 내게 하고, 세율은 변하지 않고 계속 일정하게 유지된다.

현대의 세금 전문가가 들으면 웃을지 모르지만, 풋내기 같아도 상식적인 이 사고방식에서 출발한 로마 제국의 세제를 후세 역사가는 다음과 같이 평하고 있다.

"원수정 시대의 로마 제국은 '세금은 넓고 얕게 징수한다'는 생각을 실현했다."

아우구스투스가 만든 로마 제국의 세제를 항목별로 살펴보기 전에 고대가 어떤 시대였는지를 다시 한번 상기할 필요가 있을 것이다.

고대는 승자와 패자가 엄연히 구분되어 있던 사회였고, 세금은 패자가 내는 것으로 정해져 있던 시대였다. 로마도 도시국가에서 출발한 이상, 주역은 시민이다. 시민의 권리는 국정에 참여하는 것이고, 의무는 무기를 들고 공동체를 방위하는 것이었다. 그래서 병역이 '피의 세금'이라고 불린 것이다. 그래서 고대인은 패배자가 되지 않는 한 직접세를 낼 필요가 없었기 때문에, 고대는 본질적으로 간접세 사회였다. 이 사회에서 '넓고 얕게'를 실현하려면 승자인 로마인에게도 세금을 물리는 체제로 바꿀 필요가 있다. 그 일을 해냈으니까, 아우구스투스가 만든 세제는 고대에는 그야말로 획기적인 것이었다. 나는 '팍스 로마나'를 확립하고 오랫동안 유지한 공적은 압도적으로 강하고 기능적이었던 로마 제국의 방위력 못지않게 세제에도 있다고 확신한다. 세제는 단순한 세금 이야기가 아니라 정치의 잘잘못을 가늠하는 바로미터이기도 하기 때문이다.

아우구스투스가 편성한 로마 제국의 세제는 기본 방침도 간단했지만 세금의 종류도 간단했다. 제6권에서 이것을 다루면서 세무서 직원의 수가 적어도 되겠구나 하고 통감했다.

로마에 패하여 정복당한 속주민에게 부과된 세금.

속주세 —수입의 10%. 그래서 '10분의 1세'(decima)라는 통칭으로 불렸다. 속주민에게는 병역 의무가 없으니까, 이것은 국방 의무를 지는 로마 제국에 지불하는 안전보장세라고 키케로는 말했다. 이렇게 여겨진 세금이었기 때문에, 로마군에 지원하여 보조병으로 제국의 안전보장을 담당한 속주민이 이 세금을 면제받은 것은 당연했다.

승자이고 정복자인 로마 시민권 소유자에게 부과된 세금.

상속세—이것이야말로 고대 사회 최초의 상속세로서, 6촌 이내의 친족이 아닌 사람이 상속한 경우에만 물리고 세율은 5%였다.

로마에는 남이라도 장래성이 있는 젊은이에게 재산을 일부나마 물려주는 관습이 있었다. 또한 무슨 일이 있을 때마다 힘이 되어준 변호사에게도 유산의 일부를 남겼다. 로마인은 법률 체계를 만들어낸 민족인 만큼 무슨 일이든 법정에 가져가는 성향이 강해서, 변호의 달인을 평생 친구로 삼으면 아주 유리했다. 그리고 평소 존경한 사람에게 유산을 남기고, 그 사람이 좋다고 생각하는 일에 써주기를 바란다. 이처럼 로마인은 유산 증여를 육영자금이나, 감사 또는 경의를 표하는 수단으로 생각하고 있었다. 지방에서 올라와 중앙의 법정에서 성공한 키케로도 정치적인 이유로 낮게 억제되어 있었던 변호료 수입보다 의뢰인들의 유산을 증여받아 부자가 될 수 있었다. 로마법에서는 항상 사유재산을 유증할 수 있는 권리가 중시되었다. 이 권리를 인정받아야만 비로소 어엿한 시민이 될 수 있다는 느낌이다. 병사의 처우 개선에도 우선 이 권리가 명기되었고, 계속 독신으로 지낸 여자한테서는 이 권리를 박탈하여 공동체에 이바지하지 않은 벌을 주었다. 이것이 로마 사회였다. '유산 상속 20분의 1세'는 충분히 세입의 한 기둥이 될 수 있었다.

노예 해방세—이것도 세입의 한 기둥이 될 수 있었던 것은, 로마인에게는 오랫동안 자기를 섬긴 노예를 자유인으로 해방시켜주는 풍습이 있었기 때문이다. 오랜 봉사에 대한 보수나 퇴직금을 주듯 자유를 주는 것이다. 고대는 모두 노예제 사회였지만, 그 많은 나라들 가운데 유독 로마에는 공화정과 제정을 불문하고 시민과 노예의 중간에 '해방노예'라는 계층이 존재했다. 하지만 노예는 곧 노동력이었고, 로마도 그 노동력이 있어야만 성립하는 노예제 사회였다. 아우구스투스 이전에는 존재하지 않았던 유산 상속세와 달리 노예 해방세는 공화정 시대부터 존재했다. 인간적인 정리를 표현하지 못하게 금지하는 것은 정치적으로 졸렬한 방식이지만, 가볍게 제동을 거는 정도는 허용된다. 그런 의미를 가진 노예 해방세의 세율은 자유를 주고 싶은 노예를 시장에서 팔았을 때 받을 수 있는 몸값의 5%였다. 따라서 이 세금은 '노예 해방 20분의 1세'라고 불렀다.

승자인 로마인이든 패자인 속주민이든 로마 제국 안에서 생활하는 사람이라면 누구나 내야 하는 세금은 간접세였다.

관세—원어는 '포르토리아'(portoria)니까 직역하면 항만세지만, 바다나 하천의 항구에 설치된 세관에서 그곳을 통과하는 물산에 부과하는 세금이다. 세율은 1.5%에서 5% 사이. 오리엔트에서 수입하는 진주나 비단 같은 사치품은 25%였다. 제국 전역의 세율이 일정하지 않은 것은 경제력의 차이를 배려했기 때문이다. 경제력이 강한 이탈리아는 제국의 본국인데도 5%의 높은 관세를 물었지만, 라인강이나 도나우강 근처의 변경 속주에서는 1.5%밖에 물지 않았다. 하지만 이런 지방도 세금 감면에 힘입어 경제력이 향상되면, 경제가 발달한 다른 지방처럼 세율을 5%로 올린 것은 물론이다.

매상세—유통하는 모든 물산과 용역에 매겨지는 세금으로 소비세라고 말할 수도 있다. 세율은 어디서나 모든 물산과 용역에 대해 일률적으로 1%였다. 아무 설명도 없이 '100분의 1세'라고 말하면, 로마 제국에서는 이 세금을 가리킨다.

특기할 만한 것은 이런 세금의 세율이 낮다는 것만이 아니라, 그 낮은 세율을 200년 동안이나 유지할 수 있었다는 사실이다. 이 체제를 생각하고 국가 정책으로 만든 초대 황제 아우구스투스가 이 세제를 정착시키면서 동시에 군사력의 대규모 삭감을 단행한 것은 그의 뛰어난 정치 감각을 보여준다. 인간 심리에 대한 그의 통찰력에는 그저 감탄할 수밖에 없다.

정적인 안토니우스와 이집트 여왕 클레오파트라의 연합군에 승리한 기원전 30년, 승자인 아우구스투스는 항복한 병사를 포함해 50만 병력을 거느리고 있었다. 그는 여느 때처럼 반대파를 자극하지 않도록 오랜 시간을 들여 그 50만 명을 결국 16만 8천 명으로 삭감했다.

16만 8천 명은 정규병인 군단병의 수이고, 군단 수로는 28개 군단이다. 여기에 속주민인 보조병을 합해서 30만 명이면 제국을 둘러싼 긴 국경을 충분히 지킬 수 있다고 판단했을 것이다. 아우구스투스는 만년인 서기 9년에 토이토부르크숲에서 일어난 참사로 3개 군단에 보조병을 합한 3만 5천 명의 병력을 한꺼번에 잃는다. 28개 군단이 25개 군단으로 줄어들었지만, 아우구스투스는 그 구멍을 메우지 않았다. 연구자들 중에는 노령의 아우구스투스가 낙담한 나머지 병력을 보충할 기력도 잃었을 거라고 주장하는 사람도 있지만, 병력 보충이 필요한데도 게을리했다면 5년 뒤에 제위를 계승한 티베리우스 황제가 당연히 보충했을 것이다. 사람도 돈도 부족하지 않았기 때문이다. 그런데 서기 1세기의 100년 동안, 로마군의 주전력인 군단의 수는 계속 25개였고 군단병은 계속 15만 명이었다. 2세기에 들어와서 28개, 마르쿠스 아우렐리우스 황제 시대에 30개 군단으로 늘어나지만, 200년 동안 5개 군단 3만 명이 증강되는 데 그쳤다는 사실이 오히려 경이롭다. 200년 남짓한 긴 세월 동안, 로마 제국은 속주의 반란을 진압하기 위해 병력을 보낼 필요가 없었고 병사들은 외적만 상대하면 되었기 때문이다. 아우구스투스의 세제 재편성은 군사력이 경제력에 비해 지나치게 증강되는 것을 억제하는 효과도 가지고 있었다. 아우구스투스는 상식적으로 판단하는 지도자였으니까, 그가 만든 세제는 다음과 같은 생각에 바탕을 두었을지도 모른다.

무거운 세금은 반란의 불씨가 되기 쉽다. 반란이 일어나면 진압하기 위해 군대가 출동할 필요가 있다. 국내를 제압하기 위한 병력을 상비해야 할 경우, 외적에 대한 방위력을 삭감할 수는 없으니까 군사력을 증강할 수밖에 없다. 군사력 증강은 세금 증가로 이어진다. 세금이 늘어나면 반란이 일어난다. 이 악순환을 막고 싶으면 '넓고 얕게'를 세제의 기본 방침으로 삼을 수밖에 없다. 아우구스투스가 수립한 '팍스 로마나'는 군제와 세제를 두 기둥으로 삼았기 때문에 안정된 상태로 유지될 수 있었다는 내 생각은 여기에 기인한다. 군사도 세무도 결국 정치였다. 세금을 어떻게 생각하는지는 국정의 근간이다.

하지만 여기서 누구에게나 의문이 생길 것이다. '넓고 얕게'는 좋지만, 그 정도 규모의 재정으로 제국을 운영할 수 있을까. '작은 정부'라는 생각은 좋지만, 세입으로 충당할 수 있는 범위의 사업만 한다면 로마 제국을 이루고 있는 다양한 민족의 요망에 부응할 수 없지 않을까.

어쨌든 매년 세입을 기대할 수 있는 직접세는 속주세뿐이었다. 로마 시민권 소유자에게 부과된 직접세인 상속세와 노예 해방세는 해마다 반드시 들어오는 세금은 아니다. 일정한 세입을 기대할 수 있는 간접세는 관세와 매상세지만, '20분의 1세'와 '100분의 1세'가 두 세금의 대명사였던 것이 보여주듯 세율은 200년 동안 변함없이 낮게 유지되었다. 반란은 일어나지 않았을지 모르지만, 주민 공동체인 로마 제국이 과연 필요한 사업을 할 수 있었을까 하는 의문이 든다.

대답은 간단하다. '할 수 없다.' 하지만 할 수 없다는 대답으로 끝내 버리면 오리엔트의 전제군주국과 다를 바가 없다. 로마 제국은 많은 점에서, 특히 유권자인 시민의 의향을 무시하는 것은 용납되지 않는다는 점에서 서방형 국가였다. 애당초 도시국가로 출발한 나라다. 그렇다면 로마 제국은 어떤 방법으로 이 난제를 해결했을까.

초대 황제 아우구스투스는 양아버지인 카이사르처럼 독창성이 풍부한 천재는 아니었다. 하지만 상식적이고 저항이 적은 곳으로 뚫고 들어가, 사람들이 알아차렸을 때는 이미 기정사실화되어 있는 해결책을 찾아내는 능력에서는 천재였다. 국가 재정 문제도 그는 로마인이 공화정 시대부터 오랫동안 익숙해진 두 가지를 활용하여 해결하기로 마음먹었다. 현대식으로 말하면 그것은 '지방분권'과 '이익의 사회 환원'이었다.

내가 '지방자치단체'라고 번역하는 '무니키피아'(municipia)는 원래 로마에 정복당한 도시나 부족의 근거지에 기원을 두고 있다. 따라서 본국 이탈리아에도 있고 속주에도 있다. 승리자 로마는 이런 곳을 지방자치단체나 자유도시로 분류하고, 완전한 내부 자치권을 부여했다. 따라서 기원전 1세기에 로마 시민권을 얻은 본국 이탈리아의 지방자치단체는 별도로 하고, 이탈리아 반도 이외의 곳에 있는 지방자치단체의 주민은 주로 속주민으로 구성되어 있었다.

내가 '식민도시'라고 번역한 '콜로니아'(colonia)는 제대한 군단병이나 민간에서 모집한 이주민의 정착지로 건설된 도시다. 따라서 로마 시민권자가 주민의 주체를 이룬다. 그 때문인지, 건설된 당초부터 내부 자치권을 완전히 인정받고 있었다.

공동체 내부로 한정되어 있다고는 하지만 자치권을 행사하려면 재정적 기반을 갖추어야 한다. 그래서 지방자치단체와 식민도시와 자유도시의 재정적 기반이 어떻게 되어 있었는지를 알려주는 자료를 찾아보았지만, 전혀 알 수가 없었다. 이와 관련된 사료가 소실되어버려서 학자들도 연구할 방법이 없는지도 모른다. 다만 한 가지 사실에서 추측은 할 수 있지 않을까 생각한다.

그것은 트라야누스 황제가 확립한 '알리멘타'(Alimenta)다. 가난한 집 자제에게 자금을 지원하는 육영자금제도인데, 지방자치단체에 들어오는 국유지 소작료를 재원으로 삼도록 되어 있었다.

로마는 공화정 시대부터 각지에 '국유지'(ager publicus)를 가지고 있었다. 원래는 전쟁에 승리한 뒤 패배자의 소유지 일부를 배상금 대신 몰수한 것인데, 로마는 이 국유지를 농민에게 빌려주고 있었다. 기원전 1세기에는 율리우스 카이사르가 제정한 '농지법'으로 양도권까지 포함한 차지권이 확립되었다. 수익의 10%인 소작료를 내고 농사를 짓는 사실상 영구적인 임차지였다. 이것은 카이사르의 '중소기업 진흥책'이었다고 나는 생각한다. 당시의 사회 실정으로 보아, 그냥 내버려두면 생산 효율을 높이기 위해 대농장화할 것이 확실했기 때문이다. 고대에는 뭐니뭐니해도 농업이 기간산업이었다.

이 소작료가 지방자치단체의 재정 기반이 된 게 아닐까. 여기에 관한 연구는 없으니까 내 추측일 뿐이지만, 적어도 재정 기반의 일부는 되었을 것으로 여겨진다. 지방자치단체도 중앙정부와 마찬가지로 로마인이 예전부터 가지고 있었던 공공심에 많이 의존하고 있었기 때문이다.

공화정 시대에도 제정으로 바뀐 뒤에도 로마의 공공 건조물에는 개인의 가문 이름을 붙여서 부르는 경우가 많다. 로마인은 케네디 공항이나 드골 공항처럼 누군가를 기념하여 공공 건조물의 이름을 짓지는 않았다. 율리우스 카이사르가 착공했지만 그가 암살당했기 때문에 아우구스투스가 완성한 마르켈루스 극장이 유일한 예외다. 후계자로 삼을 작정이었는데 젊은 나이에 요절해버린 조카를 그리워하여 아우구스투스가 붙인 이름이다. 나머지는 모두 건설비를 댄 사람의 가문 이름을 붙인다. '아이밀리우스 회당', '율리우스 회당', '폼페이우스 극장' 등등. 콜로세움이라는 이름으로 알려져 있는 원형투기장도 정식 명칭은 '플라비우스 원형투기장'이다. 플라비우스 가문에 속하는 베스파시아누스 황제가 짓게 했기 때문이다.

이 로마 특유의 관습은 이익의 사회 환원으로 보아도 좋다고 생각한다. 아이밀리우스도 카이사르도 폼페이우스도 시민의 선출과 원로원의 승인을 통해 전직 집정관에게 허용된 군단 지휘권을 얻었다. 전쟁에 승리한 것은 그들의 재능이지만, 기회를 준 것은 어디까지나 로마 시민이었다. 개인 재산으로 공공 건조물을 지어 주민 공동체에 기증하는 것은 혜택받은 사람의 책무로 여겨졌다. 기증한 쪽이 얻는 권리는 그 인물이 속하는 가문 이름을 공공 건조물에 붙이는 것뿐이다. 그래서 로마 시대 사람들은 가문 이름을 붙인 공공 건조물이 즐비하게 늘어서 있는 도시에 익숙해지게 된다. 고대의 다른 나라에서는 이런 도시를 찾아볼 수 없었다. 이 로마적 관습은 제정으로 이행한 뒤에도 전혀 쇠퇴하지 않았다. 쇠퇴하기는커녕 초대 황제 아우구스투스가 솔선수범했을 뿐만 아니라 남에게도 열심히 장려했기 때문에, 제정 시대에 들어와서는 오히려 더욱 활발해졌다. '정치적 인간'(호모 폴리티쿠스)인 아우구스투스에게는 그것도 훌륭한 정치였기 때문이다.

콜로세움에도, '테르마이'로 통칭된 공중목욕장에도, 선착장에 세워진 창고들에도 모두 황제들의 가문 이름이 붙어 있다. 원수정 시대에는 황제도 시민과 원로원으로부터 권력을 위임받은 존재였으니까, 유권자들에게 이익을 환원하는 것은 당연했다. 훌륭한 조각이나 걸작 벽화로 메워져 있는 '테르마이'를 사람들은 '서민의 궁전'이라고 불렀다. 2천 년 전에는 공중목욕장에 진열되어 있었기 때문에 목욕을 하면서 감상한 조형미술품이 오늘날에는 미술관에 정중하게 모셔져 있다.

하지만 황제들은 어떻게 해서 그렇게 막대한 액수의 돈을 사회에 환원할 수 있었을까.

그것은 황제가 공화정 시대의 어떤 부자도 미치지 못할 만큼 유복해졌기 때문이다. 국가 세입을 자기 주머니에 넣은 것이 아니라, 넓은 농경지의 소유자가 되었기 때문이다.

기원전 30년에 클레오파트라 여왕의 자살로 300년 동안 이어져 내려온 이집트의 프톨레마이오스 왕조가 무너졌다. 병력을 이끌고 이집트 왕조를 무너뜨린 사람은 아우구스투스니까, 승자가 패자의 모든 것을 차지한다는 고대 사회의 관례를 실행한 것은 아니다. 로마군이 정복한 다른 지방은 모두 공식적으로는 여전히 국가의 양대 주권자인 로마 원로원과 로마 시민이 소유하는 로마 제국의 속주가 되어 있었다. 그런데 이집트만은 제국의 속주가 아니라 아우구스투스의 '사유지'가 되었다.

거기에는 이집트가 클레오파트라 여왕에 이르기까지 항상 '신의 아들'에게 통치되었다는 특수한 사정이 있었다. 정복한 뒤에는 그 지방을 지배해야 하는데, 지배가 성공하느냐 실패하느냐는 정복당한 쪽의 저항감을 얼마나 줄일 수 있느냐에 달려 있다. 로마인은 '케이스 바이 케이스'의 달인이기도 했다. '로마 원로원과 로마 시민'이 다스리는 것보다 '신의 아들'이 지배하는 편이 이집트 주민의 알레르기 반응을 줄일 수 있다고 판단했다. 양아버지인 카이사르는 브루투스 일파에게 암살당한 뒤 신격화되었으니까 '신'이고, 비록 양자지만 그 아들인 아우구스투스는 '신의 아들'이 된다. 이리하여 아우구스투스와 그 뒤를 이은 역대 황제들이 이집트에서는 '신의 아들'로 군림하게 되었다. 따라서 이집트만은 속주 총독이 다스리는 지방이 아니라 황제 대리(vicarius)가 다스리는 지방이었다.

이집트인에게는 지배자가 그리스계인 '신의 아들'에서 라틴계인 '신의 아들'로 바뀌었을 뿐이지만, 로마 황제는 막대한 수입원을 확보하게 되었다. 이집트의 생산량만으로도 주식인 밀의 수요를 3분의 1이나 충당한 시대였다.

큰돈을 유효적절하게 사용하는 것도 훌륭한 재능이다. 아우구스투스는 하드웨어와 소프트웨어 양면에서 사회기반시설을 정비하고 충실하게 다지는 데 그 돈을 투입한다. 여기에 관해 자세히 알고 싶으면 제6권을 다시 읽을 수밖에 없지만, 제6권의 제목을 '팍스 로마나'로 붙인 것은 '로마에 의한 평화'가 결코 군사력만으로 이루어지지는 않았다는 것을 말하고 싶었기 때문이다. 제6권의 주인공 아우구스투스는 50만 명의 병력을 15만 명까지 '구조 조정'한 인물이기도 하다.

 게다가 아우구스투스는 당시 유일한 최고 권력자였다. 최고 중의 최고인 그가 '이익의 사회 환원'에 열을 올리자, 그 열의는 수평적으로는 속주에 전염되었고, 수직적으로는 원로원 의원들만이 아니라 로마 사회에서 성공한 해방노예에까지 전염되어갔다. 이리하여 로마식 '노블레스 오블리주'는 제정 시대에 더욱 활발해졌다. 황제가 공공 도서관을 지으면 원로원 의원은 육영자금의 재원이 될 부동산을 기부하고, 시민은 도로를 보수할 때 일부 구간의 보수비를 부담하고, 사업에 성공하여 부자가 된 해방노예는 고향에 있는 신전의 복구비를 부담하는 식이다. 로마인은 이런 다양한 '이익의 사회 환원'을 알려지지 않은 선행으로 하지 않았다. 이름을 붙일 수 있는 경우에는 그것을 인정했고, 도로의 보수비를 일부만 부담해도 길옆에 그 사실을 새긴 비석을 세우는 것을 용납했다. 로마인의 묘비 뒷면은 마치 이력서 같은데, 평생 동안 맡은 공직이나 군대 경력과 함께 각자의 처지나 재력에 따라 다양하게 공공심을 발휘한 결과가 새겨져 있는 것을 보면 감동적이기까지 하다. 하지만 그것도 3세기를 경계로 자취를 감추어버렸다.

 광대한 로마 제국은 국가와 지방과 개인의 세 본위(本位)로 구성되어 있었고, 이 셋이 하나의 기본 이념으로 통합되어 있었기 때문에 기능적으로 국가를 운영할 수 있었던 게 아닐까. 가장 로마적이라는 로마 가도망이 그런 사정을 여실히 반영하고 있다.

 간선—총계 8만 킬로미터. 국가가 건설과 유지 보수를 책임진다.

전체가 4층 구조이고 포석으로 포장되어 있다.

  지선—합계 7만 킬로미터. 지방자치단체와 식민도시가 건설과 유지 보수를 책임진다. 대부분 자갈을 깔아서 포장했다.

  사도—모두 합하면 15만 킬로미터. 개인이 건설과 유지 보수를 책임진다. 사도라고 해서 관계자 이외에는 출입을 금지한 것이 아니라 남들도 자유롭게 통행할 수 있었기 때문에, 로마 제국에서는 공도와 동등하게 여겨졌다.

  이들 세 종류의 도로를 모두 합하면 30만 킬로미터에 이르렀다고 연구자들은 말한다. 인체에 비유하면 이 30만 킬로미터는 동맥에서 모세혈관에 이르는 혈관으로 몸 구석구석까지 피를 보내고 있었다. 이것을 모두 국가 사업으로 했다면 세율을 대폭 올려야 했을 것이다. 낮은 세율을 계속 유지할 수 있었던 것은 도로를 세 종류로 분류했기 때문이다. 유복한 개인을 공공사업에 참여시키는 데 성공한 것이 특히 큰 역할을 했다.

  당시는 간접세의 세계였다는 것을 잊어서는 안 된다. 따라서 누진과세라는 사고방식은 생겨날 수 없다. 하지만 간접세의 세율은 낮다. 이 상태를 방치하면 부자는 더욱 부자가 되고 가난한 사람은 점점 가난해진다. 사회 불안의 원인이 되기 쉬운 빈부격차 확대를 막고 싶으면 부유층이 돈을 내놓게 할 수밖에 없다. 하지만 부유세는 생각해봤자 허사였을 것이다. 로마 사회의 부유층은 승자 계층과 겹쳐 있었기 때문이다. 그런 세금을 신설하면, 제정에 적합한 새로운 세제를 만들려 했던 아우구스투스도 기득권 계층의 반발로 실각했을 게 분명하다. 매사에 신중했던 초대 황제는 그렇게 위험하고 비현실적인 꿈은 좇지 않았다.

첫째, 솔선하여 모범을 보인다. 그의 충실한 협력자인 아그리파와 마이케나스까지 동원한 '이익의 사회 환원'이었기 때문에 성과도 좋았다. 그가 "벽돌 도시로 물려받은 로마를 대리석 도시로 만들어 물려주겠다"고 다소 과장되게 호언할 수 있었던 것도 당연하다. 덧붙여 말하면, 이 면에서 아우구스투스에게 '협력'한 아그리파와 마이케나스도 이집트에 넓은 경작지를 소유하고 있었다.

둘째, 부유층에 대해서는 공공심만이 아니라 그들의 허영심에 호소하는 것도 잊지 않았다. 공공 건축물을 수리한 사실은 비석에 새겨넣을 수 있었고, 가난한 처녀의 결혼 비용을 대주기 위한 재단을 설립한 사람은 그 재단에 자기 이름을 붙이는 것이 허용되었다. 인간은 구체적인 형태로 남으면 더욱 의욕이 생기는 법이다.

국가 재정이나 지방 재정에 대해서는 오늘날처럼 자세한 수치가 남아 있지 않기 때문에 추측할 수밖에 없지만, 원수정 시대에는 개인의 적극적인 참여가 큰 몫을 차지했을 거라는 생각이 든다. 로마인의 최고 기념비라는 데 대다수 사람들의 의견이 일치해 있는 로마 가도망이 그것을 여실히 보여준다. 30만 킬로미터의 절반은 모세혈관 같은 사도였기 때문이다. 아우구스투스가 창설한 뒤 200년 동안 계속된 원수정 시대의 세제는 이처럼 인간 심리에 대한 깊은 통찰에 바탕을 두고 있었기 때문에 '팍스 로마나'의 한 요인이 될 수 있었다. 참으로 세제를 어떻게 결정하는지는 선정이냐 악정이냐를 가르는 갈림길이었다.

'아우구스투스 세제'라고 불러도 좋은 이 세제는 3세기에 붕괴한다. 붕괴의 방아쇠를 당긴 것은 212년에 공포된 '안토니누스 칙령'(Constitutio Antoniniana)이지만, 이 칙령을 발안하고 실시한 카라칼라 황제의 이름을 붙여서 '카라칼라 칙령'이라고 부르는 법률이다. 이 법률의 공포로 로마 제국 안에 사는 자유민은 노예를 제외하고는 모두 로마 시민권을 갖게 되었고, 종래의 '로마 시민'(romanus)과 '속주민' (provincialis)의 차별은 완전히 철폐되었다. 로마 제국에 사는 주민이면 인종·민족·종교·문화의 차이도 관계없이 '로마 시민'이라는 점에서 모두 평등해졌다. 인도적인 관점에서는 이의를 제기할 여지도 없는 좋은 법률이었다.

하지만 이것이 아우구스투스 세제의 숨통을 끊게 되었다. 속주민이라는 신분이 사라졌다는 것은 속주세를 낼 의무도 사라졌다는 뜻이다. 그런데 속주세가 지금까지 로마 제국 세입의 기둥이었기 때문에 곤란해졌다. 카라칼라 황제는 그때까지 로마 시민권 소유자에게만 부과한 상속세와 노예 해방세의 세율을 5%에서 10%로 올리면 속주세 소멸로 줄어드는 세입을 벌충할 수 있다고 생각한 모양이다. 속주민도 로마 시민이 되었으니까 앞으로는 그들에게도 이 두 가지 세금을 부과할 수 있다고 생각했다면, 젊은 황제의 얕은 소견이라고 말할 수밖에 없다. 무엇보다 먼저 세금의 성질이 달랐다.

첫째, 상속세와 노예 해방세는 매년 계속해서 내는 세금이 아니다.

둘째, 육친 이외의 사람에게 유산을 남기거나 노예에게 퇴직금 대신 자유를 주는 것은 로마인에게 특히 강했던 심정이고, 그와 똑같은 열의를 속주민에게까지 기대할 수는 없었다.

셋째, 이 칙령이 나오기 전부터 로마 시민이었던 사람들이 불만을 품게 되었다. 당연한 것이, 지금까지 누리고 있던 특권을 잃었을 뿐만 아니라 세금까지 갑절로 늘어났기 때문이다.

두 가지 세금의 세율은 카라칼라가 암살된 뒤 제위에 오른 마크리누스가 원래대로 되돌린다. 하지만 로마 시민과 속주민의 격차 철폐가 무효가 된 것은 아니다. 속주세 수입을 기대할 수 없는 상태는 그 후에도 계속되었다. 하지만 들어오지 않게 된 속주세를 다른 세금으로 벌충하지 않으면 국가 재정이 파탄난다. 그래서 아우구스투스의 세금 철학과는 어울리지 않는 특별세나 임시세가 남발되고, 게다가 그런 세금이 통상화되는 시대로 돌입하게 되었다.

서기 3세기에는, 세율이 고정되어 있음을 상징하는 '20분의 1세'나 '100분의 1세'라는 말 자체를 들을 수 없게 되었다. 역사가들의 글에도 나오지 않는다. 야만족의 침입이 급증하고, 황제들은 고양이 눈처럼 어지럽게 바뀌었기 때문에 정치는 일관성을 잃고 '3세기의 위기'가 대명사가 될 만큼 큰 혼란에 빠질 수밖에 없었다. 이런 3세기의 로마 제국에서 세제도 무정부 상태에 빠져 있었다. 3세기 말에 제위에 오른 디오클레티아누스가 이 무정부 상태를 어떻게든 해결해야 한다고 생각한 것도 당연하다. 하지만 그가 생각하고 실시한 세제는 원수정 시대의 세제와는 완전히 달랐다. 제6권에서 서술한 아우구스투스 세제를 여기서 다시 고찰한 것도 제국 후기의 세제는 아우구스투스 세제와 정반대라고 생각하면 알기 쉽기 때문이다. 그리고 이 세제의 변모도 로마 제국이 1세기와 2세기의 원수정과 4세기 이후의 절대군주정으로 나뉘는 이유 가운데 하나다.

디오클레티아누스 황제가 실시한 새로운 세제는 다음과 같은 특질을 가지고 있었다.

(1) 나라가 필요로 하는 액수를 황제가 1년에 한 번씩 결정하고, 그

것이 실질적인 수익과 관계없이 납세자에게 부과된다.

(2) 세무는 모두 통합되고, 중앙정부가 그것을 관할한다.

지방분권은 과거 이야기가 되어버렸다. 독자적인 재원이 없으면 자치는 성립할 수 없다. '지방자치단체'는 이름뿐인 존재가 되어버렸다.

(3) 세금은 생산 기반인 농경지에 부과되는 '토지세'(jugatio)와 생산 수단인 인간에게 부과되는 '인두세'(capitatio)로 양분되었고, 액수는 5년에 한 번씩 사정(査定)을 통해 결정된다.

직접세가 주체인 세제로 바뀐 것이다. 또한 사정으로 결정된 세액에 대해서는 황제한테만 이의를 제기할 수 있었다.

이것은 사실상 세무 관계자가 결정한 세액을 다음 사정 때까지 계속 낼 수밖에 없다는 뜻이었다.

이리하여 '중앙정부'와 '지방자치단체'와 '이익의 사회 환원'이라는 세 기둥이 국가 로마를 지탱해온 체제가 붕괴한다. 지방자치단체가 자치권을 잃은데다 직접세가 주체인 세제로 무거운 세금을 물린 것이 이익을 사회에 환원하려는 개인의 의욕을 꺾어버렸기 때문이다. '세 기둥'이 '한 기둥'으로, 역사적으로는 원수정에서 절대군주정으로 바뀐 것은 세제만 보아도 분명할 것이다.

게다가 디오클레티아누스라는 인물은 앞에서 말한 '사두정치'부터 나중에 이야기할 가격 통제에 이르기까지 무엇이든 체계화하는 것을 좋아했고, 그럴 능력도 있는 사람이었다. 하지만 그렇기 때문에 지나치게 세부까지 결정해버리는 결점이 있었다. 그래서 예측할 수 없는 사태가 일어나면 꼼짝할 수 없게 된다. 로마 제국은 넓고, 로마인이 온천을 좋아한 것이 보여주듯 화산도 많고 지진도 드물지 않다. 날씨는 사람이 원하는 대로 되지 않는다. 그런데 디오클레티아누스의 세제는 세부까지 분류되었고, 그것을 실행에 옮기는 세무 관계자들은 고지식한 공무원답게 세제를 엄격하게 실시했다.

　참고로 '사정'의 한 예를 들면, 다음 몇 가지는 토지세의 대상으로는 동등한 가치가 있다고 여겨졌다.
- 비옥한 1급 경작지 5헥타르
- 2급 경작지 10헥타르
- 3급 경작지 15헥타르
- 포도밭 1.25헥타르
- 높이가 3미터를 넘어 많은 수확을 기대할 수 있는 올리브나무는 220그루
- 매년 수확을 기대할 수는 있지만 비탈에 심어져 있는 올리브나무는 450그루

　생산 수단인 노동력에 매기는 세금은 14세부터 65세까지를 대상으로 삼았다. 당시 65세는 평균수명을 넘어선 나이니까, 결국 죽을 때까지 세금을 내야 한다는 뜻이었다. 여자도 인두세의 대상이 되었다. 다만 지역마다 차이가 있어서 시리아에서는 남녀가 평등하지만 이집트에서는 여자를 배제했고, 소아시아에서는 여자의 인두세가 남자의 절반으로 되어 있었다. 무엇 때문인지는 분명치 않다. 하지만 일단 생산 수단으로 사정 대상이 되면, 병에 걸리든 죽든 상관없이 다음 사정 때까지(콘스탄티누스 시대부터는 사정 간격이 15년으로 늘어났다) 계속 인두세를 내야 했다. 또한 노예도 자유민과 동등한 노동력으로 계산되었다.

　이것은 농촌이고, 도시는 어떠했을까. 국가가 필요로 하는 돈을 세

입으로 충당한다는 생각에 바탕을 둔 세제에서는 세금을 받기 쉬운 곳이나 사람부터 우선적으로 세금을 걷게 되는 것은 자연스러운 결과다. 디오클레티아누스의 세제 개혁으로 가장 큰 타격을 받은 것은 농촌이었던 게 분명하지만, 도시 주민도 영향을 받지 않을 수 없었다.

도시 주민한테서는 토지세를 받을 수 없지만, 가게나 공장 같은 생산 기반에는 세금을 매길 수 있었기 때문이다. 하지만 사료가 전혀 없는 상태에서는 이 세금 사정이 어떻게 이루어지고 있었는지는 알 수 없다. 다만 생산 수단인 사람에게 매기는 인두세는 확실히 징수하고 있었던 모양이다. 그래도 디오클레티아누스가 만든 새로운 세제는 역시 농촌을 더 강하게 압박했다. 지방 과소화와 도시 과밀화의 흐름이 전혀 쇠퇴하지 않은 것이 그 증거다. 로마 제국의 기간산업은 농업이다. 공업이 기간산업인 현대의 선진공업국과는 비교할 수도 없을 만큼 타격이 컸을 것이다.

3세기 후반의 로마 제국 농민은 밀려오는 파도처럼 침략을 되풀이하는 야만족한테서 벗어나기 위해 농경지를 버리고, 신변 안전과 새로운 생활 수단을 찾아 도시로 흘러들었다. 하지만 4세기 이후의 로마 제국 농민은 무거운 세금에서 벗어나기 위해 농경지를 버리고 도시로 흘러든다.

디오클레티아누스 황제는 군사력을 증강하여 야만족의 침입을 저지하는 데 성공했다. 하지만 군사력이 갑절로 늘어났을 뿐만 아니라, 세금을 내는 사람보다 세금을 걷는 사람이 더 많아졌다는 동시대인의 말에도 나타나 있듯이 관료 기구를 비대화하는 데에도 '성공'했다. 국가가 봉급을 주는 병사와 관료의 수가 늘어난 것이다. 그 결과 국정에 필요한 돈이 줄잡아 두 배, 심하게는 네 배로 늘어났다. 디오클레티아누스의 등장으로 농민은 야만족한테서 도망칠 필요는 없어졌지만, 그 대신 세금에서 도망칠 필요가 생겼다.

농민만큼은 아니지만, 상인과 수공업자도 새로운 세제로 타격을 받은 것은 마찬가지였다. 이들은 거주지인 도시를 떠나지는 않았다. 하지만 아들이 아버지 뒤를 잇는 것을 싫어하게 되었다. 또한 새로 사업을 시작하려는 사람도 크게 줄어들었다. 원수정 시대에는 연리 12%였던 금리가 4%까지 떨어졌다. 화폐 가치가 계속 떨어지는데도 시장에서는 금리가 내려간 것이다. 이 현상은 투자 의욕 저하를 반영한다고 생각할 수밖에 없다. 이 세제 개혁과 더불어 디오클레티아누스가 단행한 것이 통화 개혁이었다.

디오클레티아누스의 통화 개혁은 한마디로 말하면 300년 동안이나 로마 제국의 기축 통화였던 데나리우스 은화를 방어하기 위한 마지막 시도였다.

지금은 은 함유율이 5%까지 떨어져버린 은화의 소재 가치를 네로 황제가 통화 유통량 증대에 대응하기 위해 단행한 개혁 당시로 회복하려고 한 것이다. 네로의 통화 개혁 당시에는 1리브라(327그램)의 은으로 96개의 데나리우스 은화를 주조할 수 있었다. 반면에 4세기 초의 시장에 넘쳐흐르던 데나리우스는 1리브라의 은으로 6천 개나 주조할 수 있는 '악화'였다.

악화는 액면 가치와 소재 가치가 일치하지 않는 통화를 말한다. 이 두 가지 가치의 차이가 벌어질수록 악화의 정도가 심해진다. 지폐가

데나리우스 은화의 은 함유율 변천

아우구스투스 황제의 개혁(기원전 23년)	3.9그램	은 100%
네로 황제의 개혁(서기 64년)	3.4그램	은 92%
카라칼라 황제의 개혁(서기 215년)	3그램	은 50%
3세기 후반 무렵(서기 260~300년)	3그램	은 5%
디오클레티아누스 황제의 개혁(서기 295년)	3.4그램	은 100%

존재하지 않았던 시대의 통화 신용도는 오로지 액면 가치와 소재 가치가 일치하느냐 아니냐에 달려 있었다. 현대 국가가 발행하는 지폐는 종이조각에 불과하니까 소재 가치는 거의 없어도 발행한 국가가 액면 가치를 보증하고 있기 때문에, 그 보증이 위태로워지면 당장 가치가 떨어진다. 통화를 금이나 은이나 구리로 주조한 고대 국가가 통화의 액면 가치를 보증하려면 그런 금속의 함유율을 높게 유지하는 방식으로 소재 가치를 유지할 수밖에 없었다.

따라서 디오클레티아누스가 로마 제국의 기축 통화인 데나리우스 은화 가치를 되살리려면 다음 두 가지가 꼭 필요하다고 생각한 것도 당연했다.

첫째, 데나리우스 은화의 중량을 네로 황제의 개혁 이후 150년 동안 변하지 않았던 정량 3.4그램으로 되돌린다.

둘째, 은 함유율은 네로 황제 시대의 92%가 아니라 아우구스투스 황제가 정했을 당시의 100%로 돌아가, 순은으로 만든 데나리우스 은화를 다시 발행한다.

아우구스투스 시대부터 디오클레티아누스 시대까지 데나리우스 은화의 은 함유율은 위의 도표와 같이 변화했다.

디오클레티아누스는 이렇게 대담한 데나리우스 부활안을 생각했을 뿐만 아니라 실행했다. 양적으로나 질적으로 더 바랄 수 없을 만큼 좋은 은화를 '아르겐테우스'(Argenteus)라는 이름으로 발행한 것이다. 액면 가치와 소재 가치가 일치하는 이 은화가 시장에 유통되면 로마 제국의 기축 통화인 은화가 신용을 회복하고, 그 신용이 떨어졌기 때문에 생긴 인플레이션도 진정되리라고 생각했을 것이다. 은 함유율이 5%로 떨어져버린 데나리우스 은화는 폐지되고, 은 함유율은 그대로 5%지만 무게가 3배 가까이 늘어난 '폴리스'(Follis) 동화로 다시 태어나게 되었다.

이론적으로는 디오클레티아누스의 생각대로 되어야 했을 것이다. 하지만 실제로는 새 은화는 발행되자마자 순식간에 시장에서 자취를 감추고, 옛 은화와 새 동화는 계속 가치가 떨어졌다. 새 은화를 손에 넣은 사람은 그것을 내놓지 않는 반면에 옛 은화를 가진 사람은 되도록 빨리 새 은화로 바꾸려 했기 때문에 옛 은화의 가치가 더욱 떨어지게 된 것이다. 아르겐테우스 은화가 발행된 뒤에도 가격은 대부분 데나리우스 은화로 표시된 것이 그 증거다. 이것은 순은으로 양화를 발행해도 인플레이션은 막을 수 없었다는 뜻이기도 하다.

참고로 '아우레우스'라고 불린 금화의 가치만은 떨어지지 않았는데, 그것은 로마 제국의 금화가 화폐 형태로 발행되기는 했지만 엄밀한 의미의 화폐는 아니었기 때문이다. 요즘으로 치면 금괴나 크루거 금화(남아프리카공화국이 발행하는 순도 22K의 금화. 동전 수집가들에게 인기가 높다 – 옮긴이) 같은 존재이고, 순금으로 만들었기 때문에 재산 가치를 유지하기 위한 목적이 더 크다. 물론 화폐로도 사용되었다. 하지만 가치가 워낙 높아서 일상생활과 직결된 통화는 아니었다. 로마 제국이 기축 통화를 은화로 결정한 이유도 여기에 있었다. 아우레우스 금화는 금괴 같은 존재였기 때문에 금 함유율 100%도 항상 유지되었다.

통제 국가

전혀 진정되지 않는 인플레이션에 절망했는지, 통화 개혁을 단행한 지 6년이 지난 301년에 디오클레티아누스 황제는 인류 역사상 최초의 가격 통제 정책을 실시하게 된다. 로마 제국 내에서 유통되고 있는 모든 물산과 용역의 상한가를 정하고, 그 이상의 액수로 거래한 자는 엄벌에 처하기로 한 것이다. 가격 단위가 모두 옛 화폐인 데나리우스 은화인 것은 말할 나위도 없다. 물론 밀도 포도주도 상하 등급은 구별된다. 다만 교사나 변호사에 대한 보수에는 상하 구별이 없다. 능력 차이가 보수에 반영되지 않는 것은 통제 경제의 특징일까.

"시장이나 일상적인 상거래에서 천정부지로 가격이 치솟는 현상이 풍년이 든 해에도 전혀 진정되지 않는 것은 돈벌이밖에 생각지 않는 사람들의 탐욕에 원인이 있다."

이렇게 시작되는 디오클레티아누스 황제의 칙령은 그다음에 열거되는 방대한 수의 직능별 통제 가격과 함께 오늘날에도 내용을 대부분 파악할 수 있다. 칙령은 제국 전역에서 발표되었기 때문에, 과거의 로마 제국 각지에서 발굴되는 대리석이나 동판에 새겨진 부분을 모으면 전체적인 모습을 파악하기는 어렵지 않다.

이것이 중요한 사료로 여겨지는 것은 다음과 같은 이유 때문이다.

디오클레티아누스
황제의 가격 통제 칙령을
새긴 석판(부분)

(1) 역사상 최초의 통제 경제를 보여주는 실례라는 점.

(2) 로마 시대에는 어떤 직업이 있었는지를 알려주는 가장 적당한 사료로서, 내용이 방대하면서도 체계적으로 정리되어 있다는 점.

서민의 생활을 조명하는 것을 중요하게 여기는 역사관을 가진 사람에게는 참으로 중요한 사료다. 하지만 통제 경제의 유효성에 의문을 품는 사람은 우선 그 자세한 분류에 놀라는 동시에 그 노력이 전혀 효과가 없었다는 사실에도 놀랄 수밖에 없다. 이렇게 엄정하고 강경한 통제 경제가 왜 어느 시대에나 실패로 끝나는지는 전문가의 해설을 들을 수밖에 없지만, 디오클레티아누스 칙령이 로마 사회에 미친 영향은 다음과 같다.

(1) 경제 활동이 지하화됐다.

(2) 물물교환형 경제가 무려 500년 만에 부활했다.

(3) 모든 분야에 걸쳐 노동의 질이 떨어졌다.

가장 큰 목적이었던 인플레이션 억제가 완전한 실패로 끝난 것은 말할 나위도 없다.

디오클레티아누스 황제에게는 시급히 해결해야 할 어려운 문제가 또 하나 있었다. 농민의 이농으로 경작지가 황폐해지고 상점이나 공장에서 젊은이가 사라지는 현상은 대책 마련을 더 이상 미룰 수 없는 형편이었다. 이 현상을 방치해두면 자작농과 상인과 수공업자라는 로마 사회의 중견층이 계속 피폐해질 것이기 때문이다. 인플레이션 억제를 위해 강경책을 취한 디오클레티아누스는 이 문제에서도 역시 강경책을 취했다.

거의 모든 직업에 세습제가 시행되었다. 무슨 직업이든 아버지의 직업은 아들이 이어받아야 하고, 아버지가 일하고 있는 지방에 아들도 계속 살아야 한다고 규정한 것이다.

방위선에 근무하는 병사는 농사를 지으면서 국경을 지키는 것이 보통이었는데, 이제 그런 병사의 아들은 아버지와 같은 일밖에 할 수 없었다. 원수정 시대에 만기 제대하는 병사는 현금이나 그에 상응하는 땅으로 퇴직금을 받았지만, 디오클레티아누스 시대에는 농사일을 돕는 노동력인 아내와 자식에게 부과되는 인두세를 면제해주는 것으로 퇴직금을 대신하게 되었다. 로마 제국도 인색해졌지만, 이래서는 병사의 아들도 아버지의 뒤를 이을 마음이 내키지 않는다. 방위선을 지킬 사람이 줄어드는 것도 걱정해야 할 형편이었기 때문에, 사람을 직업과 땅에 묶어두는 정책에서 병사만 예외로 취급하는 것은 허용되지 않았다. 물론 각 황제의 직속 부대에 소속되어 있는 병사도 예외는 아니어서, 아버지의 직업을 아들이 계승해야 했다. 이리하여 400년 동안 계속된 로마군의 지원제는 사실상 징병제로 바뀌었다.

상인의 아들도 수공업자의 아들도 마찬가지다. 황제는 이들이 '콜레

기움'(collegium)이라고 불리는 직능별 조합을 결성하도록 장려했지만, 목적으로 내세운 조합원의 상호 부조는 명색일 뿐이고 본심은 세습제를 정착시키는 데 있었다. 이것은 중세 사회의 기둥이 된 길드 제도의 시초이기도 했다.

원수정 시대의 로마 제국은 황제, 원로원 의원, 기사 계급(관료나 경제인), 평민, 해방노예, 노예로 나뉜 계급 사회였다. 그래도 직업 선택의 자유와 거주지 이전의 자유는 완전히 보장되었다. 그렇기 때문에 계급 간의 유동성이 발휘되고 있었다. 그 유동성은 성숙한 사회에 일어나기 쉬운 동맥경화 현상도 막아주었고, 무엇보다 먼저 사회에 '새로운 피'가 되는 새로운 인재를 발굴하고 활용하는 데 효과적이었다.

그런데 군대 경력과 민간 경력의 완전 분리로 그 유동성이 무너졌다. 그리고 이제 다시 직업 선택의 자유가 사라지고, 거주지를 옮길 자유마저 사라졌다. 어떤 연구자는 현대의 사회주의 국가와 마찬가지라고 말하기까지 한다.

디오클레티아누스와 기독교

하지만 중앙정부와 그 중앙정부의 정점에 서 있는 황제에게 이렇게 권력이 집중되면 권위도 달라질 수밖에 없다. 절대적인 권력을 행사하려면 절대적인 권위가 그것을 인정한 것으로 할 필요가 있기 때문이다. 이제 원수정 시대처럼 원로원과 로마 시민권자가 황제에게 권력 행사를 위임하는 형태의 권위로는 충분치 않게 되었다.

인간으로는 불충분하다면, 남는 것은 신밖에 없다. 신에게 권위를 요구하는 것은 참으로 비(非)로마적이지만, 디오클레티아누스는 자기가 만들어낸 절대군주정이 배경으로 삼을 수 있는 권위를 신에게서 구할 수밖에 없었다. 디오클레티아누스 황제가 로마의 전통적 신들에 대한 신앙을 되살리려고 애쓴 데에는 이런 속사정이 숨어 있었다. 그것도 그리스와 로마의 신이라면 아무나 좋은 것은 아니다. 절대 권력자인 황제에게 정통성을 주어야 하니까, 30만이나 되는 신들 가운데 제일 높은 유피테르가 아니면 안 된다. 디오클레티아누스는 '사두정치' 이전의 '양두정치' 시절에 유피테르와 같은 의미의 요비우스를 자신의 별칭으로 삼고, 동료 황제인 막시미아누스에게는 반신인 헤르쿨레스를 별칭으로 삼게 했다. 제위에 오른 지 2년밖에 지나지 않은 그 시기에 이미 권위를 강화할 필요성을 느꼈는지도 모른다.

하지만 그리스어로는 제우스, 라틴어로는 유피테르인 신을 절대적인 권력 행사의 배경으로 삼는 데에는 상당한 무리가 있었다. 제12권의 「로마 제국과 기독교」에서 말했듯이 그리스·로마의 신들과 유대교나 기독교의 신은 성질이 완전히 다르다.

그리스인이나 로마인의 신들은 인간을 돕는 신이지만, 유대인이나 기독교도의 신은 인간에게 명령하는 신이다. 그리스·로마의 신들은 인간을 관리하는 것은 생각도 하지 않는 신이지만, 유대인과 기독교도의 신은 인간에게 참된 신앙의 길을 가리킨다고 표현하더라도 어쨌든 인간의 생활방식을 관리하는 신이라 해도 좋을 것이다.

그리스·로마의 종교가 다신교인 것은 인간이 신의 도움을 받고 싶어하는 분야가 저마다 다르기 때문이고, 유대교나 기독교가 일신교인 것은 인간을 관리하려면 반드시 필요한 절대 권위는 유일신이 가져야만 비로소 절대적이 되기 때문이다. 권력이나 권위를 많은 인간이나 신이 나누어 가지면 절대적인 존재는 되지 않는 법이다.

요컨대 그리스·로마의 신들은 최고신조차도 절대 권력에 정통성을 부여할 수 있는 절대 권위는 될 수 없었다.

하지만 디오클레티아누스는 그리스·로마의 신들도 절대 권위가 될 수 있다고 생각한 모양이다. 그것을 방해하고 있는 장애물을 제거하는 데에만 성공하면 된다. 장애물은 물론 로마의 신들을 인정하지 않는 기독교도였다.

이리하여 지속적이고 집요하며 조직적인, 그런 의미에서는 로마 역사상 최초로 본격적인 기독교도 탄압이 시작되었다. 기독교도에게는 40년 동안 평온한 시절을 지낸 뒤에 느닷없이 찾아온 수난의 시기였다.

박해의 첫 물결이 된 칙령은 303년 2월에 공포되었다. 303년이라면 디오클레티아누스가 제위에 오른 지 19년째다. 그동안 디오클레티아누스는 '양두정치' 시대에도 '사두정치'로 바뀐 뒤에도 여전히 유일한 최고 권력자였다. 기독교도 탄압도 결단만 내리면 실행할 수 있는 지위와 권력을 가지고 있었다. 그런데도 치세 막바지에 이르러서야 비로소 실행에 옮겼다.

왜 하필 이 시기인지는 많은 연구자가 품는 의문이다. 하지만 디오클레티아누스는 그 의문에 대답하기는커녕 대답에 접근할 수 있도록 도와주는 말 한마디도 남기지 않았다. 기독교 쪽 사료에도 늙은 황제가 울화통을 터뜨렸다느니 악랄한 부제 갈레리우스의 충고를 받아들였기 때문이라는 따위의 설명밖에 남아 있지 않다. 기독교는 정면으로 박해를 받은 처지니까 당연하겠지만.

디오클레티아누스라는 인물은 누구에게도 속마음을 털어놓지 않았다. 속마음이 행동에 나타나는 타입도 아니었다. 하지만 강인한 성격의 소유자였기 때문에 자제심이 강하고, 일시적인 분노의 폭발로 중대한 정책을 단행하거나 아랫사람의 말에 간단히 넘어가버리는 것과는 가장 거리가 먼 인물이었다. 그런데 결국 기독교도 탄압을 단행했다. 이 탄압은 그의 최우선 과제인 로마 제국 재건에 필요한 여러 해결책의 마지막 마무리가 아니었을까. 제12권에서도 말했듯이 3세기 중엽에 끊임없이 나타났다 사라진 황제들 중에서도 로마 제국 재건에 열심히 맞붙은 황제가 기독교도 탄압에도 열심이었다. 로마의 전통적인 신들을 믿지 않게 되면 로마 제국을 신뢰하지 않게 된다는 위기의식을 가졌기 때문일 것이다. 디오클레티아누스도 황제로서 경험을 쌓는 동안 이런 위기의식을 확실히 갖게 되었는지도 모른다. 어쨌든 40년 만에 다시 시작하는 박해다. 상당한 확신이 없다면 단행하지 못했을 것이다.

『악타 마르티룸』(Acta Martyrum)이라는 제목의 책이 있다. 순교한 기독교도의 기록을 모은 책이니까 굳이 번역하자면 『순교자 행전』이라고 할 수밖에 없는데, 트라야누스 황제 치하인 서기 115년부터 320년까지 200여 년 동안 순교한 12건이 다루어져 있다. 아무리 유명한 사건으로 한정했다 해도 200년 동안 12건은 너무 적다. 여기에 디오클레티아누스 황제 시대이기는 하지만 그가 탄압을 단행하기 전에 일어난 '순교' 사례가 하나 소개되어 있다. 295년, 디오클레티아누스 치세 11년째, 대박해가 시작되기 8년 전에 북아프리카 누미디아 속주의 주요 도시인 테베스테에서 일어난 사건이었다.

지금은 세무 공무원이지만 원래는 병사였던 아버지를 두었기 때문에, 22세가 된 막시밀리아누스는 신체검사장인 병영에 가야 하는 처지였다. 병역도 세습이 되어 사실상 징병제로 바뀐 시대다. 검사관은 군단장을 겸하고 있던 디오 총독이었다. 이 두 사람 사이에 오간 문답을 여기에 옮기고자 한다. 로마군과 기독교도의 관계, 그리고 로마인이 기독교도를 어떻게 생각하고 있었는지를 구체적으로 잘 알 수 있다.

"이름이 무엇이냐?"

"왜 이름을 알 필요가 있습니까. 저는 병역에 종사할 수 없습니다. 기독교도니까요."

검사관, 그 말에 아랑곳하지 않고 말을 잇는다. "신체검사를 할 테니 옷을 벗어라."

젊은이, 옷을 벗으면서도 같은 말을 되풀이한다. "병역에는 종사할 수 없습니다. 남을 다치게 할 수는 없습니다. 저는 기독교도니까요."

검사관, 들은 척도 하지 않고 말한다. "키를 재도록."

한 장교가 말한다. "5페데스 10웅키아(약 150센티미터)입니다."

검사관 디오가 다른 장교에게 명령한다. "합격. 로마군 병사의 표시인 배지를 주어라."

젊은이는 배지를 거부한다.

"그런 것은 받을 수 없습니다. 병역에는 종사할 수 없습니다."

검사관, 항의를 그치지 않는 막시밀리아누스의 얼굴에 처음으로 눈길을 돌리고 말한다. "입대해. 죽고 싶지 않으면."

"입대할 수 없습니다. 목을 자르고 싶으면 자르세요. 저는 이 세상 군대의 병사가 아니라 하느님 군대의 병사니까요."

검사관, 젊은이에게 묻는다. "너는 누구의 가르침을 받고 그렇게 생각하게 되었느냐."

"제 영혼입니다. 그리고 저를 부르신 분."

검사관 디오, 동석한 아버지에게 말한다. "아들을 설득해보게."

"아무래도 허사일 것 같습니다. 모든 것을 각오하고 말하는 모양이니까요."

디오, 다시 젊은이에게 말한다. "군대에 들어가. 병사의 배지를 받아."

"받을 수 없습니다. 저는 이미 그리스도의 병사 배지를 가진 몸이니까요."

"계속 거부하면 너를 그 그리스도가 있는 곳으로 보낼 수밖에 없어."

"보내려면 빨리 보내주세요. 빠르면 빠를수록 저에게는 명예가 됩니다."

디오, 장교들에게 명령한다. "꼼짝 못하게 붙잡아서라도 배지를 달아."

"무슨 짓을 해서도 배지는 달지 않겠습니다. 강제로 달면 깨버릴 겁니다. 저는 기독교도입니다. 예수 그리스도의 구원을 받은 저에게는 목에 구리조각을 걸고 다니는 것은 허용되지 않습니다. 당신이 모르는 신의 아들, 인간의 죄를 구제하기 위해 하느님이 지상에 보내주신 예수 그리스도, 인생의 인도자인 그분을 따르는 것만이 저의 역할입니다."

"아무래도 좋으니까 배지를 받고 병역을 시작해. 계속 거부하면 사형이 기다리고 있을 뿐이야."

"몸은 죽어도 제 영혼은 죽지 않습니다. 이미 제 주님의 병사가 된 이상, 다른 군대의 병사가 될 수는 없습니다."

"네 젊음을 생각해봐. 이제 고집을 부리는 건 그만두고 병역에 종사해. 그것이 제국의 일원인 젊은이의 의무이기도 해. 디오클레티아누스, 막시미아누스, 콘스탄티우스, 갈레리우스 황제의 직속 군대에도 기독교도 병사는 있어. 하지만 그들도 병사로서 국가에 봉사할 의무는 소홀히 하지 않아."

"그들한테는 나름대로 이유가 있겠지요. 하지만 저는 기독교도인 이상 나쁜 짓에 손을 대고 싶지는 않습니다."

"나라를 지키는 병역에 종사하는 것이 나쁜 짓인가."

"당신이라면 병사가 실제로는 무슨 일을 하는지 알고 있을 텐데요."

"입대해. 계속 거부하면, 공동체에 대한 봉사를 경멸하는 증거로 받아들여 사형에 처할 수밖에 없어."

"저는 죽지 않습니다. 현세의 생명은 잃더라도 저의 주님이신 그리스도와 함께 영생할 테니까요."

검사관인 총독 디오는 판결문을 써서 낭독했다. "막시밀리아누스는 납득할 만한 이유도 없이 단순한 반항심으로 병역을 거부하였기에, 그것이 남에게 미칠 영향도 고려하여 적절하게 여겨지는 처벌을 내린다."

처벌은 반역자에게 내려지는 참수형이었다. 판결을 들은 젊은이는 기뻐서 환성을 질렀다. "오오, 하느님. 진심으로 감사드립니다!"

303년에 기독교도 탄압을 단행할 때까지 디오클레티아누스의 치세 19년 동안 기록에 남아 있는 순교는 이 한 건뿐이다. 『순교자 행전』에서 막시밀리아누스 앞에 다루어진 순교자는 내가 제12권에서 편지를 인용한 카르타고의 주교 키프리아누스인데, 이 사람이 순교한 것은

258년이다. 그렇다면 『순교자 행전』을 쓴 기독교도도 순교자를 기술할 때 258년 다음에는 295년으로 건너뛸 수밖에 없었다는 뜻이다. 기독교 쪽의 사료는 순교자가 많을수록 좋을 텐데, 그들이 다룬 디오클레티아누스 시대의 순교 사건은 키프리아누스가 순교한 뒤 37년 만에 일어났고, 디오클레티아누스의 탄압이 시작될 때까지 45년 동안 일어난 순교는 병역을 거부한 이 젊은이의 사건뿐이다.

게다가 디오 총독이 내린 판결은 젊은이가 기독교도라서가 아니라 병역을 거부한 것을 처벌 이유로 들고 있다. 당연하다. 기독교도라도 병역에 종사하고 있는 사람이 있다고 말했으니까. 얼마 전까지 징병제를 채택한 현대의 이탈리아에서는 종교나 사상을 이유로 병역을 기피하는 것을 인정했다. 병역보다 조금 긴 기간을 불우한 사람들에게 봉사하는 것이 조건이었지만. 이런 제도가 로마 제국에는 없었을 뿐이다. 하지만 이런 '양심적 병역 거부'는 20세기에 들어와서 공식적으로 인정받게 되었다는 것을 잊어서는 안된다.

그런데 1,700년 전인 그 시대에도 양심적 병역 거부가 인정되어 사회 봉사로 병역을 대신하는 제도가 있었다면, 그리스도의 가르침 이외의 어떤 지시에도 따르지 않겠다고 결심한 그 젊은이가 과연 국가가 정한 제도에 따라 불우한 사람들을 위해 봉사했을지는 알 수 없다. 그리고 이 '알 수 없다'는 불안이 검사관인 총독 디오가 그렇게 엄격한 판결을 내린 진짜 이유가 아니었을까. 판결문에는 '남에게 미칠 영향도 고려하여'라는 구절이 있다.

실제로 모든 직업이 세습제로 바뀐 이 시대에는 군대에 복무한 사람의 아들에게 기다리고 있는 것은 병역뿐이다. 하지만 인간은 본질적으로 강제를 싫어한다. 그런데 당시는 병력이 갑절로 늘어난 시대였다. 병력을 보충할 필요성 때문에 신병을 모집하는 그물이 전보다 넓게 펼쳐진 것은 당연했다.

검사관 디오가 합격 판정을 내리는 기준이 낮은 것이 그것을 증명하고 있다. 신체검사에서는 체격도 시력도 따지지 않고 키가 150센티미터만 넘으면 합격하여 병사의 배지를 받을 수 있었다.

그런데 같은 로마 제국이라도 1세기 전의 신병 검사는 이렇게 간단치 않았다. 그 시대의 병력은 지원제였고 병사의 수도 절반이었기 때문에, 병사의 질을 유지하는 데 세심하게 신경을 써서 하드리아누스 황제가 정한 기준이 엄격하게 지켜지고 있었다.

키는 165센티미터 이상. 균형잡힌 체격과 좋은 시력. 글을 읽고 쓰는 능력과 계산 능력. 제국 규모에서는 그리스어와 라틴어를 둘 다 공용어로 인정했지만, 군대 내부의 공용어는 로마인의 언어인 라틴어였기 때문에 '읽고 쓰기'는 브리타니아에서도 시리아에서도 라틴어를 읽고 쓰는 것을 의미한다. 이런 시험을 통과해도 곧바로 입대할 수 있는 것은 아니다. 보통 4개월의 '시험 기간'(probatio)이 있어서, 그동안 군대 생활에 적합한지 부적합한지를 알아본다. 무기를 든 훈련도 견습 정도로 실시되었다. 이 시험 기간을 무사히 마친 젊은이만 입대가 허락된다. 소속 군단과 자기 이름이 새겨진 구리 배지(signaculum)를 받아서 목에 걸고 최고사령관인 황제에게 충성 선서를 한 뒤에야 비로소 정식으로 로마군 병사가 될 수 있었다.

그 시대와 100년 뒤의 차이는 인상적이다. 키가 150센티미터만 되면 합격이다. 다른 검사는 전혀 하지 않고 시험 기간도 없다. 아무리 로마 제국이 3세기에 유례없는 국난을 겪은 뒤라 해도 100년 동안 로마 남자의 키가 15센티미터나 줄어들 리는 없다. 신병 검사가 간략해지고 합격 기준이 내려간 것은 30만 명에 머물러 있던 군사력을 60만 명으로 늘린 여파라고 볼 수밖에 없다. 그리고 이렇게까지 해서 병력을 확보하려고 애쓴 시기에 종교적 이유로 병역을 기피하면 '남에게 미칠 영향도 고려하여' 엄벌을 내릴 수밖에 없지 않았을까.

이 기독교도 젊은이의 병역 거부 사건이 디오클레티아누스 황제한테까지 보고되었는지는 알 수 없다. 하지만 검사관을 맡은 디오는 총독으로서 로마군의 지휘관급이다. 부하가 상사의 뜻에 어긋나는 일을 할 수 있을 리는 없다. 더구나 시대는 디오클레티아누스의 정책으로 '전제군주정'의 색채가 날로 짙어지고 있을 때였다. 이 사건이 디오클레티아누스의 귀에 들어갔다면 황제도 '남에게 미칠 영향'을 걱정하지 않았을까. 로마의 군사력을 갑절로 늘린 것은 다름 아닌 그였으니까.

하지만 이 사건이 '남에게 미치는 영향'은 대단치 않았던 모양이다. 게다가 이 사건은 제국의 남쪽 끝에서 일어났고, 또한 제국의 기구에서 맨 아래인 신병 검사 과정에서 일어난 사건이었다. 그런데 그로부터 3년 뒤에 기독교도가 관련된 또 다른 사건이 이번에는 디오클레티아누스의 눈앞에서 일어났다.

황제도 참석하여 제의를 거행하고 있을 때, 황궁 관리들 가운데 몇 명이 성호를 그은 사건이었다. 황제가 참석한 제의라면 로마의 전통적인 신들에게 바치는 의식이었을 것이다. 그런 의식이 한창 진행되고 있을 때 성호를 긋는 것은 자기가 믿지 않는 종교 의식에 참석하여 생긴 부정함을 그런 몸짓으로 씻어버리고 싶었기 때문일 것이다. 일신교인 기독교는 자기네 신만 신으로 인정한다. 하지만 다신교도로서 남들이 믿는 신도 인정하는 로마인이 보기에 그것은 반사회적인 행위다. 건물을 지을 때 액을 막기 위해 고사를 지내고 있는데, 그 자리에 참석한 기독교도는 성호를 긋고 이슬람교도는 알라에게 중얼중얼 기도를 드리는 것과 마찬가지다. 한마디로 말하면 예의에 어긋난 행동이다. 이것을 본 디오클레티아누스는 격분했지만 벌을 내리지는 않았다. 그래서 로마의 신들에게 기도를 드리는 자리에서 성호를 그은 장본인들도 황제의 분노를 일시적인 것으로 생각했는지, 예측되는 사태에 대해 예방책을 강구한 사람은 하나도 없었다. 하지만 디오클레티아누스는 그 사건을 잊지 않았다.

기독교도 탄압은 그 후 5년이 지난 303년에 시작되는데, 디오클레티아누스는 303년이라는 그해를 다른 해와는 다른 의미로 맞이했을 것이다. 그해 가을에는 즉위 후 처음으로 로마를 방문하여, 동료 황제인 막시미아누스와 함께 지난 19년 동안 전쟁에서 거둔 승리를 총결산하는 느낌으로 성대한 개선식을 거행했다. 디오클레티아누스에게는 기독교도 탄압이 그동안의 치세에서 외적을 물리쳐 국경을 지킨 것을 비롯한 모든 노력을 마무리하는 의미가 있었던 게 아닐까. 단순한 변덕으로 탄압을 결행한 것이 아니라 19년 동안 조금씩 숙성시킨 끝에 내린 결단이라는 뜻이다.

하지만 기독교도로서는 마른하늘에 날벼락이었을 것이다. 어쨌든 40년이 넘게 평온한 시절이 계속된 뒤에 닥쳐온 재난이다. 그 40년 동안 기독교도들은 로마 주교와 안티오키아 주교 가운데 어느 쪽이 상위인가 하는 다툼을 자체적으로 해결하지 못하고, 로마 황제인 아우렐리아누스에게 판정을 부탁한 일도 있었다. 제국 동방에서는 특히 기독교도의 세력이 커져서, 니코메디아 주교가 사는 주교관은 광장을 사이에 두고 디오클레티아누스가 사는 황궁과 마주보고 있었다. 맑은 날씨가 계속된 뒤에 갑자기 천둥번개를 동반한 폭우를 만난 느낌이었을 것이다.

기독교도들이 '대탄압'이라고 부르게 된 디오클레티아누스의 탄압은 303년 2월 24일에 로마 제국 전역에서 공포된 칙령으로 시작되었다. 원문은 동판에 새겨진 것도 남아 있지 않고 파피루스 문서로도 남아 있지 않다. 깨진 형태로 발굴되는 고대 항아리를 고고학자가 끈질기게 이어 맞추어 복원하듯, 기독교도들이 여기저기에 남긴 글을 모아서 연구자들이 재구성한 것을 참고할 수밖에 없다. 거기에 따르면 디오클레티아누스가 단행한 모든 변혁과 마찬가지로 이 기독교도 탄압도 그답게 체계적이고 철저했다는 것을 알 수 있다.

(1) 기독교 교회는 모두 토대부터 파괴한다. 교회로 쓰인 곳이 개인 주택의 일부라 해도 이 조치에서 예외가 될 수는 없다.

(2) 어떤 이유로도 신도들의 모임은 엄금된다. 미사에도 세례식에도 결혼식에도 장례식에도 이 금령은 적용된다.

(3) 성서나 그와 비슷한 서적, 미사에 쓰이는 기구, 십자가, 그리스도상 등은 몰수하여 소각한다.

(4) 기독교도 중에서도 사회 상층부에 속하는 자는 심문을 받을 때 고문을 면제받는 것을 포함하여 지금까지 누려온 모든 특전을 박탈당한다.

(5) 기독교도로 인정된 자는 법정에서 자신을 변호할 권리를 비롯하여 로마법의 보호를 받을 권리를 잃는다.

(6) 신도의 기부 등을 통해 축적된 교회 재산은 몰수하여 경매에 부치고, 매상금은 교회 재산이 있었던 지방자치단체나 기독교도와는 무관한 직능 조합에 분배한다.

(7) 기독교도로 인정된 자는 모두 공직에서 추방한다.

이것은 디오클레티아누스 황제가 기독교에 던진 선전포고였다. 황제가 파견한 군대를 통해 이 칙령이 엄격하게 집행된 것은 말할 나위도 없다.

제국의 다른 지방에서는 이 칙령을 어떻게 받아들였는지 모르지만, 디오클레티아누스가 직접 담당하고 있는 동방에서는 기독교의 저항이 격렬했던 모양이다. 원래 서방보다 동방에 기독교가 많이 보급되어 있었다. 디오클레티아누스가 수도로 삼은 니코메디아에서는 한 기독교도가 거리에 나붙은 칙령을 찢어버리고, 그리스도는 이긴다고 외치면서 광장을 뛰어다닌 사건이 일어났다. 이 남자는 당장 체포되어 사형에 처해졌다. 칙령이 나온 뒤 최초의 순교자였다.

그리고 그 직후 니코메디아의 황궁 안에서 화재가 하루 걸러 두 번이나 일어났다. 두 번째에는 황제의 침실 바로 옆에서 불이 났다. 황궁에서 일하는 사람은 말단에 이르기까지 모두 엄격한 심문을 받았다.

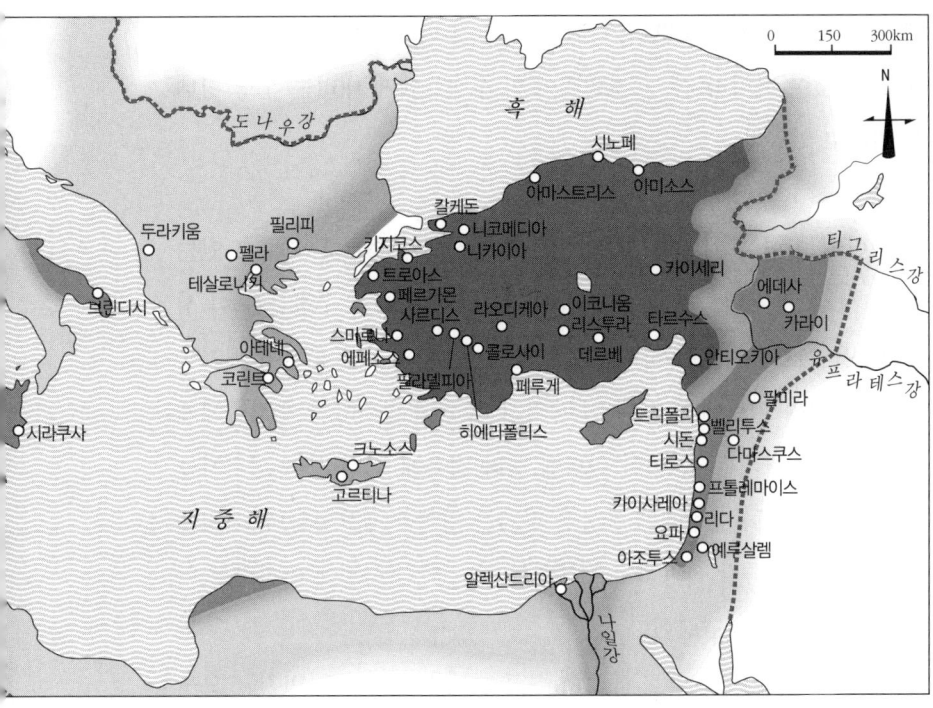

로마 제국의 기독교도 분포 추측도(서기 3세기 말)

화재의 원인이 실화인지 방화인지는 끝내 알아내지 못했다. 하지만 이것으로 황궁 안에도 많은 기독교도가 있었다는 사실이 밝혀졌다. 지위가 낮은 고용인들은 쫓겨나는 것으로 끝났지만, 지위가 높은 자들은 처형당했다. 5년 전 제의를 거행할 때 성호를 그은 자들을 디오클레티아누스는 잊지 않고 있었다.

기독교도들은 소아시아만이 아니라 시리아에서도 이 칙령에 반항하여 폭동을 일으킨 것으로 기록되어 있다. 하지만 디오클레티아누스는 폭동을 진압하기 위해 거리낌없이 군대를 출동시켜, 폭동의 불길이 번지기 전에 꺼버렸다. 군대는 완전히 디오클레티아누스 편이었다. 일단 결단을 내리면 망설이지 않는 디오클레티아누스는 얼마 지나기도 전

제1부 디오클레티아누스 황제 시대 139

에 두 번째 칙령을 공포했다. 다만 그것은 첫 번째 칙령처럼 시민을 상대로 한 것이 아니라 각 '프로빙키아'의 수장들에게 내리는 훈령 형태를 취하고 있었다.

두 번째 칙령이 겨냥한 것은 기독교회 조직의 중추를 이루고 있는 주교·사제·부제라는 성직자 계급이다. 프로빙키아의 수장들은 이 성직자들을 체포하여 투옥하라는 훈령을 받았다. 하지만 곧이어 쐐기를 박듯 세 번째 칙령이 공포되었다. 역시 각 프로빙키아의 수장들에게 보내는 훈령 형태를 취한 이 칙령에 따라 감옥에 갇혀 있는 성직자들은 로마의 전통적 신들에게 제물을 바치는 의식을 강요당했다. 이것을 받아들인 자는 즉각 석방하고 거부하는 자는 즉각 사형에 처하라고 디오클레티아누스는 명령했다.

이 칙령으로 사형당한 기독교 성직자는 네 명뿐이고 나머지는 모두 석방되었다고 한다. 하지만 제국 전체에서 네 명인지 어떤지는 분명치 않다.

연구자들에 따르면 로마에 가서 개선식을 거행한 디오클레티아누스가 니코메디아로 돌아온 뒤라니까 303년 말에 네 번째이자 마지막 칙령이 공포되었다. 이것도 역시 각 프로빙키아의 수장들에게 내리는 훈령이었는데, 네 개의 칙령 중에서 가장 비로마적이고 가장 가혹한 내용이었다.

정식 고발이 아니거나 고발한 쪽이 무기명인 경우에는 처음부터 고발을 받아주지 않기로 결정한 트라야누스 황제의 기독교도 대책은 완전히 과거의 것이 되어버렸다. 이제는 고발이 없어도 누가 기독교도인 것 같다는 소문만 나면 그 사람을 추적하여 찾아내고 고문하게 되었다. 기독교도들은 남녀노소를 불문하고 모두 로마의 신들에게 제물을 바치는 의식을 강요당했고, 거부하는 자는 사형이나 강제노역에 처해졌다.

하지만 이 네 번째 칙령은 표적이 된 기독교도보다 아직도 로마의 전통적 신들을 믿고 있는 사람들—기독교도들이 말하는 '이교도'(paganus)—사이에 파문을 일으키게 되었다. 성직자들은 가르침을 펴는 것이 일이지만, 그 가르침을 믿는다는 이유만으로 로마 사회에 아무런 피해도 주지 않는 일반 신도까지 사형대로 보내거나 강제노동으로 내모는 것은 남이 믿는 종교도 인정하는 다신교도로서는 납득하기 어려웠을 것이다. 황제나 프로빙키아의 수장들에게 거역했을 경우 예상되는 위험을 무릅쓰고 많은 '이교도'들 사이에 기독교도를 감싸주는 움직임이 퍼져갔다고 한다. 다만 이 움직임이 어느 정도까지 퍼졌는지는 알 수 없다. 이런 종류의 선행은 은밀히 개별적으로 이루어지는 것이 보통이기 때문에 전체적인 상황을 정확히 파악할 수는 없다.

어쨌든 적어도 303년과 304년에는 제국의 많은 지방—특히 동방—에서 기독교도 박해의 태풍이 거세게 몰아친 것은 사실이었다. 그 후에는 기세가 수그러들었지만, 309년까지는 기독교도를 겨냥한 칙령이 살아 있었다. 그래도 '대박해'라고 불린 것치고는 사형당한 사람의 수가 너무 적다고 말하는 연구자가 적지 않다. 하지만 이 금지령이 해제된 309년 당시 상황에 대해 기독교 쪽은 다음과 같은 기록을 남겼다.

(1) 많은 기독교도가 감옥이나 강제노역에서 해방되어 집으로 돌아갔다.

(2) 성직자들도 석방되어 과거의 일터(재건된 교회나, 교회를 중심으로 만들어진 기독교도 공동체)로 복귀했다.

(3) 신앙을 버렸던 사람도 회개하고 용서를 빌면서 다시 공동체에 참여하게 해달라고 요구해왔다.

이런 기록이 사실이라면 디오클레티아누스 황제가 단행한 '대박해'의 실상은 다음과 같은 정도가 아니었을까.

첫째, 사형당한 사람은 소수이고, 성직자를 포함하여 그 이외에는 대부분 옥살이를 하거나 광산이나 건설공사 현장에서 강제노동을 했다.

둘째, 적지 않은 기독교도가 신앙을 버렸다.

일본에서도 기독교 박해 시대에 '전향'이라는 용어가 쓰였지만, 일본에서는 문학의 심원한 명제가 되는 이 현상에 대해 고대 기독교 사회에서는 인간성을 직시한 실제적인 문제로 대처하고 있었다는 점이 흥미롭다. 기독교도도 인간이니까 '전향'할 수도 있고, 따라서 문제는 한번 전향했던 신자가 다시 복귀하고 싶어할 때 어떻게 대처할 것이냐 하는 것이다.

사실은 3세기 후반에 산발적으로 기독교도가 탄압당했을 때부터 이미 배교자가 복귀를 허락받는 데 필요한 몇 가지 절차가 마련되어 있었다. 겨울철에도 초라하고 짧은 옷만 걸친 차림으로 교회 앞에 무릎을 꿇고 며칠 동안 회개하는 모습을 보이면서 용서를 비는 것으로 시작하여, 복귀를 허락받을 때까지의 과정을 한 단계씩 소화해나가는 것은 여간 힘든 일이 아니지만, 그래도 지구 교회라는 과거의 공동체로 돌아갈 수는 있었다. 기독교도가 아닌 나도 고대 기독교회의 유연성에 감탄하는 경우가 적지 않은데, 이것도 그중 하나다. 하지만 일단 그리스도의 가르침을 버린 자의 복귀는 절대 허락해서는 안 된다고 주장하는 사람도 많아서, 배교자의 복귀를 인정하느냐 안 하느냐를 둘러싸고 기독교회 내부에서 과격파와 온건파가 대립하게 된다.

디오클레티아누스 목욕장

현대 로마에는 짧은 기간에는 다 둘러볼 수 없을 만큼 많은 미술관과 박물관이 있는데, 얼마 전까지만 해도 그리스·로마와 관련된 전시품의 질과 양에서 바티칸 미술관을 능가한 것이 테르미니(종착)역 바로 옆에 있는 국립 테르메 미술관이었다. '얼마 전까지'라고 말한 것은 최근에 전시품이 넷으로 나뉘어 마시모·아르텐푸스·오타고나와 테르메 미술관에 분산되었기 때문이다. 넷으로 나누면 입장료 수입이 네 배가 된다고 계산했기 때문이 아닐까 하고 나는 짐작하고 있다. 어쨌든 국립 테르메 미술관은 마음만 먹으면 방대한 유물과 미술품도 충분히 전시할 수 있는 넓은 공간을 차지하고 있었기 때문이다. 디오클레티아누스 황제가 재위 20년과 개선식 거행을 기념하여 로마 시민에게 기증한 거대한 공중목욕장 유적을 그대로 미술관으로 활용한 것이 국립 테르메 미술관이다. 따라서 처음 건설되었을 당시의 이름은 '디오클레티아누스 목욕장'(Thermae Diocletianae)이었다. 이름도 공공건물에 그것을 건설한 사람의 이름을 붙이는 로마의 관습에 충실하지만, 자신에게 능력을 발휘할 기회를 준 사회에 이익을 환원하는 로마적 사고방식에도 충실했다. 테르메(terme)라는 이탈리아어 낱말이 '목욕장'을 뜻하는 라틴어 테르마이(thermae)에서 유래한 것은 두말할 나위도 없다.

　이 '디오클레티아누스 목욕장'은 295년에 착공되어 305년에 완성되었다. 로마 시대의 건설 공사가 10년이나 걸린 것은 아주 드문 예지만, 워낙 거대했기 때문일 것이다. 이 목욕장이 건설될 때까지 최대 규모였던 카라칼라 목욕장은 수용 인원이 1,600명인데, 디오클레티아누스 목욕장은 3천 명이다. 물론 이 수는 열탕(calidarium)과 온탕(tepidarium)과 냉탕(frigidarium) 코스에서 목욕을 즐기는 사람만이 아니라, 특히 로마 황제가 건설한 '테르마이'에는 반드시 딸려 있었던 체육장과 도서관, 회화관, 음악회장, 오락실, 산책로 같은 각종 시설을 이용하는 사람도 포함한 수다. 냉탕은 한복판에 있는 넓은 수영장에서 헤엄을 친다는 의미이기도 했다. 이 '냉탕' 주위에 신상을 비롯한 대리석 입상이 늘어서 있는 것도 로마식 목욕장에는 빼놓을 수 없는 요소였다. 이때부터 100년도 채 지나기 전에 휘몰아친 이교 말살의 태풍으로 파괴되지 않았다면, '목욕장이자 미술관이' 생겼을 것이다. 이 '테르마이'를 당시 로마인은 '서민의 궁전'이라고 불렀다.
　1,800년이 지난 오늘날, 카라칼라 목욕장은 오랫동안 건축자재 채취장이 되어 있었기 때문에 조각상이나 대리석판은 물론 모든 것이 뜯겨나간 폐허이기는 하지만 그래도 남아 있다. 로마라는 도시의 중심이 세월의 흐름과 함께 북쪽으로 옮아가면서 카라칼라 목욕장이 있는 남쪽은 이 시대의 물결에서 뒤처졌기 때문이다. 반대로 디오클레티아누스 목욕장은 철도가 개설된 20세기에는 도심이 되어버렸다. 어쨌든 현대에는 테르미니역과 재무부, 그리고 로마에서 으뜸으로 꼽히는 고급 호텔이 세 방향에서 바싹 다가와 있는 형편이다. 덕분에 카라칼라

목욕장처럼 하나로 정리된 유적으로 우리 앞에 나타나지는 않는다. 미술관으로 전용된 것도 한 구획에 불과하다. 그래도 상상력을 발휘하면 과거의 규모와 웅장함을 느낄 수는 있다.

우선 미술품 가운데 4분의 1과 수많은 유물이 전시되어 있는 테르메 미술관을 테르미니역 쪽으로 나 있는 입구로 들어가 한 바퀴 돈다. 상당한 거리를 걸은 것처럼 느껴지겠지만, 그래도 목욕장의 일부에 불과하다.

그다음에는 미술관을 나와서 곧장 유적을 따라 걸어가면, 잠시 후 '레푸블리카(공화국) 광장'에 이른다. 중앙에서 물을 뿜어 올리고 있는 분수는 '에세드라 분수'라고 불리기 때문에, 이 광장은 공화국 광장이라는 재미없는 이름보다 '에세드라 광장'이라는 이름으로 더 잘 알려져 있다.

이 광장 한 모퉁이에 교회가 있다. 교회 정면은 평면으로 이루어져 있는 것이 보통이지만, 이 교회만은 활 모양으로 휘어져 있어서 금방 알 수 있다. 디오클레티아누스 목욕장의 '열탕'과 '온탕'을 갈라놓았던 벽을 그대로 사용했기 때문에 이런 형태가 되었다.

교회 안으로 들어가면, 그곳은 과거의 '온탕'이다. 그리고 그곳을 빠져나가면 눈앞에 넓은 공간이 펼쳐진다. 이 교회의 본체는 과거의 '냉탕' 자체라 해도 좋다. 그래서 다른 교회처럼 세로가 긴 십자형이 아니라 가로가 긴 십자형이 되어 있다. 교회 내부에 서 있는 여덟 개의 원기둥은 처음 건설되었을 때부터 1,700년 동안이나 같은 자리에 계속 서 있었다. 이런 변형 구조가 된 것은 로마 교황에게 교회 건설을 의뢰받은 미켈란젤로가 원래의 상태를 되도록 많이 남기려고 애썼기 때문

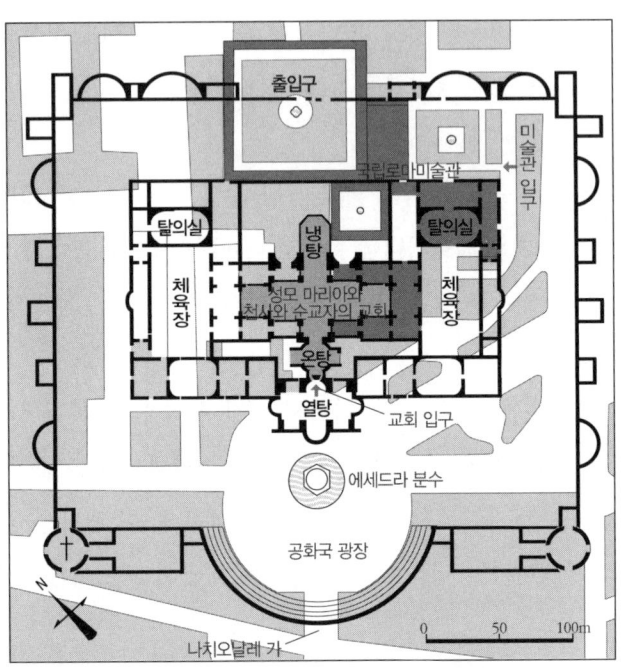

디오클레티아누스 목욕장 평면도

'성모 마리아와 천사와 순교자의 교회' 입구

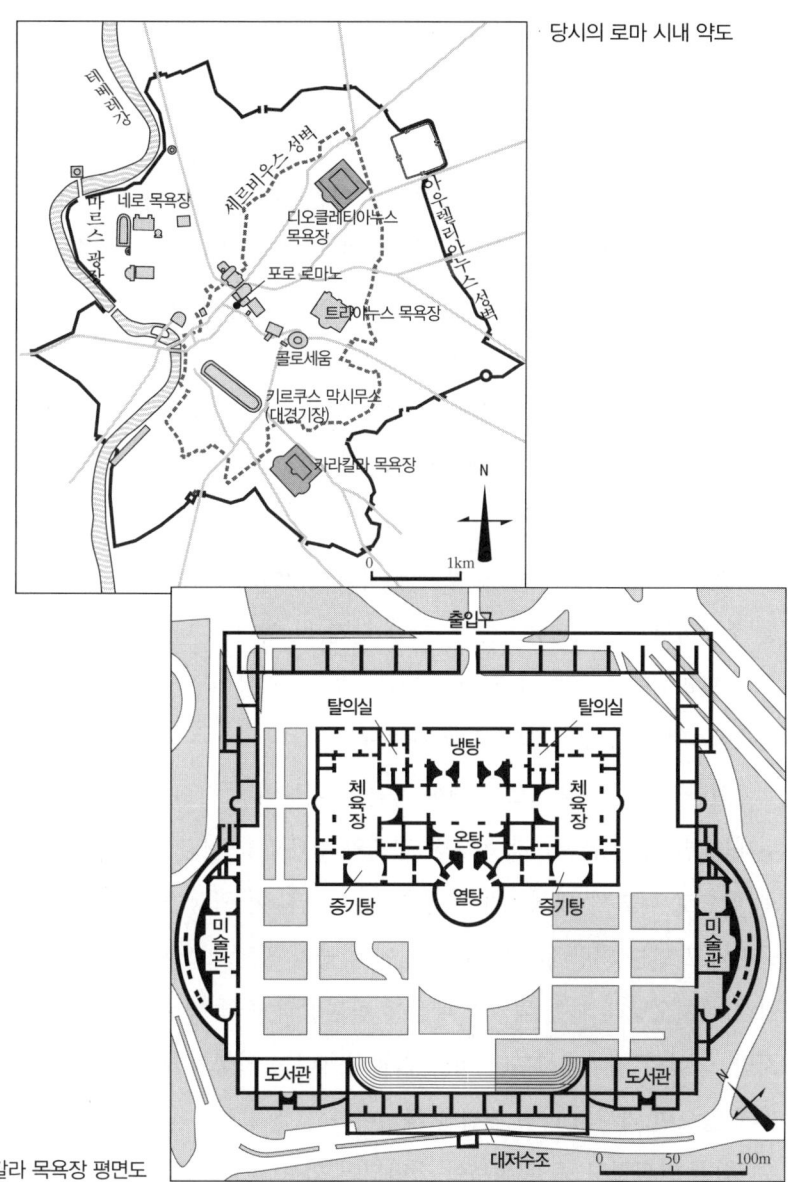

당시의 로마 시내 약도

카라칼라 목욕장 평면도

이다. 교황이 거기에 교회를 세우기로 마음먹은 것은 디오클레티아누스 목욕장을 건설할 때 4만 명이나 되는 기독교도가 강제로 공사장에서 일했다는 전설이 있었기 때문이지만, 목욕장이 착공된 것은 295년이고 기독교도를 탄압하는 칙령이 처음 나온 것은 303년이다. 거대한 목욕장이 모두 기독교도의 노동으로 만들어진 것은 아니다. 하지만 10년 가운데 2년뿐이라 해도 기독교도가 강제노역에 내몰린 것은 사실인 모양이니까, 교회 이름은 '성모 마리아와 천사와 순교자의 교회'가 되었다. 하지만 시대는 이미 르네상스 시대였다. 이탈리아 르네상스를 대표하는 예술가인 미켈란젤로는 기독교회에 로마적인 색채를 남기는 데 별다른 저항을 느끼지는 않았을 것이다.

어쨌든 미켈란젤로 덕분에 후세에 사는 우리도 로마인의 공간 감각을 추체험할 수 있는 장소를 또 하나 갖게 된 셈이다. 다른 하나는 물론 하드리아누스 황제가 건설한 판테온이다. 지붕이 남아 있는 편이 건조물 내부의 공간 감각을 느끼기 쉬운 것 같다.

미켈란젤로의 도움으로 거대한 목욕장 내부의 공간 감각을 터득한 뒤에는 밖으로 나와서 이 목욕장 전체의 광대함을 실감할 차례다. 교회 밖으로 나와서 에세드라 광장을 가로질러, 이 광장을 반원형으로 둘러싸고 있는 회랑에 선다. 18세기에 이곳이 광장으로 재개발되었을 당시 나치오날레 가를 뚫었기 때문에 반원형의 중앙 부분이 잘려버렸지만, 눈앞의 인파에서부터 바쁘게 돌아다니는 자동차까지도 지워버리지 않으면 역사의 타임 터널을 빠져나가는 데 필요한 상상력은 얻을 수 없다. 반원형의 중앙 부분이 절단되어 있는 것을 머리에서 지워버리는 일쯤은 '식은죽 먹기'가 되어야 한다. 이 반원 부분이 광대한 디오클레티아누스 목욕장의 바깥쪽 가장자리였다.

원기둥이 늘어서 있는 반원형 회랑을 의미하는 이탈리아어 '에세드라'(esedra)는 원래 그리스어지만 로마 시대에도 그대로 사용된 '엑세드라'(exedra)에서 유래한 낱말이다. 로마 시대에는 이 건축 양식이 공공건물에서 개인 주택에 이르기까지 여러 방면에 활용되었다. 곧게 뻗은 직선은 단조롭지만, 벽면이 반원형으로 우묵하게 들어가기만 해도 변화가 생기기 때문일 것이다.

하지만 로마인은 실용성을 중시한 민족이다. 폐허로 남아 있어서 고고학자들이 조사하기 쉬운 카라칼라 목욕장의 예를 보아도, 디오클레티아누스 목욕장의 에세드라 지하에는 이 거대한 목욕장의 수요를 충당할 수 있는 저수조가 있었을 것이다. 이 거대한 저수조에서 우선 물을 끓인 뒤 '열탕'으로 보내는 송수관, 뜨거운 물에 찬물을 타서 30~40도로 미지근하게 한 물을 '온탕'으로 보내는 송수관, 찬물을 그대로 '냉탕'으로 보내는 송수관 등 세 종류의 송수관이 지금은 중앙의 분수 주위를 자동차들이 바쁘게 달리고 있는 광장 지하에 뻗어 있었을 것이다.

신전이나 회당은 건설한 뒤 유지 보수만 게을리하지 않으면 계속 기능을 유지할 수 있지만, 목욕장은 그렇지 않다. 30일분의 물을 항상 저장해두는 설비, 연료로 쓸 장작 비축, 목욕하는 사람들의 눈에는 띄지 않아도 늘 세심하게 관리해야 하는 각종 설비와 그것을 움직이는 사람이 필요하다. 연료만 해도 충분한 양만 확보하면 되는 것이 아니다. 목재 중에는 충분히 말려서 태워도 짙은 연기를 내는 나무가 있다. 검은 연기를 뭉게뭉게 내뿜는 나무를 태우면, 열기를 전달하기 위해 빈 공간으로 놓아둔 욕실 지하에 검댕이 묻어 기능이 떨어질 뿐만 아니라, 위로 올라간 연기가 욕실을 가득 채워 욕객을 호흡 곤란에 빠뜨릴 위험까지 있다. 그래서 올리브나무는 절대 태우면 안되고, 침엽수 계통의 목재가 좋게 여겨졌다. 그중에서도 가장 적당한 것은 전나무였다. 연료 조달도 결코 쉬운 일이 아니었다.

요컨대 로마 시대의 목욕장은 막대한 재력과 높은 수준의 기술력, 효율적으로 기능을 발휘시키는 데 필요한 조직력이 갖추어지지 않으면 목적을 달성할 수 없었다. 그로부터 10년 뒤 콘스탄티누스 황제가 목욕장을 건설하지만 그것은 디오클레티아누스 목욕장의 10분의 1도 안 되는 소규모 목욕장이었기 때문에, 황제가 지어서 시민 사회에 기증한 대규모 공중목욕장은 305년에 완성된 이 '디오클레티아누스 목욕장'이 마지막이었다. 그것은 4세기 초까지만 해도 로마에는 재력과 기술력과 조직력이 여전히 건재했다는 뜻이다. 그런데 겨우 100년 뒤에 재력도 기술력도 조직력도 갖지 않은 야만족이 이 로마를 습격하여 멋대로 약탈을 자행했다. 과거의 에세드라 위에 서서 상상의 날개에 몸을 맡기고 있으면, 당초의 목적인 목욕장의 공간 감각을 느끼는 것만으로 끝나지 않고 역사 흐름의 부조리에까지 생각이 미치게 된다.

은퇴

오현제 시대의 황제들은 팔라티노 언덕의 황궁에 목욕 설비가 갖추어져 있는데도 민주적 황제임을 부각시키기 위해 공중목욕장에 나타나 일반 시민과 알몸으로 어울리는 일이 드물지 않았다. 하지만 절대군주정을 수립한 디오클레티아누스 황제에게는 일반 시민과 거리를 두는 것이 중요해졌기 때문에, 알몸으로 서민과 어울리는 것은 논할 거리도 못 된다. 또한 303년에 개선식을 끝내자마자 니코메디아로 돌아가버렸기 때문에 자기 이름을 붙인 목욕장이 완성되는 것도 보지 못했다. 목욕장 준공식에 입회하기는커녕 목욕장이 완성된 305년에는 재빨리 은퇴해버렸다. 황제가 자신의 의지로 동료 황제인 막시미아누스까지 끌어들여 함께 퇴위한 것은 로마 제국 역사상 전례없는 일이었다.

디오클레티아누스라는 남자는 절대군주정을 확립했는데도 오현제 시대의 황제들을 강하게 의식하고 있었던 듯하다. 20년 동안 나라를 다스린 뒤 후계자로 결정한 인물에게 제위를 물려주는 방식에서도 오현제와 많은 공통점을 찾아볼 수 있다. 후계자를 사위로 삼아, 그 후계자가 일반에게 받아들여지기 쉬운 바탕을 마련해놓은 것도 그런 공통점 가운데 하나다.

디오클레티아누스의 치세도 305년에는 벌써 20년에 이르러 있었다. 오현제는 20년 남짓 나라를 다스린 뒤에 죽었지만 디오클레티아누스는 아직 살아 있었다는 것이 오현제와 그의 차이점이다. 하지만 그는 제국을 다시 일으켜 세우는 데 필요한 개혁은 모두 끝냈다고 생각했는지도 모른다. 로마 황제의 일상은 정신적 피로와 육체적 격무의 연속이기 때문에 체력에 자신이 있었던 트라야누스와 하드리아누스도 20년 동안이나 황제의 임무를 수행한 뒤에는 수명이 자연히 끝나버렸다. 디오클레티아누스도 죽지는 않았지만 피로를 무겁게 느끼고 있었는지 모른다. 나이도 벌써 환갑에 이르러 있었다.

디오클레티아누스가 만들어낸 '사두정치' 체제는 네 황제가 각자 중요한 방위선을 책임지고 지키려는 목적도 있었지만, 미리 '부제'를 결정하여 제위 계승을 둘러싸고 일어나기 쉬운 내란을 피하려는 목적도 있었다. 디오클레티아누스가 살아 있는 동안 제1차 '사두정치'가 제2차 '사두정치'로 넘어가는 것을 지켜보고 싶어한 것도 당연하다. 평화적인 권력 이양에만 성공하면, 내전을 피하는 데에도 성공하게 되기 때문이다.

하지만 디오클레티아누스는 생각했을까. 오현제 시대의 로마 제국이 평화와 번영을 누릴 수 있었던 이유 중의 하나가 성공적인 후계자 인사였던 것은 사실이지만, 그것은 다섯 황제 가운데 네 사람이 친아들을 낳지 않았기 때문이기도 하다는 것을. 오현제의 한 사람인 하드리아누스 황제는 아들은 선택할 수 없어도 후계자는 선택할 수 있다고 말했지만, 친아들이 없으니까 그런 말을 할 수 있었던 것이다. 마르쿠스 아우렐리우스에 이르러 오현제 시대가 끝나는 것은 이 철인 황제에게 이미 성년이 된 콤모두스라는 친아들이 있어서 이 아들에게 제위를 물려줄 수밖에 없었기 때문이다. 콤모두스가 황제에 적임자인지 아닌지는 별문제로 하고, 친아들이 후계자 인사에서 배제되면 본인이 원하든 말든 상관없이 현직 황제에 반대하는 세력이 황제로 추대하기에는 가장 적당한 존재가 된다. 요컨대 내란이나 내전의 불씨가 되기 쉽다. 순조로운 제위 계승이 곧 정국 안정으로 이어진 시대, 친아들이 있는데도 적임성만 중시하여 다른 사람을 후계자로 선택하는 것은 무엇보다도 정국 불안정을 초래할 위험을 내포하고 있었다.

정제 디오클레티아누스에게는 발레리아라는 이름의 딸은 있었지만 아들은 없었다.

또 다른 정제인 막시미아누스에게는 아내가 데려온 테오도라라는 의붓딸이 있었고, 그 밑으로 막센티우스라는 친아들과 파우스타라는 친딸이 있었다.

정제 디오클레티아누스는 딸 발레리아를 갈레리우스와 결혼시키고, 이 사위를 양자로 맞아들여 '부제'에 임명했다. 또 다른 정제인 막시미아누스도 딸 테오도라를 콘스탄티우스 클로루스와 결혼시키고, 이 사위를 양자로 맞아들여 '부제'에 임명했다. 제1차 '사두정치'는 이렇게 하여 성립된 체제다. 용장으로 이름을 날렸던 갈레리우스는 아직 33세의 젊은이였기 때문인지, 정제의 딸을 아내로 맞이하기 위해 본처와 이혼할 필요는 없었던 모양이다. 하지만 또 다른 부제 후보인 콘스탄티우스 클로루스는 당시 43세였고, 백인대장 시절에 헬레나라는 선술집 딸과 알게 되어 결혼한 유부남이었다. 게다가 콘스탄티누스(Constantinus)라는 18세의 아들까지 있었다. 그런데도 콘스탄티우스 클로루스는 헬레나와 이혼하고 테오도라와 재혼하여 부제 자리를 손에 넣었다. 나에게는 이 제1차 '사두정치'가 상당히 무리하여 만든 체제로 보이지만, 그래도 12년 동안이나 지속될 수 있었던 데에는 두 가지 이유가 있었다.

첫째, 다른 모든 정책이 전제적이고 강압적으로 바뀐 것을 벌충할 만했는지 아닌지는 별문제로 하고, 적어도 그 20년 동안은 북방 야만족과 동방의 대국 페르시아가 로마 제국 영토 안으로 쳐들어오는 것을 막을 수 있었다는 점.

둘째, 정제 막시미아누스의 친아들이기 때문에 후계자가 될 권리

제1차 '사두정치'

서방		동방	
브리타니아·갈리아·히스파니아	이탈리아·북아프리카	발칸·그리스	오리엔트 전역
부제 콘스탄티우스 클로루스	정제 막시미아누스	부제 갈레리우스	정제 디오클레티아누스

를 주장할 수 있는 막센티우스(Maxentius)가 아직 10대 소년이었다는 점.

하지만 제2차 '사두정치'가 시작되는 305년에는, 정제가 된 콘스탄티우스 클로루스의 전처 자식이기는 하지만 친아들인 콘스탄티누스가 30세, 이제 선제의 아들이 된 막센티우스도 27세에 이르러 있었다.

제2차 '사두정치'를 떠받칠 인사도 '사두정치' 체제의 창시자인 디오클레티아누스의 작품으로 알려져 있다.

디오클레티아누스와 막시미아누스가 퇴위한 뒤, 동방과 서방의 부제가 정제로 승격한다. 문제는 새로 부제가 될 사람을 선정하는 것인데, 디오클레티아누스는 서방의 부제로는 세베루스(Severus), 동방의 부제로는 막시미누스 다이아(Maximinus Daia)를 선정했다.

제1차 '사두정치'에 참여한 네 사람과 제2차 '사두정치'에 부제로 임명된 두 사람을 합한 여섯 명에게는 많은 공통점이 있다.

(1) 3세기의 역사가 디오 카시우스가 '제국의 방위능력을 재는 시금

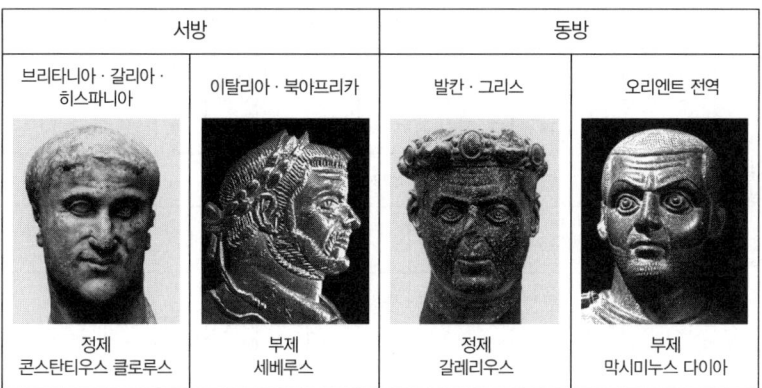

제2차 '사두정치'

서방		동방	
브리타니아·갈리아·히스파니아	이탈리아·북아프리카	발칸·그리스	오리엔트 전역
정제 콘스탄티우스 클로루스	부제 세베루스	정제 갈레리우스	부제 막시미누스 다이아

석'이라고 썼을 만큼 중요한 도나우 방위선에 가까운 발칸 지방 출신이라는 것.

(2) 모두 로마 사회에서는 하층계급 출신이라는 것.

(3) 모두 젊은 나이에 입대한 로마군에서 잔다리를 밟아 출세했다는 것.

제2차 '사두정치'에 부제로 임명된 두 사람 가운데 세베루스는 콘스탄티우스 클로루스가 부제였을 때 그 밑에서 활약한 무장이고, 막시미누스 다이아는 디오클레티아누스 황제 휘하의 장수로서 황제가 서방에 가 있는 동안에도 동방을 잘 지켜낸 공로자였다.

이 인선을 보면 디오클레티아누스가 사람을 고를 때 정제와 부제를 불문하고 군사적 능력과 경험을 무엇보다 중요한 기준으로 삼았음을 알 수 있다. 따라서 발탁된 사람의 나이는 로마 시대에 국가 요직을 맡을 수 있는 자격 연령이었던 30세 이상이 될 수밖에 없다. 이 때문에 정제의 친아들 콘스탄티누스와 선제의 친아들 막센티우스는 제위 경

	293년	305년	306년	307년	308년	310년	311년	312년	313년	325년	337년
디오클레티아누스	48세	60세	61세	62세	63세	65세	66세	67세	사망		
막시미아누스	43세	55세	56세	57세	58세	사망					
갈레리우스	33세	45세	46세	47세	48세	50세	사망				
콘스탄티우스 클로루스	43세	55세	사망								
세베루스	불명	불명	불명	사망							
막시미누스 다이아	23세	35세	36세	37세	38세	40세	41세	42세	사망		
리키니우스	28세	40세	41세	42세	43세	45세	46세	47세	48세	사망	
콘스탄티누스	18세	30세	31세	32세	33세	35세	36세	37세	38세	50세	사망
막센티우스	15세	27세	28세	29세	30세	32세	33세	사망			

제1차 사두정치 / 제2차 사두정치

주) 모두 사회적으로 지위가 낮은 계층 출신이기 때문에 태어난 해가 확실히 알려져 있지 않다. 따라서 이 숫자도 앞뒤로 5년 정도의 오차가 있다고 생각할 것.

293년 — 제1차 사두정치 개시

305년 — 제2차 사두정치 개시

306년 — 콘스탄티우스의 사망으로 사두정치 붕괴, 황제 6명 난립

308년 — 혼란을 수습하기 위해 카르눈툼에서 수뇌 회담

310년 — 막시미아누스, 콘스탄티누스의 강요로 자결

311년 — 갈레리우스, 병사

312년 — 콘스탄티누스, 막센티우스를 공격하여 전사시킴

313년 — 리키니우스 황제와 콘스탄티누스 황제, 기독교를 공인하는 '밀라노 칙령' 발표

325년 — 리키니우스, 콘스탄티누스와의 항쟁에서 패배하고 처형당함

337년 — 콘스탄티누스, 단독 황제로 12년 동안 재위한 뒤 사망

쟁 코스에서 제외되었다. 나이와 군사적인 실적에서 아직 적임이 아니라고 판단되었기 때문이다. 또한 디오클레티아누스가 아버지에서 아들로 제위가 계승되는 세습제를 위험하게 생각하는 면이 있었던 것도 부인할 수 없다. 그리고 제1차 '사두정치' 때는 부제가 정제의 딸을 아내로 맞아들여 정제의 사위가 되고 양자가 되었지만, 이번에 새로 부제가 된 두 사람에게는 그런 권위가 부여되지 않았다. 부여하고 싶어도 할 수가 없었다. 갈레리우스에게는 시집보낼 만한 딸이 없었고, 콘스탄티우스 클로루스의 딸은 아직 어렸기 때문이다.

이리하여 제2차 '사두정치'는 제1차보다 더욱 무리한 상태로 출발하게 되었다. 하지만 디오클레티아누스는 제2차도 제1차와 마찬가지로 앞으로 20년 동안은 제국에 안전과 안정을 보장해주리라고 믿었던 모양이다. 어쨌든 물러날 때 처신은 깨끗했다. 권력자는 권력에 매달릴 줄밖에 모른다고 믿는 사람이라면 찬탄할 만큼 깨끗이 퇴위하고, 니코메디아의 황궁에서 나와 여생을 보낼 곳으로 정해둔 고향에 틀어박혔다. 305년 봄의 일이다. 5월 1일 니코메디아와 밀라노에서 두 정제의 퇴위 선언이 동시에 공표된 직후였다.

집을 보면 그 사람의 성격을 알 수 있다. 특히 마지막 거처로 지은 집이라면, 그 집을 지은 사람의 성격을 더욱 잘 알 수 있다.

디오클레티아누스가 태어난 곳은 아드리아해에 면한 달마티아 지방의 도시 살로나로 여겨지지만, 그가 여생을 보낼 곳으로 선택한 땅은 그 바로 옆에 있으면서도 외떨어진 스팔라툼이었다. 르네상스 시대에는 베네치아 공화국이 기지로 삼았기 때문에 스팔라토라는 이탈리아식 이름으로 불렸지만, 지금은 크로아티아에 속해 있고 이름도 슬라브

식으로 스플리트라고 불린다.

　이 해안에 세워진 넓은 건물이 로마 제국을 원수정에서 절대군주정으로 바꾼 남자의 마지막 거처였다. 한 변의 길이가 100미터가 넘는 그 사각형 건물은 '별장'이나 '궁전'이 아니라 '성채'라고 부를 수밖에 없었다.

　평면도만 보아도 로마 군단 기지를 연상시키는 구조지만, 군단 기지보다 훨씬 견고하게 되어 있다. 1,700년이 지난 지금도 꽤 많은 부분이 남아 있으니까, 로마 제국 말기에는 아직도 건조물로서 충분히 기능을 발휘하고 있었을 것이다. 야만족이 쳐들어올 때마다 인근 주민들이 그곳으로 피난한 것도 이상하지 않다. 처음 얼마 동안은 그곳으로 달아났다가 야만족이 물러가면 집으로 돌아갔던 사람들이 차츰 그곳에 눌러 살게 되었기 때문에, 전직 황제가 은퇴한 곳이기는 했지만 도시는 아니었던 스플리트도 차츰 도시로 바뀌어갔다. 실제로 현재 스플리트의 옛 시가지 가운데 절반이 디오클레티아누스의 궁전이다. 유적이 아니라 도시 자체로서.

　이렇게 많이 남아 있는 것은 건물 전체가 석조였기 때문일 것이다. 벽돌을 쌓아서 만든 벽을 대리석판으로 덮는 로마식 건축법과는 전혀 다르다. 그렇기 때문에 좋게 말하면 중후하지만 정직하게 말하면 답답하다. 부지는 넓고, 특히 황제 전용 공간인 남서쪽 건물은 바다에 면해 있어서 햇빛도 잘 들고 바람도 잘 통했을 게 분명하다. 바다에 면한 쪽은 일직선으로 이어지는 100미터 길이의 주랑(柱廊)으로 되어 있어서, 산책할 때에도 밖에 나갈 필요가 없었을 것이다. 하지만 이 거대한 성채에서 질식할 것 같은 느낌도 없이 살아갈 수 있었을까. 어쨌든 우

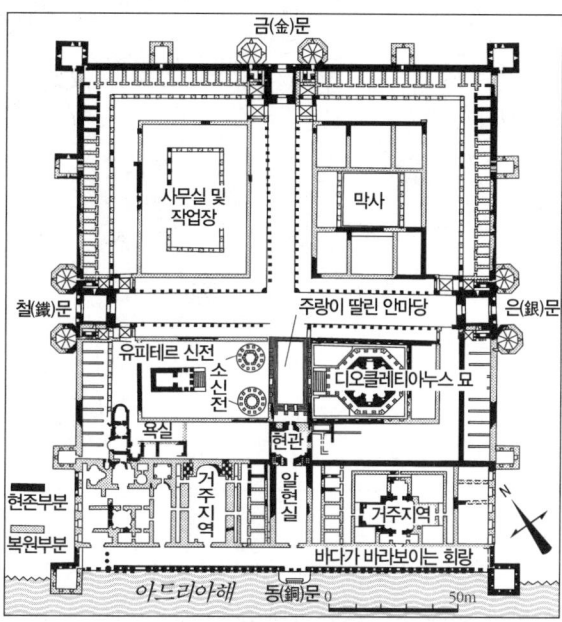

디오클레티아누스 궁전 평면도

디오클레티아누스 궁전 복원도

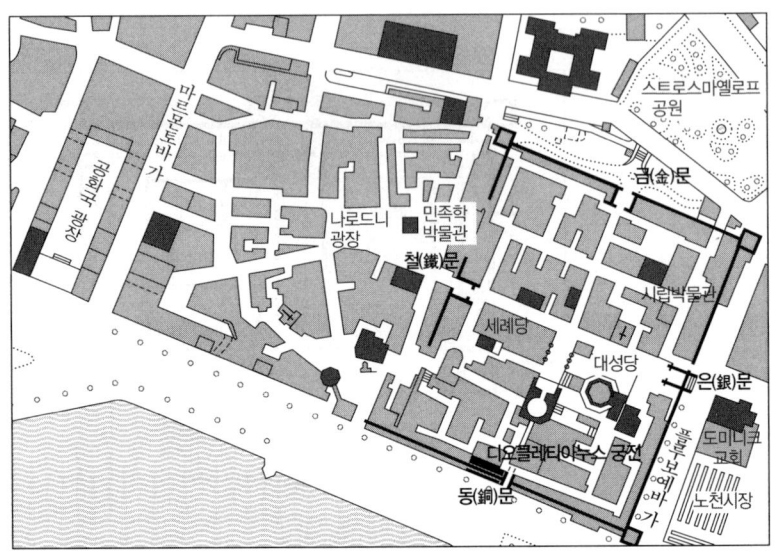

오늘날의 스플리트 시가도

아함과 아름다움을 느끼게 하는 것은 하나도 없다. 로마 제국에서는 황제도 미의식을 가지고 있었는데, 그 미의식은 대체 어디로 가버렸을까. 강압적이고 답답하고 숨이 막히는 것은 디오클레티아누스가 절대 군주정으로 바꾼 후기의 로마 제국과 마찬가지다. 디오클레티아누스가 이 성채 같은 궁전을 마지막 거처로 생각하고 있었다는 증거는 최고신 유피테르에게 바친 신전과 대응하는 위치에 그 자신의 묘소도 미리 만들어져 있었다는 것이다. 하지만 100년 뒤에는 '이교'와 관련된 건물이 모두 그랬듯이 이 궁전도 기독교 교회로 바뀌어버렸다.

디오클레티아누스와 함께 퇴위한 막시미아누스는 고향이 아니라 이탈리아 남부의 작은 도시로 은퇴했고, 틀어박힌 곳도 전부터 소유하고 있던 별장이었다고 한다. 막시미아누스가 디오클레티아누스처럼 주도면밀한 계획을 세워 마지막 거처를 지어놓고 은퇴할 성격이 아니었기 때문은 아니다. 단지 은퇴할 마음이 나지 않았을 뿐이다. 하지만 무엇 때문인지 이 사람은 다섯 살 위인 디오클레티아누스와 마주앉으면 어느새 설복당해버린다. 그는 아마 호인이었을 것이다. 그래서 설복당하고 함께 퇴위하기는 했지만, 은퇴 생활을 즐기기는커녕 이탈리아 남부에서 55세의 활력을 주체하지 못하고 있었다. 마지막 거처 만들기에 열중할 마음은 나지 않았을 것이다. 그런데 305년에 제2차 '사두정치'가 출범한 지 1년 2개월 뒤에 아무도 예상치 못했던 일이 일어났다.

제2부
콘스탄티누스 황제 시대
(서기 306~337년)

'사두정치'의 붕괴

서기 306년 7월, 브리타니아에서 군대를 이끌고 북방 야만족을 물리치고 있던 서방 정제 콘스탄티우스 클로루스가 사망했다. 전사도 암살도 아니고, 오랫동안 병을 앓은 뒤의 병사도 아닌 것은 확실하지만, 죽은 원인은 분명치 않다. 50대 후반에 접어든 황제를 갑자기 덮친 죽음의 원인은 뇌나 심장에 생긴 장애가 아니었을까 생각된다.

제국의 북서쪽 변경에서 일어난 이 변고가 광대한 제국에 알려지는 데에는 시간이 걸렸다. 게다가 '사두정치'가 된 뒤로는 원수정 시대처럼 수도 로마가 제국의 두뇌와 심장 역할을 혼자 도맡고 있지 않았다. 기능이 한곳에 집중되어 있으면 정보도 그곳에 모이고, 그 정보를 토대로 결정된 정책은 지령이 되어 각지로 하달된다. 당시의 정보 전달은 파발이든 봉화든 간에 로마식으로 완전 포장된 가도를 통해 이루어졌기 때문에, 모든 길은 로마로 통하고 따라서 모든 길은 로마에서 출발하는 체제는 정보나 지령을 전달하는 데에도 대단히 효율적이었다.

하지만 '사두정치'는 수도 로마에서 이 기능을 박탈해버렸다. 황제는 네 명으로 늘어났고, 수도도 이제 실권이 없는 로마는 제쳐놓고 넷으로 늘어났다. 트리어와 밀라노와 시르미움과 니코메디아의 가도망이 미비했던 것은 아니다. 하지만 모든 길은 로마로 통하고 모든 길은 로마에서 출발하는 식은 아니었다. 제국 전역에 퍼진 가도망은 500년이 넘는 세월 동안 로마인이 기울인 노력의 성과니까, 그것을 겨우 10년 만에 따라잡을 수는 없다. 게다가 '사두정치'도 제2차로 넘어가자, 제1차 때의 디오클레티아누스처럼 권력과 권위가 나머지 세 황제를 능가하는 황제가 없다. 제2차 '사두정치'에서는 '사두'의 격차가 훨씬 줄어들었다. 이런 상태였기 때문에 정보가 도버 해협을 건넌 뒤에도 전달이 늦었고, 정보를 받은 뒤에도 멀리 떨어져 있는 황제들이 서로 협의할 필요가 있었고, 협의를 거쳐 결정된 지령이 정보를 보낸 사람에게 도착할 때까지 전과는 비교할 수도 없을 만큼 많은 시간이 걸렸다. 아버지의 죽음을 지켜보고 나머지 황제들에게 부음을 보낸 친아들 콘스탄티누스는 지령이 올 때까지 가만히 앉아서 기다릴 사람은 아니었다.

나중에 '대제'(라틴어로는 Magnus, 영어로는 the Great)라는 칭호를 붙여 부르게 되는 콘스탄티누스는 아버지가 급사한 306년에 31세가 되어 있었다. 정제의 친아들이고 게다가 맏아들이지만, 당시 그는 아주 미묘한 처지에 놓여 있었다. 아버지의 전처이자 그의 생모인 헬레나는 선술집 딸로 사회적 지위가 낮았고, 계모 테오도라는 의붓딸이기는 하지만 일단 황제의 딸이었다. 그런 계모가 낳은 두 이복동생에 비하면 콘스탄티누스의 처지는 아주 불리했다. 실제로 아버지가 황녀 테오도라와 재혼하여 부제에 취임한 293년부터는 이혼당한 생모와 함께 오리엔트로 보기 좋게 쫓겨난 상태였다.

하지만 그것이 오히려 다행이었다. 니코메디아를 본거지로 삼고 있던 디오클레티아누스 밑에서 군복무를 시작할 수 있었기 때문이다. 황제 자리를 노린다면 반드시 쌓아야 하는 군대 경험을 콘스탄티누스는 무엇이든 습득하기에 가장 좋은 나이인 18세부터 30세까지 충실히 쌓았다. 어디서 무엇을 하고 어느 정도의 병사를 지휘했는지는 알 수 없다. 하지만 아버지가 정제로 승격한 해에 그 슬하로 돌아갔을 때, 정제가 되어 책임도 훨씬 무거워진 아버지가 그를 무장으로 활용했다는 것은 오리엔트에서 쌓은 군대 경험이 그에게 행운을 가져다준 것을 증명한다. 그리고 아버지가 죽기 1년 전에 그 슬하로 돌아와 있었다는 것도 또 하나의 행운이었다.

전쟁을 수행하는 사령관에게 유능한 장수만큼 고마운 존재는 없다. 더구나 그 장수가 피를 나눈 아들이라면 활용하는 데에도 명분이 선다. 콘스탄티누스는 총사령관인 아버지의 기대에 충분히 부응했다. 그의 지휘를 받는 병사들 사이에서도 젊은 장수의 평판은 계속 높아졌다. 게다가 이 젊은 장수는 키가 크고 잘생긴 대장부여서 신체적으로도 지도자의 자격을 갖추고 있었다.

한창 전쟁을 치르고 있을 때 총사령관을 잃는 것이 얼마나 불리한지는 전투에 참가한 장병이라면 누구나 알 수 있다. 정제 콘스탄티우스 클로루스의 죽음을 안 장병들이 그를 대신할 수 있는 사람으로 젊은 콘스탄티누스에게 눈을 돌린 것은 당연하다. 무엇보다도 콘스탄티누스는 정제가 남긴 친아들 가운데 가장 나이가 많다. 그리고 군사적 재능도 이미 실증되었다. 게다가 콘스탄티누스는 주위에서 자연히 이야기가 나올 때까지 기다리는 타입도 아니었다.

많은 사람이 모인 곳에서 참가자들의 의견을 좌우하는 것은 어려운 일이 아니다. 사람들을 설득하는 선동자와 거기에 큰 소리로 맞장구 치는 몇 사람만 있으면 된다. 정제가 죽었다는 소식을 전하기 위한 특사가 도버 해협을 건널까말까 했을 때, 브리타니아 북부의 군단기지에 모인 장병들은 벌써 콘스탄티누스를 황제로 옹립했다. '부제'가 아니라 '정제'다. 정제가 죽었으니까 그 대리도 당연히 정제라고 생각했는지도 모른다. 하지만 제국의 북서쪽 변경에서 일어난 장병들의 목소리로 디오클레티아누스가 세운 '사두정치' 체제는 무너지고 말았다.

'사두정치'는 병사들이 황제를 옹립하는 악습이 정국 불안정으로 이어지기 때문에 그것을 없애기 위해 만든 체제다. 그런데 13년 만에, 제2차 '사두정치'가 시작된 뒤로는 겨우 1년 만에 한 귀퉁이가 무너져버렸다. 이것은 그 후 18년이나 계속된 혼란과 내란의 시작이었다.

도나우강과 가까운 시르미움에 머물고 있던 정제 갈레리우스에게 정제 콘스탄티우스 클로루스가 급사했다는 소식이 전해진 날과 장병들이 콘스탄티누스를 정제로 옹립했다는 소식이 전해진 날 사이에 며칠이나 간격이 있었는지는 알 수 없다. 하지만 정제가 죽은 것을 알고 대책을 강구하여 실행하기에 충분한 날짜가 없었던 것은 확실하다. 갈레리우스는 평소에 자기 상관이었던 디오클레티아누스에 대한 존경심이 강했기 때문에, 디오클레티아누스가 창설한 '사두정치'를 유지하려는 의지도 강했다. 하지만 기정사실도 중요하다. 이것도 디오클레티아누스가 실시한 개혁 가운데 하나지만, 이제 로마군의 정예는 원수정 시대처럼 국경에 배치되어 있는 군단이 아니라, 황제에게 직속되어 어디든 적이 있는 곳으로 황제를 따라가는 유격군단이었다. 콘스탄티누스를 정제로 옹립한 것은 5만 명이 넘는 병사로 이루어진 이 정예군단이었다. 그들의 결정을 백지로 돌리기는 어려웠다. 그들이 황제를 옹립한 것은 무효라고 말하면 당장 반란이 일어날 게 뻔했다.

정제 갈레리우스는 타협책을 통해 '사두정치' 체제를 유지하기로 결정했다. 공석이 된 제국 서방의 정제에는 부제 세베루스가 승격하고, 콘스탄티누스는 부제에 취임한다는 것이다. 콘스탄티누스는 이 타협안을 받아들였다. 대담하지만 기다릴 줄도 아는 이 젊은이는 이제 막 30대에 들어선 나이였다. 이것으로 '사두정치' 유지는 성공한 것처럼 보였다. 하지만 그런 상태는 석 달도 채 가지 않았다.

여섯 황제

305년에 디오클레티아누스와 막시미아누스가 동시에 퇴위하고 제2차 '사두정치' 체제가 시작되었다. 이 시점에서 황제의 친아들인데도 제위 계승 코스에서 제외된 것은 콘스탄티누스와 막센티우스였다. 그런데 콘스탄티누스는 1년 만에 벌써 부제가 되어 제위 계승 코스로 돌아왔다. 여전히 제외된 상태로 남아 있는 것은 막센티우스뿐이었다. 게다가 그는 선제의 친아들일 뿐만 아니라 현재의 정제인 갈레리우스의 사위였다. 반면에 부제가 된 콘스탄티누스의 아내는 황녀가 아니다. 두 경쟁자의 나이는 세 살밖에 차이가 나지 않았다.

306년 7월 25일, 브리타니아에서 정제 콘스탄티우스 클로루스가 갑자기 사망.

그 직후, 콘스탄티누스가 아버지의 뒤를 이어 정제에 취임한다고 선언.

정제 갈레리우스는 콘스탄티누스를 부제로 삼는다는 타협안으로 '사두정치'를 유지하는 데 일단 성공.

306년 10월 28일, 로마에서 막센티우스가 황제 취임을 선언.

제위 계승 코스에서 또다시 제외된 막센티우스가 개인적인 불만을

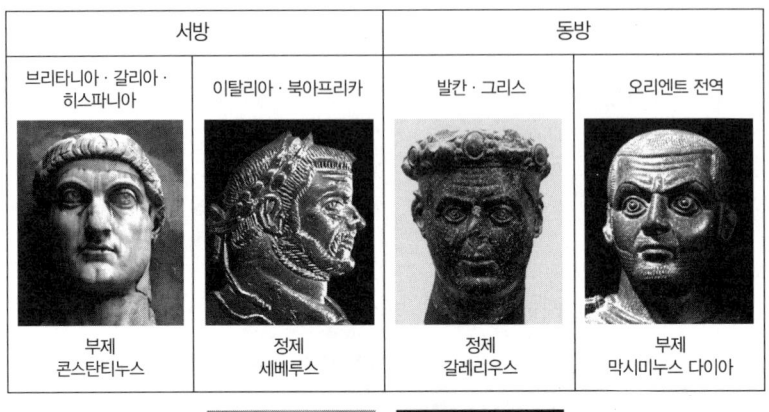

서기 306년 당시의 로마 제국 황제들

선제
막시미아누스

막센티우스

터뜨리는 데 석 달이 필요했던 것은 아니다. 그의 개인적 불만이 그가 살고 있던 수도 로마와 오랫동안 제국의 본국이었던 이탈리아의 불만과 합류하는 데 석 달이 걸린 것이다. 로마와 이탈리아에는 '사두정치' 체제에 대한 불만이 잔뜩 쌓여 있었다.

로마는 '국가'(res publica)로서는 그리스 아테네와 마찬가지로 도시국가로 출발했다. 도시국가와 영토국가의 차이를 한마디로 말하면, 도시국가는 먼저 수도가 있고 그 주변에 영토가 형성되어가는 반면 영토국가는 먼저 영토가 있고 수도는 나중에 정해진다는 것이다. 요컨대 처음에 수도가 있는 것이 도시국가다. 왕정, 공화정, 제정으로 정치

체제는 바뀌어도 '국가' 로마의 '수도'(caput)인 로마는 여전히 나라의 모태일 뿐만 아니라 두뇌이자 심장이기도 했다. 국가 형성 과정을 보면 이것은 당연한 일이었다.

그런데 디오클레티아누스의 '사두정치' 체제는 1천 년이 넘도록 계속된 수도 로마의 전통을 완전히 단절해버렸다.

두뇌에 해당하는 황제는 이제 본거지를 멀리 옮기고, 로마에는 개선식을 거행할 때가 아니면 발걸음도 하지 않는다.

입법 기관일 뿐만 아니라 국가 요직에 내보낼 인재를 모아두는 인재 풀인 원로원은 나라의 심장 역할을 맡고 있었지만, 이제 법률은 황제가 멋대로 정하는 칙령 방식으로 바뀌었고, 게다가 디오클레티아누스는 원로원 의원이 군무를 맡는 것을 엄금했다. 민간 경력과 군대 경력을 완전히 분리한 것이다. 당시의 풍자문에 따르면 이제 원로원 의원은 '네 마리의 말이 끄는 전차로 경주를 벌이는 경기장에서 손수건을 떨어뜨려 전차를 출발시키는 역할'이나 맡는 게 고작이었다.

또한 수도 로마에는 원수정 시대처럼 1만 명은 아니었지만 상당수의 근위군단병이 주둔해 있었다. 제2대 황제 티베리우스가 세운 병영도 수도 북동쪽에 건재해 있었다. 하지만 지금은 이들도 할 일이 없어져버렸다. 황제가 출정할 때 종군하는 것이 본래 임무인데, 황제들은 이제 직속 군단을 거느리고 있었다. 근위군단에 지원하는 사람 중에는 전통적으로 본국 이탈리아 출신이 많았지만, 발칸 출신 황제들이 이끄는 직속 군단에는 역시 발칸 출신이 많아진다. 본래 임무에서 배제된 채 만기 제대할 날을 맞게 된 근위군단 병사들에게 불만이 쌓여 있었던 것도 당연했다.

일반 서민들도 현실에 대한 불만과 무관하지 않았다. 역대 황제들은 이런저런 구실을 붙여 서민들에게 일시 하사금을 주었지만, 황제가 로마에 없는 것이 오히려 정상적인 상태가 되었다는 것은 이런 하사금이 없어졌다는 뜻이다. 콜로세움에서 검투사 경기가 열리는 횟수도 줄었을 것이다. 검투사 경기나 전차 경주처럼 돈이 드는 행사는 황제가 주최하는 경우가 많았기 때문이다. 거대한 공중목욕장을 지어주어도 그것으로 불만을 해소할 수는 없었다.

이런 것을 잃은 대신 그들이 받은 것은 무거운 세금이었다. 디오클레티아누스가 만든 세제는 그 후에도 엄격하게 시행되었다. 이제는 수입이 많든 적든 관계없이 국정에 필요한 액수가 모두 세금으로 부과되었다. 직접세를 오랫동안 면제받았던 본국 이탈리아와 수도 로마도 이제 제국의 다른 지방과 마찬가지로 세금을 엄하게 징수당하게 되었다.

요컨대 수도나 본국 주민도 특별 대우는 기대할 수 없는 시대가 되었지만, 이 현실을 체념하는 심정으로 받아들이기는 어렵다. 실권이 없으면 이제 더는 수도도 아니고 본국도 아니지만, 로마가 수도이고 이탈리아가 본국이었던 세월은 무려 1천 년이 넘는다.

황제가 연달아 나타났다 사라진 혼란의 3세기에도 병사들의 추대로 제위에 오른 사람은 비록 사후 승인일망정 로마 원로원에 승인을 요청했다. 또한 국가 정책인 법률을 제정할 때도 황제들은 원로원 의결을 완전히 무시하지는 않았고, 전쟁에서 전과를 올리면 우선 원로원에 보고했다.

근위군단 장병들도 자주 일어난 황제 암살에 말려들 위험은 있었지만, 군인의 본래 임무에서 배제되는 일은 없었다.

일반 시민들의 가장 큰 불만은 역시 세금이었을 것이다. 세금을 '넓고 얕게' 징수하여 경제 활성화를 지향한 것이 초대 황제 아우구스투스가 고안한 세제였고, 이것이 원수정 치하에서 200년 동안 지속되었다. 하지만 이제는 방대해진 국가 경비를 조달하기 위해 세금을 걷게 되었다. 국가가 한번 정한 세금을 폐지하는 일은 거의 없으니까, 관세나 매상세가 소멸했을 리는 없다. 관세나 매상세도 이제 '20분의 1세'나 '100분의 1세'라는 통칭으로 불리지 않게 되었다. 그것은 5%나 1%로 고정되어 있었던 세율이 달라졌다는 뜻이다. 게다가 디오클레티아누스의 세제에서는 지금까지 내지 않았던 직접세까지 물게 되었다.

서민들의 두 번째 불만은 디오클레티아누스가 정한 법률에 따라 거주지와 직업을 바꿀 자유를 빼앗긴 것이었다. 고대인인 그들은 18세기의 인권주의자들처럼 그것을 인권 침해라고까지는 생각지 않았을 것이다. 하지만 이런 부자유는 몸으로 느끼고 알 수 있다. 게다가 농촌 과소화는 곧 도시 과밀화로 이어졌기 때문에, 매일같이 주위에 낯선 얼굴이 늘어났다.

수도 로마의 인구는 4세기 초에도 150만 명을 유지했다니까, 3세기의 위기를 겪은 뒤에도 인구는 2세기의 오현제 시대보다 별로 줄지 않았다. 하지만 실상은 완전히 달라져 있었다. 지금까지 시끄럽다고 불평하면서도 계속 로마에 살았던 것은 대도시에 사는 이점이 있었기 때문이다. 그런데 이제는 땅에 묶이고 직업에 묶이고 경제 사정도 나빠지고 다른 곳으로 이주할 가능성도 잃어버렸기 때문에 계속 눌러 살 수밖에 없는 실정이었다. 치안 상태도 계속 나빠졌다. 자경단을 갖출 재력이 없으면, 병사 출신이나 이농민들로 이루어진 도적이 무서워서 유유히 시골 생활을 즐길 수도 없게 되었다. 이 시기에 수도 로마의 인구 150만 명은 대부분 '사두정치'에 불만을 품은 사람들이었다. 막센티우스를 지지한 것은 이들이었다. 시대에 뒤처져버린 계급의 마지막 저항이라고 해도 좋다.

'사두정치' 아래에서는 이탈리아도 로마도 서방 정제인 세베루스 관할이다. 수도 로마에는 세베루스가 임명한 '수도 장관'이 있었다. 이 수도 장관과 부하 관료 몇 명을 죽이는 것으로 쿠데타는 간단히 끝났다. 그 직후에 막센티우스는 즉위를 공식 승인해달라고 원로원에 요청했다. 오랜만에 그런 정중한 요청을 받은 원로원은 28세의 젊은 황제를 만장일치로 공인한다. 근위군단도 새 황제에게 충성을 맹세했다. 포로 로마노에 소집된 시민들은 물론 대환영이었다. 이처럼 만사가 순조롭게 진행된 것은 이면공작이 이루어져 있었기 때문이다. 막센티우스의 친아버지인 선제 막시미아누스를 무대에 다시 등장시킨 것도 이면공작의 하나였다. 디오클레티아누스에게 억지로 끌려가듯 은퇴하기는 했지만, 막시미아누스는 남아도는 힘을 주체하지 못하고 있었다. 친아들이니까 막센티우스를 도와준다기보다 무대에 다시 나설 때를 기다리고 있었다는 듯이 부름에 응했다고 말하는 편이 적절할 것이다.

선제 막시미아누스의 적극적인 참여는 원로원에도 근위군단에도 일반 시민에게도 좋은 조건으로 보였을 것이다. 어쨌든 막시미아누스는 1년 전까지 '정제'였을 뿐만 아니라 그때까지 19년 동안은 제국 서방의 책임자였고, 그 가운데 12년 동안은 이탈리아와 북아프리카를 직접 담당한 책임자였다. 브리타니아와 갈리아에서 오랫동안 지낸 현재의 정제 세베루스보다 훨씬 친숙한 존재였을 것이다. 303년에 수도 주민을 열광시킨 개선식도 디오클레티아누스와 막시미아누스가 함께 거행했다. '디오클레티아누스 목욕장'도 그것을 짓기로 결정한 것은 디오클레티아누스지만, 실제로 건축 공사를 진행한 것은 밀라노를 본거지로 삼았던 막시미아누스였다. 이탈리아 반도와 수도 로마의 주민들은 1년 전까지 황제였던 사람이 돌아왔다고 생각했을 게 분명하다.

게다가 전쟁터에서 올린 실적은 막시미아누스가 제2차 '사두정치'의 '사두'를 모두 능가했다. 56세의 일개 장수가 참여한 것은 결코 아니었다. 막센티우스도 친아버지에게 군사적인 면에서의 도움을 가장 기대하고 있었던 모양이다. 다만 공직에서 은퇴한 몸으로는 군대를 지휘할 수 없다. 그래서 막센티우스는 아버지에게 보라색 옷을 주고, 그것을 다시 몸에 걸치라고 권했다고 한다. 요컨대 제위에 복귀한 셈이지만, 그것이 원로원과 로마 시민의 공인을 받았는지 어떤지는 알 수 없다. 어쨌든 제2차 '사두정치'는 출범한 지 1년 만에 '육두(六頭)정치'가 되어버렸다. 특히 제국의 서방에서는 큰 혼란이 일어났다. 황제가 두 명이어야 하는데 네 명이 되어버렸으니까.

이 혼란을 수습하려면 서방의 정제인 세베루스가 직접 나설 수밖에 없었다. 그의 직접 관할인 이탈리아와 로마에서 일어난 일이기 때문이다. 그리고 이 경우 사태를 수습하는 길은 '사두정치'에 참여한 네 황제가 찬탈자로 단죄한 막센티우스를 토벌하는 방법밖에 없었다. '사두정치'가 붕괴한 306년은 디오클레티아누스가 즉위한 지 20년 동안 잊고 지낼 수 있었던 로마인끼리의 싸움이 다시 시작된 첫해가 되었다.

세베루스가 우물쭈물하면서 싸울 기색을 보이지 않았던 것은 아니다. 꾸물거리기는커녕 싸우기에 적합하지 않은 겨울철로 접어들었는데도 본거지인 밀라노를 떠나 수도 로마가 있는 남쪽으로 진격하기 시작했다. 하지만 변명하자면 그는 정말 불리한 조건하에서 결정적인 행동을 취할 수밖에 없었다.

각 황제의 직속 군단인 유격대는 이제 수만 명의 병력을 항상 보유하게 되었고, 황제가 출정하면 우선 이 정예군단이 움직인다.

그런데 세베루스는 콘스탄티우스 클로루스가 부제였을 때 그의 부하 장수로 전쟁터에서 실적을 쌓은 사람이다. 그래서 305년에 콘스탄티우스 클로루스가 정제로 승격했을 때 신임하는 부하인 세베루스를 부제로 추천했고, 디오클레티아누스도 그것을 승인하여 세베루스는 이탈리아와 북아프리카를 관할하는 부제가 되었다.

하지만 세베루스가 이탈리아와 북아프리카를 담당하는 황제의 수도인 밀라노에 부임할 때 거느리고 온 것은 극소수의 측근뿐이었던 게 분명하다. 그가 브리타니아와 갈리아에서 10년 넘게 지휘한 부하들은 정제가 된 콘스탄티우스 클로루스 휘하에 남아야 했기 때문이다. 한편 밀라노에서 그를 맞이한 것은 거의 20년 동안이나 선제 막시미아누스 밑에서 싸운 장병들이었다.

그런데 겨우 1년 만에 콘스탄티우스 클로루스가 급사한다. 그 직후 장병들은 급사한 정제의 친아들 콘스탄티누스를 황제로 옹립한다. 이것을 기정사실로 들이대자, '사두정치'의 나머지 세 황제는 부제 세베루스를 정제로 승격시키고 콘스탄티누스의 부제 취임을 승인하는 것으로 '사두정치' 체제를 유지하려고 했다.

예상치 않았던 일이기는 하지만 급변한 사태로 부제를 지낸 지 겨우 1년 만에 정제로 승격한 세베루스는 아직도 휘하 장병들과 친숙해지지 못한 상태였다. 주어진 부하를 자신의 부하로 바꾸는 데 1년은 너무 짧다. 게다가 장수가 주어진 부하를 자신의 부하로 만들려면 전쟁터에서 그들을 지휘하여 장수로서의 능력을 인정받아야 하지만, 지난 1년 동안은 야만족도 침입하지 않았고 황제가 직접 나서야 할 만큼 규모가 큰 도적 소탕 작전이 벌어지지도 않았다. 이런 사정 때문에 찬탈자로 낙인찍힌 막센티우스를 토벌하기 위해 남하하는 세베루스 휘하의 장병들은 1년 전까지 자기네 총사령관이었던 선제에게 친밀감을 느끼고 있었다. 그런데 그 선제 막시미아누스는 지금 적인 막센티우스 쪽에 있다. 게다가 행군로인 중부 이탈리아의 도시들도 '사두정치'에 적개심을 품고 있다는 점에서는 수도 로마와 다르지 않았다.

세베루스는 아이밀리아 가도를 지나 리미니에 이른 뒤 플라미니아 가도를 통해 로마로 쳐들어가는 작전을 생각하고 있었던 모양이지만, 전위대가 로마에 접근할 수 있었는지 어떤지도 알려져 있지 않다. 알려진 사실은 행군로에 해당하는 도시들이 군량이나 숙소를 제공하지 않았다는 것, 밀라노를 떠난 본대가 아이밀리아 가도는 통과했지만 플라미니아 가도에는 들어가지도 못하고 리미니 북쪽에 있는 라벤나로 도망쳤다는 것뿐이다. 하지만 라벤나에서도 행군을 재개할 계제가 아니었다. 방어에 나설 겨를도 없이 당장 포로가 되어버린 것이다. 남하하는 세베루스의 군대를 맞아 싸우기 위해 북상한 막센티우스의 군대를 지휘한 사람이 막센티우스의 아버지인 막시미아누스였다. 세베루스 휘하의 장병들은 과거의 사령관을 본 것만으로도 전의를 잃어버렸다. 휘하 장병들에게 버림받고 포로 신세가 된 정제 세베루스는 로마로 압송되어 자결을 강요당하는 형태로 살해되었다. 여섯 명까지 늘어났던 황제 가운데 한 명이 벌써 퇴장한 셈이다. 서기 307년 2월의 일이다.

또 다른 정제인 갈레리우스로서는 세베루스가 무참하게 파멸한 것을 알고도 내버려둘 수는 없다. 찬탈자로 낙인찍힌 막센티우스 토벌 작전에 이번에는 갈레리우스가 나서게 되었다. 제국 서방의 정제가 패했으니까 같은 서방의 부제에게 맡겨도 상관없었을 것이다. 하지만 제국 서방의 부제인 콘스탄티누스가 설욕전에 승리하면 제국의 서방은 사실상 젊은 부제의 지배 아래 들어가버린다. 그것을 우려한 갈레리우스는 직접 나서는 쪽을 택했다.

갈레리우스는 자신이 있었고, 그 자신감을 뒷받침할 기반도 확고했다. 그가 직접 관할하는 지역은 발칸과 그리스인데, 발칸 지방은 로마 제국에서 가장 중요한 도나우강이라는 국경에 접해 있다. 그래서 이 방위선을 지키는 병사들은 원수정 시대부터 이미 로마군의 정예로 명성이 높았다. '사두정치'에 참여한 황제가 모두 이 지방 출신이라는 것이 무엇보다 좋은 증거다. 정제 갈레리우스가 지휘한 것은 그런 장병들이었다. 갈레리우스가 부제 시절에 페르시아 왕과의 전쟁을 맡았을 때 시리아 주둔군을 이끌고 치른 첫 번째 전투에서는 패하고 말았지만, 준비를 충분히 하고 치른 두 번째 전투에서는 대승을 거두었다. 이때 '준비를 충분히 했다'는 것은 도나우 방위선에서 휘하 장병을 불러들여 그들을 이끌고 싸운 것을 의미했다.

게다가 갈레리우스는 주어진 병사를 자신의 병사로 만들 시간도 있었다. '사두정치'가 기능을 발휘한 13년 동안, 부제 시절에도 정제가 된 뒤에도 그의 임지는 바뀌지 않았다. 이 갈레리우스에게 휘하 장병은 어릴 때부터 키운 자식 같은 존재였다. 하지만 약점은 갈레리우스 자신에게 숨어 있었다.

307년 당시 갈레리우스는 47세 안팎의 나이였다. 원수정 시대였다면 황제 추천이라는 좋은 조건으로 원로원에 의석을 얻을 수 있는 나이다. 가난한 집안에서 태어나 군단에서 잔다리를 밟아 출세해도 일단 원로원 의원이 되면 직무를 수행하기 위해 수도를 방문하고, 국정을 배운다는 명목으로 1년 동안은 로마에 체재한다. 그 후 다시 변경으로 돌아가도 민간 경력과 군대 경력이 분리되지 않았던 시대니까 두 분야를 번갈아 경험하는 것이 로마 제국 엘리트의 통상적인 코스였다. 군대 분야의 임명권은 황제에게 있고 민간 분야의 임명권은 대부분 원로원에 있었던 시대다. 황제도 로마에 있고, 원로원도 로마에 있었다. 따라서 임무가 바뀔 때마다 본국 이탈리아와 수도 로마를 방문할 기회가 많았다.

그런데 디오클레티아누스의 개혁으로 그것이 완전히 바뀌었다. 갈레리우스는 47세가 될 때까지 이탈리아에도 로마에도 발을 들여놓은 적이 한 번도 없었던 게 아닐까. 정제가 되긴 했지만 개선식은 거행하지 않았으니까, 이제 개선식을 거행하는 장소에 불과한 수도 로마를 방문할 필요도 없었을 것이다. 하지만 이런 무지는 갈레리우스에게 비싼 대가를 요구했다.

오랫동안 패권 국가였던 나라의 주민은 이제 패권을 행사할 힘도 없고 그에 따른 특권을 모두 잃어버린 뒤에도 마지막까지 '긍지'는 잃지 않는다. 이것만은 남이 빼앗으려 해도 빼앗을 수 없기 때문이다. 긍지마저 잃으면 끝장이지만, 이탈리아 반도의 주민도 수도 로마의 주민도 아직 그런 상태까지 떨어지지는 않았다. 그런 사람들을 갈레리우스는 마치 제국 변경에서 반란을 일으킨 부족을 대하듯 했다.

세베루스는 협력하지 않은 도시를 모조리 습격하여 약탈하고 불태웠다. 북방 야만족을 물리치는 것이 임무인 황제가 이끄는 로마군이 야만족과 똑같은 만행을 저질렀으니 변명할 여지가 없다. 이 때문에 이탈리아 반도 전체가 완전히 갈레리우스에게 등을 돌리고 말았다. 오가는 상선을 통해 북아프리카에까지 갈레리우스에게 반대하는 분위기가 퍼졌다고 한다. 원래 나쁜 정보일수록 빨리 전달되는 법이다. 하지만 이런 상황에서는 아무리 정예부대를 이끌고 있어도 행군을 계속할 수 없다. 눈에 보이지 않는 벽이 갈레리우스가 이끄는 군대 앞을 가로막게 되었다.

과거에는 '로마군은 병참으로 이긴다'고 말했고, 다른 나라 사람들한테도 그런 말을 들었다. 병사 개개인이 철저히 훈련받고 사기가 높아도 그것만으로는 군사 행동의 성공과 연결되지 않는다. 병참은 사전에 따르면 '전쟁터 후방에서 군량을 비롯한 군수품의 공급과 보충 및 수송을 담당하는 것'으로 되어 있지만, 이것은 좁은 의미의 병참이다. 과거의 로마인은 병참을 훨씬 넓은 의미로 생각했고, 군사 행동을 벌이는 곳 주변의 주민을 어떻게 교묘히 자기편으로 끌어들이느냐도 병참의 중요한 요소로 생각했다. 좁은 의미의 병참을 뜻하는 라틴어 '로기스티쿠스'(logisticus)는 로마 제국 후기에 그리스어에서 차용한 것이고, 로마군이 최강이었던 오랜 세월 동안 '로기스티쿠스'라는 말은 쓰이지 않았다. '로마군은 병참으로 이긴다'는 말을 들었던 시대에 '병참'을 의미한 라틴어는 '아르스'(ars)였다. '아르스'는 영어의 '아트'(art)니까 예술과 관련된 기능만 의미한다고 생각하기 쉽다. 하지만 본래는 인간의 모든 '기술'을 뜻하는 낱말이다. 로마군의 진정한 강점은 전투 행위 이외에도 인간이 해야 할 모든 '기술'을 투입한 데 있었다.

로마인은 자기네 언어인 라틴어보다 일찍 성숙한 그리스어에서 적절하다고 여겨지는 낱말이면 그대로 도입했다. 하지만 자신들이 표현하고 싶은 의미와 겹쳐지지 않는 경우에는 도입하지 않고 새 낱말을 만들었다. 그들에게 병참은 그리스인이 생각하는 '로기스티쿠스'에 머물지 않고 그보다 훨씬 넓은 의미가 있었을 테고, 그 의미를 나타내는 데에는 '아르스'가 더 적절하다고 생각했을 것이다.

생각해보면, 전투에 호소하지 않고 자기편으로 만들어버리는 것은 정치다. 그리스 민족의 전투 기량이 뒤떨어지지 않았다는 것은 굳이 스파르타를 예로 들 필요도 없이 분명하다. 하지만 오로지 전투 일변도였던 스파르타에 비하면 종합적인 국력이 훨씬 강했던 아테네도 이런 정치에는 능하지 못했다. 기원전 5세기에는 강대국이었던 아테네가 그 후 급격히 쇠퇴한 원인 중의 하나는 동맹국까지도 적으로 만들어버린 것이다. 이런 그리스인에게 병참이 좁은 의미밖에 갖지 못한 것은 당연한지도 모른다.

요컨대 갈레리우스는 이탈리아로 쳐들어갔지만 '아르스'가 의미하는 병참을 잊고 있었다. 제국 동방의 정제가 도나우 방위선을 담당하는 정예 부대를 이끌고 쳐들어온다는 소식에 수도 로마는 성벽을 보강하면서 대비 태세를 취하고 있었지만, 그것도 헛수고로 끝나게 된다. 갈레리우스와 그의 군대는 수도로 쳐들어오기는커녕 북이탈리아 일대만 휩쓸고 발칸 지방으로 돌아가버렸기 때문이다. 갈레리우스는 체면을 구겼지만, 군사 능력을 인정받아 황제의 지위를 얻었기 때문에 체면을 구긴 정도로는 끝나지 않았다. 이탈리아에서의 실패는 지금 가지고 있는 지위마저 위협할 우려가 있었다.

수뇌 회담

동방 정제 갈레리우스는 308년 가을에 선제 디오클레티아누스와 막시미아누스를 카르눈툼(오늘날 오스트리아의 페트로넬) 군단기지로 초대했다. 두 사람은 선제라 해도 3년 전까지는 정제였으니까 수뇌 회담을 가질 작정이었을 것이다. 의제는 상상력을 동원할 필요도 없이 세베루스가 죽은 뒤의 상황에 대한 처리 방법이었을 게 뻔하다.

우선 58세의 막시미아누스가 디오클레티아누스에게 제위 복귀를 강력하게 권했다고 한다. 다시 두 선제가 제위로 돌아가면, 두 사람의 권위로 상황을 쉽게 타개할 수 있다고 주장한 모양이다.

하지만 63세가 된 디오클레티아누스는 제위 복귀를 완강히 거부했다. 뿐만 아니라 과거의 동료 황제인 막시미아누스가 무슨 일이 있을 때마다 몸에 걸치는 보라색 옷을 벗으라고 강력히 요구했다. 퇴위하겠다고 공표한 이상, 자기도 약속을 지킬 테니까 당신도 지키라고 요구한 것이다. 그리고 '사두정치'를 계속 추진해야 한다고 강력하게 주장했다.

'사두정치'에 대한 디오클레티아누스의 집착은 노인에게서 흔히 볼 수 있는 옹고집은 아니었다. 회담이 열린 카르눈툼은 역시 로마 군단 기지로 출발한 빈과 부다페스트의 중간에 있는 도나우강 연안의 도시다. 로마 제국에서는 최전선 기지라 해도 좋다. 그런 곳에서 수뇌 회담이 열렸다는 것은 이제 최전선 기지도 안전해졌다는 뜻이다. 디오클레티아누스는 어떤 대가를 치르더라도 외적이 제국의 방위선 안쪽으로 한 발짝도 들어오지 못하게 막는 것을 최우선 과제로 삼았다. 그리고 그것을 실현하기 위해 '사두정치' 체제를 고안하고 실시했다. 겨우 반세기 전, 전례없는 위기에 노출되었던 3세기 후반에 떼지어 밀려오는 야만족의 물결 속에서 카르눈툼은 육지의 외딴 섬이 되어 있었다. 그런 카르눈툼이 이제 수녀들이 머물 수 있을 만큼 안전해졌다는 한 가지 사실만으로도 '사두정치' 체제의 유효성은 실증되었다고 디오클레티아누스는 생각했을 것이다. '사두정치' 속행을 그가 강력하게 주장한 것은 이런 자신감이 뒷받침되었기 때문일 것이다.

막시미아누스는 나이는 자신보다 다섯 살 위지만 오랜 친구인 디오클레티아누스와 마주앉으면 늘 설복당했다. 2년 전부터 몸에 걸치고 있던 황제의 상징인 보라색 옷도 앞으로는 입지 않겠다고 맹세했다. 그리고 두 선제는 세베루스의 죽음으로 공석이 된 제국 서방의 정제에 리키니우스를 발탁하고 싶다는 갈레리우스의 제안을 받아들이기로 동의했다. 카르눈툼에서 열린 수뇌 회담은 '사두정치' 속행을 다시 공인하는 자리가 되었다.

리키니우스(Licinius)는 갈레리우스보다 다섯 살 아래지만 갈레리우스가 신뢰하는 친구였다. 이 오랜 친구를 동료 황제로 삼으면, 이탈리아에 갔다가 망신을 당한 갈레리우스는 마음을 놓을 수 있었을 것이다. 리키니우스도 발칸 지방의 하층계급 출신이었지만, 군사적 재능이 어느 정도였는지는 알려져 있지 않다. 다만 그가 야심가였던 것은 분명하다.

308년 가을에 카르눈툼 수뇌 회담에서 결정된 진용으로 제4차 '사두정치'가 출범했지만, 제1차 '사두정치'가 12년 동안 계속된 반면 제2차부터는 모두 단명으로 끝났다. 305년에 시작된 제2차는 1년, 사두 가운데 한 사람이 갑자기 죽어서 생긴 공석을 메운 제3차는 1년도 지속되지 못했다. 단명으로 끝난다는 것은 체제가 미비하다는 증거지만, 그것은 매번 권리가 있다고 자처하는 인물을 배제해버렸기 때문이었다.

308년에 시작된 제4차 '사두정치'에서는 불만을 품은 사람이 두 명 있었다.

한 사람은 제국 동방의 부제였던 막시미누스 다이아였다. 이 사람의 불만은 부제로서 어려운 임무를 3년 동안이나 수행한 자신을 제쳐놓고 부제도 지낸 적이 없는 리키니우스가 제국 서방의 정제 자리를 꿰찼다는 것이었다. 하지만 그는 아직 38세의 젊은 나이다. 그리고 부제로서 제위 계승 코스에 올라 있다. 막시미누스 다이아는 불만을 폭발시키지 않고 직접 담당 구역인 오리엔트에서 자신의 권력을 다지는 데 전념하는 쪽을 택했다. 하지만 이 때문에 '사두정치'의 의미가 달라졌다. 디오클레티아누스가 생각한 '사두정치'는 제국을 넷으로 나누어 네 황제가 방위를 분담하는 의미였지만, 이제 로마 제국 전체를 네 황제가 사유화하는 의미의 '사두정치'로 가는 길이 열려버렸다.

막시미누스 다이아보다 더 강한 불만을 품은 것은 이번에도 '사두정치'에서 배제된 막센티우스였을 것이다.

막센티우스도 이제 로마에서 국가 요직을 맡을 수 있는 자격 연령인 30세가 되어 있었다.

게다가 선제 막시미아누스의 친아들이고, 현재 정제인 갈레리우스의 사위였다. 카르눈툼 수뇌 회담에 참석한 세 수뇌 가운데 두 사람이 아버지와 장인인 셈이다. 그런데 이들 두 사람이 아들이고 사위인 그의 지위를 공인하기 위해 아무런 노력도 기울이지 않았을 뿐더러, 이번에도 그를 '사두정치'에서 배제하는 처분을 그대로 받아들였다. 막센티우스는 여기에 화가 난 것이다. 그의 불만에 '일리'가 없었던 것은 아니다. 전쟁터에서 쌓은 실적이 없어서 군사적 능력이 미지수라는 것이 막센티우스를 배제한 이유라면 정제가 된 리키니우스도 마찬가지였기 때문이다. 카르눈툼에서 로마로 돌아온 아버지와 그를 맞은 아들 사이에 격렬한 언쟁이 벌어졌다고 한다.

그래도 아직 30세인 막센티우스는 좋은 기회가 오기를 기다릴 여유가 있었다. 찬탈자로 낙인찍혔을망정 이탈리아와 북아프리카에서는 그가 사실상의 권력자였다. 그는 황제로서 나라를 다스려 그 지위를 기정사실로 만들기로 작심한 모양이다. 원수정 시대의 황제들을 본받아 공공사업에 힘을 쏟기 시작했다.

하지만 그의 아버지 막시미아누스는 격렬한 말다툼의 뒤처리를 하지 못하고 있었다. 원래는 아드리아해 연안의 성채 같은 궁전으로 돌아간 디오클레티아누스처럼 장화 모양의 이탈리아 반도에서 발부리에 해당하는 루카니아 지방의 산장으로 돌아가 다시 은거 생활을 시작해야 할 터였다. 그는 산장으로 돌아가기는 한 모양이지만, 그곳에 차분히 자리잡기에는 활력이 넘쳤다. 게다가 그는 넘치는 활력을 스스로 다스리는 데 서툴렀다. 그것은 충동적인 행동으로 치닫기 쉽다는 뜻이기도 했다.

이탈리아 반도를 남쪽 끝에서 북쪽으로 종단하면 간선도로인 로마 가도를 이용할 수밖에 없으니까, 아들인 막센티우스가 눈치 챌 가능성이 높다. 그런데 눈치 채이지 않고 갈리아에 도착했다니까, 배를 마련하여 지중해를 북서쪽으로 비스듬히 가로질렀는지도 모른다. 어쨌든 제국 서방의 부제가 본거지로 삼고 있는 트리어에 막시미아누스가 갑자기 모습을 나타냈다. 그리고 그를 맞은 콘스탄티누스에게 자기 딸 파우스타와 결혼할 것을 제의했다.

33세가 된 콘스탄티누스에게는 정제가 될 조건이 모두 갖추어져 있어 보였다. 첫째, 정제가 된 지 1년 만에 죽었지만 어쨌든 정제였던 사람의 친아들이다. 둘째, 자기 뜻대로 움직일 수 있고 질적·양적으로 우수한 군사력을 갖고 있다. 셋째, 그 군대를 지휘하여 쌓아올린 실적도 부족하지 않다. 게다가 3년 전부터 부제의 지위에 있었고, 카르눈툼 수뇌 회담에서도 그 지위가 재확인되었다. 이 사람의 문제는 아내가 황제의 딸이 아니라는 것뿐이었다.

당연히 콘스탄티누스는 선제 막시미아누스의 제안을 선뜻 받아들였다. 아들이 하나 있었지만 아내 미네르비나와는 이혼한 처지였다. 황녀 파우스타와의 결혼식과 그 후 이어진 피로연은 로마 시대에는 아렐라테라고 불린 남프랑스의 아를에서 시민 전원을 초대하여 호화판으로 열렸다. 콘스탄티누스가 원래 화려한 것을 좋아하는 남자였지만, 그런 지위에 있는 사람에게 결혼은 정략이다. 따라서 결혼식은 오랫동안 사람들의 이야깃거리가 될 만큼 화려하고 호화로워야 했다. 물론

60세 생일을 앞둔 막시미아누스의 모습은 보이지 않았고, 신부의 친오빠인 막센티우스는 초대받지도 않았다. 하지만 이제 막시미아누스는 장래의 황제 갈레리우스에게 딸을 시집보냈던 디오클레티아누스와 이 점에서도 동등해졌다.

충동적이라는 말이 앞뒤의 일도 생각지 않고 돌진하는 성질을 의미한다면 막시미아누스의 행동은 충동적이라고 말할 수밖에 없다. 부제의 장인으로서 갈리아 각지를 마음 내키는 대로 찾아다니면서 즐겼지만, 1년도 지나기 전에 거기에도 싫증이 나버린 모양이다. 그런데 바로 그 무렵 라인강 동쪽에 사는 야만족이 제국의 영토로 쳐들어왔다. 라인 방위선은 서방의 부제인 콘스탄티누스가 책임지고 있다. 부제는 당장 휘하 병력을 이끌고 북쪽으로 올라갔다.

부제의 직속 병력이 모두 나간 것을 안 막시미아누스는 이 기회를 틈타 권력을 탈취하기 위한 쿠데타를 기도했다. 하지만 장인의 이런 움직임이 사위에게 알려지는 데에는 별로 오랜 시간이 걸리지 않았다.

콘스탄티누스는 라인강을 사이에 두고 싸우던 야만족의 족장들이 요구하는 조건을 모두 받아들이고 휴전 협정을 맺는 데 성공했다. 그리고 휴전이 성립되자마자 병력을 이끌고 남하했.

콘스탄티누스가 예상보다 훨씬 빨리 돌아오자 막시미아누스는 어찌해볼 도리가 없었다. 궁지에 몰린 선제는 그 당시 마실리아라고 불린 마르세유로 달아났다. 그곳에서 방어전을 준비할 작정이었지만, 사위는 장인에게 그럴 시간 여유를 주지 않았다.

마르세유 시가지를 육지 쪽에서 둘러싸고 있는 성벽을 따라 병력을 배치한 콘스탄티누스는 마르세유 주민들에게 선제의 신병을 넘겨달라고 요구했다. 마르세유 주민들에게는 선택의 자유가 없었다. 그 직후, 부제 콘스탄티누스는 선제 막시미아누스가 자결했다고 공표했다.

아드리아해에 면한 성채 같은 궁전에서 디오클레티아누스가 이 소식을 어떤 심경으로 받았을지는 알 수 없다. 289년에 '양두정치'를 시작한 이래 4반세기 동안 동료였던 남자가 그런 최후를 맞이했다. '양두정치' 시대에도, 제1차 '사두정치' 시대에도 안심하고 전쟁터에 내보낼 수 있었던 사람은 막시미아누스뿐이었고, 막시미아누스도 디오클레티아누스의 신뢰를 저버리지 않았다.

하지만 이 오랜 동지의 비참한 최후는 디오클레티아누스에게 비로소 퇴위의 진정한 의미를 깨닫게 하지 않았을까. 선제라 해도 그것은 칭호뿐이고, 뜻대로 움직일 수 있는 병력을 거느리지 못하면 남에게 영향을 행사할 힘은 없다는 것을 뼈저리게 깨닫지 않았을까. 지위를 잃으면 권력도 잃는 법이다. 스플리트의 궁전 안에는 넓은 병영도 갖추어져 있다. 하지만 그곳에서 대기하고 있는 병사들의 임무는 전쟁터에 나가 싸우는 것이 아니라 선제를 경호하는 것이다. 강도나 그런 부류의 적에 대해서는 안전이 보장되어 있었을 것이다. 하지만 그것만으로는 군사력이라고 말할 수 없다.

310년에 막시미아누스가 퇴장한 것을 경계로 하여 디오클레티아누스에 관한 정보도 거의 전해지지 않게 되었다. 310년 이후에는 정제와 부제, 그리고 찬탈자로 낙인찍힌 막센티우스를 포함한 모든 권력자가 디오클레티아누스의 의향 따위는 완전히 무시하고 행동하게 되었다.

그로부터 1년 뒤인 311년, 제국 동방의 정제였던 갈레리우스가 죽었다. 51세의 젊은 나이였지만 불치병에 걸려 죽었다고 한다.

'사두정치' 체제에서 네 황제 가운데 가장 지위가 높은 황제는 창설자인 디오클레티아누스 이래 줄곧 제국 동방의 정제였다. 그 지위를 차지하고 있던 갈레리우스가 갑자기 무대에서 퇴장한 것이다. 디오클레티아누스도 영향력을 잃어버렸기 때문에 '사두정치'의 장래는 계속 위태로워졌다.

갈레리우스의 죽음으로 공석이 된 동방 정제 자리는 서방 정제였던 리키니우스가 수평 이동하는 느낌으로 메웠다. 그의 궁정신하들도 모두 도나우강과 가까운 시르미움으로 이동했다. 하지만 리키니우스는 그때까지 그가 차지하고 있던 서방 정제 자리에 부제인 콘스탄티누스를 승격시키지 않았다. 또한 동방 부제인 막시미누스 다이아의 지위도 그대로 놓아두었다.

리키니우스가 서방 정제 자리에 콘스탄티누스를 승격시키고, 그 승격으로 공석이 된 부제 자리에 그때까지 5년 동안 '사두정치' 체제에서 배제된데다 찬탈자라는 오명까지 뒤집어쓴 막센티우스를 앉혔다면 '사두정치'는 존속할 수 있었을 거라고 주장하는 사람들도 있다. 논리적으로는 가능할 것이다.

하지만 '사두정치'는 네 명의 실력자가 의논하여 만들어낸 체제가 아니다. 제위에 올랐을 당시에는 유일한 로마 황제로서 절대 권력을 쥐고 있던 디오클레티아누스가 그 권력의 절반이 넘는 군사력을 다른 세 명에게도 나누어주기로 혼자 결정하고, 그 혼자 가지고 있는 권위와 권력을 행사하여 그 결정을 강제했기 때문에 '사두정치' 체제를 실현할 수 있었다. 요컨대 합의의 산물이 아니라 독재의 산물이었다. 디

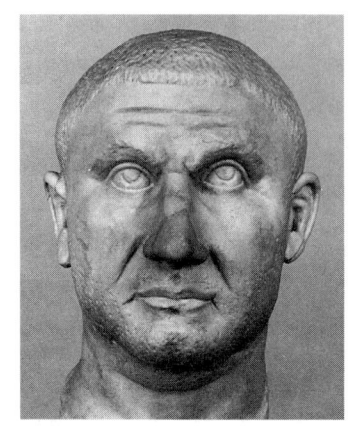
리키니우스

오클레티아누스가 영향력을 잃고, '사두정치'의 계승자로서 반드시 필요한 군사적 능력도 상당히 뛰어났던 갈레리우스가 죽은 뒤, '사두정치'가 기능을 발휘하지 못하게 된 것은 당연한 귀결이기도 했다.

갈레리우스가 죽은 311년 5월부터는 정제 한 사람과 부제 두 사람에다 이제 '공적'(公敵: hostis publicus)으로 낙인찍힌 막센티우스까지, 모두 네 사람이 뒤엉켜 싸우는 상황으로 변했다. 남을 압도할 정도의 재능이라도 갖고 있다면 별문제지만, 이런 상황에서는 공식 지위를 갖지 않은 쪽이 불리해진다. 그리고 불리한 사람을 나머지 사람들이 힘을 합쳐 쓰러뜨리려 하는 것도 당연하다. 정제 리키니우스가 있는 시르미움과 부제 콘스탄티누스가 본거지로 삼고 있는 트리어 사이를 오가는 사절이 갑자기 늘어났다. 사절들은 편지가 든 가죽통을 등에 동여매고 말을 달려 두 도시 사이를 오갔다.

정제 리키니우스와 부제 콘스탄티누스의 동맹이 어떻게 성립되었는지, 어느 쪽이 먼저 제의했는지는 알려져 있지 않다. 군사적 실적이 거의 없는 리키니우스가 실적이 풍부한 콘스탄티누스에게 막센티우스 타도를 맡기려 했는지도 모른다. 아니면 30대 후반에 접어든 콘스탄티누스가 지금까지 가슴속에 품어온 야망을 실현하기 위해 결정적인 걸음을 내디딜 기회가 온 것을 느끼고, 리키니우스에게 먼저 접근했는지도 모른다. 어쨌든 46세와 36세의 두 남자는 이렇게 손을 잡았다.

동맹의 진상은 알 수 없지만, 다음과 같은 사실만은 알려져 있다. 콘스탄티누스의 이복누이인 콘스탄티아가 리키니우스와 결혼하고, 리키니우스는 콘스탄티누스의 막센티우스 토벌전을 묵인한다는 것이다. 결혼식은 막센티우스와의 전쟁이 끝난 뒤에 치르기로 결정되었다.

언뜻 보기에는 분명히 리키니우스에게 유리한 동맹이다. 막센티우스 토벌전의 결과가 어떻게 될지 모르는 상태에서 맺은 동맹이다. 콘스탄티누스가 막센티우스를 토벌하러 가는 것을 리키니우스가 공인한 것은 아니다. 지원군도 파견하지 않았다. 요컨대 '움직이지 않겠다'고 약속했을 뿐이지만, 이 정도 약속으로 얻은 대가는 황녀와 결혼하는 것이었다. 황녀를 아내로 삼는 것은 정제와 부제를 불문하고 황제의 필수조건으로 여겨지고 있었다.

콘스탄티아는 어머니 테오도라가 선제 막시미아누스의 의붓딸이기 때문에 황제의 혈통을 이어받았다. 콘스탄티누스는 1년 전에 마르세유에서 죽인 막시미아누스의 손녀를 정략의 카드로 이용한 셈이지만, 막시미아누스의 딸 파우스타를 아내로 삼고 있는 그로서는 이런 종류의 카드를 사용할 때 감상이 끼어들 여지는 없었을 것이다.

결혼식은 막센티우스 토벌전이 끝난 뒤에 치른다는 조항에도 두 사람은 쉽게 합의했을 것이다. 리키니우스로서는 콘스탄티누스가 패배하는 사태라도 일어나면 동맹을 없었던 것으로 돌리기에 편리하고, 반대로 콘스탄티누스로서는 전쟁이 끝날 때까지 리키니우스의 묵인을 확보하게 되기 때문이다.

그래도 위험도는 콘스탄티누스가 더 높았다. 하지만 결정적인 한 걸음을 내딛는데 위험이 수반되지 않을 수는 없다. 그리고 위험도가 높으면 그만큼 성공했을 경우의 대가도 크다. 로마 제국의 서방 전역이 그의 지배 아래 들어오기 때문이다.

'공적' 막센티우스

콘스탄티누스는 기독교를 공인한 로마 황제라는 점에서 기독교 쪽의 평가가 다른 어느 황제보다 높아지는 것은 당연하다. 하지만 그 결과로 다른 황제들이 부당하게 낮은 평가나 비난을 받게 되었다. 통치자에 대한 평가를 내릴 때는 업적을 객관적으로 추적할 필요가 있지만, 디오클레티아누스조차도 기독교도를 탄압했다는 이유만으로 최근에 이르기까지 그런 객관적인 평가가 이루어지지 않았다.

또한 3세기 말에서 4세기 초에 걸친 이 시기는 사료적으로도 불행했다. 기독교 쪽에는 사료가 풍부하지만, '이교' 쪽 사람이 쓴 사료는 극도로 빈약하다. 아니, 없다고 해도 좋을 정도다. 역사 연구자는 사료에 어떤 색깔이 칠해져 있어도 남아 있는 사료만 문제 삼기 쉽다. 콘스탄티누스 이외의 황제들이 폭군으로 단죄되는 상태가 그 후에도 오랫동안 지속된 것은 그 때문이다. 그리고 단죄된 사람들 중에서도 특히 가혹한 비난을 받은 것이 바로 막센티우스였다. 콘스탄티누스가 결전을 벌이려 하고 있던 상대가 막센티우스였기 때문이다.

결전의 해가 된 312년에 34세였던 막센티우스는 비록 명군은 아니었지만 기독교도들이 비난하는 것처럼 폭군도 아니었다. 그가 사실상의 황제였던 기간은 6년이다. 그 6년 동안 그는 자신의 세력권인 이탈리아와 북아프리카를 로마 제국 황제로서 다스리려고 했다.

공공사업에는 특히 힘을 기울였다. 이제 그의 이름을 붙인 공공 건축물은 포로 로마노에서도 콜로세움과 가까운 곳에 세워진 '막센티우스 회당'밖에 남아 있지 않지만 공공사업에는 열심이었고, 신축만이 아니라 수리와 복원에도 많은 노력을 쏟았다.

특기할 만한 것은 이 많은 공공사업에 기독교도를 강제로 동원하지는 않았다는 점이다. 디오클레티아누스의 기독교도 박해령은 303년과 304년에 집중되어 있으니까, 막센티우스가 자신을 황제로 선언한 해보다 겨우 2~3년 전의 일이다. 막센티우스가 사실상의 황제가 된 306년에는 기독교도 박해령이 아직 존속해 있었고, 매사에 철저한 디오클레티아누스는 비록 퇴위하기는 했지만 영향력은 아직 갖고 있던 시기다. 실제로 디오클레티아누스가 세운 '목욕장'은 305년에 완공되었는데, 후반부 공사는 기독교도들의 강제노동으로 이루어졌다는 전승이 있다. 전승에는 그것을 뒷받침하는 사료가 없지만, 디오클레티아누스 목욕장 뒤에 세워진 막센티우스의 공공 건축물에는 그런 전승이 남아 있지 않다. 막센티우스는 기독교 쪽의 비난이 집중된 인물이다. 막센티우스도 디오클레티아누스처럼 기독교도를 강제노동에 동원했다면 기독교 쪽이 잠자코 있을 리가 없다. 아무리 사소한 예라도 찾아내어 막센티우스를 단죄하는 재료로 삼았을 것이다. 그것이 하나도 존재하지 않는다는 것은 막센티우스가 이 면에서는 '무죄'였다는 뜻이다. 어쨌든 기독교도 탄압령으로 로마 주교가 순교한 것은 막센티우스가 권력을 장악하기 전의 일이었기 때문이다. 그리고 그가 로마에 군림하게 된 뒤로는 순교자가 나오지 않았다.

그렇다고 해서 막센티우스가 기독교도에게 특별한 온정을 베푼 것은 아니었다. 다만 개개인의 신앙을 존중하는 로마인의 전통에 충실했을 뿐이다. 실제로 막센티우스는 유대교도에게도 손을 대지 않았다.

하지만 로마인의 전통에 충실하다는 것은 공적인 자리에서는 로마의 전통적인 신들에 대한 신앙을 지킨다는 뜻이기도 하다. 막센티우스의 주도로 신전이 복구되어 옛날의 광채를 되찾았고, 제단 위에서 희생 동물을 태우는 연기도 많이 볼 수 있게 되었다. 하지만 그렇다고 해서 로마의 신들에게 희생 동물을 바치는 의식에 참가하지 않은 사람이 그 이유만으로 박해를 받은 것은 아니었다.

이런 상황에서 시작된 콘스탄티누스와 막센티우스의 대결은 기독교 쪽이 주장하듯 그리스도의 가르침에 눈을 뜬 사람과 아직도 이교의 어둠 속에 있는 사람 사이에 벌어진 대결은 아니다. 단지 지도자로서 능력의 우열을 가리는 대결일 뿐이다. 그것은 로마 역사상 참으로 오랜만에 '병참'을 좁은 의미의 '로기스티쿠스'가 아니라 넓은 의미의 '아르스'로 생각하는 지도자가 출현했다는 뜻이기도 했다.

결전

뭐니뭐니해도 본국 이탈리아는 제국의 다른 지방에 비하면 아직도 경제력이 강했다. 그 이탈리아에다 풍요로운 농경지대인 북아프리카를 지배하고 있던 막센티우스는 이미 예고된 거나 다름없는 콘스탄티누스의 남하에 대비하여 로마 역사상 어떤 황제도 편성하지 못했을 만큼 대규모 군사력을 준비했다. 일설에 따르면 보병 17만 명에 기병이 1만 8천 기였다고 한다. 로마 전통에 충실하여 중무장 보병의 주력은 근위군단이었고, 경무장 기병의 주력은 트라야누스 황제 시대부터 기병으로 명성을 떨친 북아프리카의 마우리타니아 출신이었다. 여기에 이탈리아 북부의 라벤나와 남부의 미세노에 기지를 둔 해군이 가세한다. 양적으로나 질적으로 전혀 부족함이 없다. 문제는 막센티우스가 이런 대규모 병력을 잘 다룰 수 있느냐 하는 것이었다.

한편 쳐들어가는 콘스탄티누스가 거느리고 있는 병력은 보병 9만 명에 기병 8천 기였다. 양적으로는 막센티우스의 절반밖에 안된다. 게다가 야만족의 침입을 막아야 하니까 라인 방위선을 비울 수는 없다. 갈리아의 해군도 라인강과 도버 해협을 경호하는 것이 임무이기 때문에 지중해로 데려갈 수는 없었다.

하지만 콘스탄티누스의 휘하 장병은 수적으로는 열세지만 질적으로는 훨씬 뛰어났다. 우선 사령관 콘스탄티누스와 휘하 병사들은 7년 동안이나 장수와 병사의 관계로 지냈다. 게다가 그때까지는 북방 야만족이 상대였지만 콘스탄티누스의 지휘로 치른 전투는 모두 승리로 끝났다. 콘스탄티누스와 병사들이 일치단결하여 한몸이 되어 있었던 것도 당연하다. 콘스탄티누스는 이것을 알고 있었는지, 그로서는 처음으로 동포인 로마인을 상대로 싸우는데 보병과 기병을 합하여 정예병력 4만 명을 데려가기로 결정했다.

부제인 그에게 방위 책임이 있는 갈리아·브리타니아·히스파니아에 배치되어 있는 병력을 총동원할 수는 없다. 이것은 당연한 일이지만, 설령 총동원할 수 있었다 해도 그는 하지 않았을 것이다. 대군을 이끌고 쳐들어가는 것은, 겉으로는 상대에게 위압감을 줄 수 있어서 유리하지만, 병참에서 어려움에 직면할 가능성이 높아진다. 콘스탄티누스가 쳐들어가려는 곳은 지금은 막센티우스의 세력 밑에 있지만, 그 전에는 오랫동안 선제 막시미아누스의 지배를 받은 이탈리아다. 콘스탄티누스는 그 선제를 2년 전에 마르세유에서 죽였다. 콘스탄티누스에게 이탈리아 진격은 찬탈자 막센티우스를 토벌한다는 대의명분은 있었지만, 적지로 쳐들어가는 것과 마찬가지였다. 주민들이 기꺼이 군량을 제공해주리라고는 기대하지 않는 편이 현실적이었다.

이탈리아와 갈리아 사이에는 알프스산맥을 넘는 중요한 루트만 해도 4개가 뻗어 있다. 이 길들은 모두 제국 초기에 이미 평평한 돌을 까는 로마식으로 포장되어 있었기 때문에 오늘날의 고속도로라고 생각해도 좋다.

제일 북쪽에 있는 루트는 이탈리아의 아오스타에서 북상한 뒤, 나중에 그랑 생 베르나르라고 불리게 되는 고개를 넘어 레만호로 내려가 주네브에서 리옹으로 들어간다.

두 번째 루트도 역시 아오스타를 기점으로 하지만, 이번에는 북쪽이 아니라 서쪽으로 가서 피콜로 산 베르나르도 고개를 넘어 그르노블로 나간다.

그 남쪽에 있는 세 번째 루트는 토리노를 떠나 서쪽으로 가서 수사 골짜기를 올라가는 방법으로 알프스를 넘는다. 거기서 북쪽으로 가면 리옹에 이르고, 서쪽으로 가면 론강변의 발랑스로 나갈 수 있다.

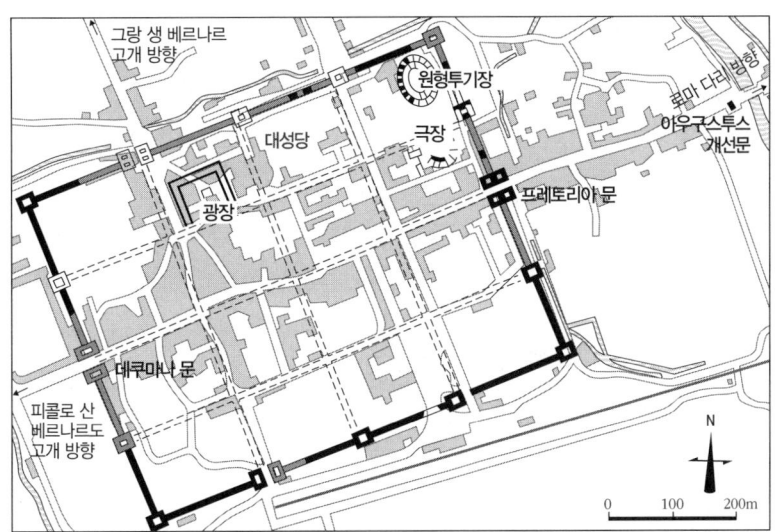

로마 시대의 아오스타(오늘날의 시가도를 겹쳐놓았다)

네 번째는 제노바에서 니스를 지나 남프랑스로 들어가는 루트로, 해안을 따라 뻗어 있는 길이다.

여기서 오늘날의 이름으로 표기한 도시들이 모두 로마 시대에 기원을 두고 있다는 사실은 이 네 루트가 로마 제국의 갈리아 통치에 없어서는 안 될 동맥이었다는 증거다. 로마는 가도를 완전히 포장했을 뿐만 아니라 가도 연변에 필요하다고 여겨지는 곳을 골라 도시를 건설했다. 이런 마을이나 도시에는 여행자를 상대로 장사를 하려는 사람들이 정착한다. 나중에 남프랑스의 진주라고 불리게 된 니스의 로마 시대 이름은 니카이아(Nicaea)였다. 니스는 니카이아가 프랑스어로 바뀌었을 뿐이다.

이 네 루트 가운데 갈리아 전쟁 당시 율리우스 카이사르가 가장 많이 활용한 것은 세 번째 루트다. 겨울에도 눈이 별로 내리지 않고 게다가 갈리아 중심부로 직행할 수 있었기 때문이지만, 370년 뒤에 같은 루트를 반대 방향으로 가게 되는 콘스탄티누스에게는 또 한 가지 이점이 있었다. 수사 골짜기에만 도착하면 거기서부터는 이탈리아 북부를 가로지르는 포강 주변의 평지를 진군하면 된다는 것이었다. 콘스탄티누스의 머릿속에는 수도 로마로 쳐들어가기 전에 우선 북이탈리아 전역을 제압하는 전략이 마련되어 있었던 것 같다.

312년 몇 월 며칠에 콘스탄티누스와 그의 군대가 알프스를 넘었는지는 알려져 있지 않다. 하지만 그 후의 경과로 추측컨대, 봄이 오자마자 알프스로 가서 한 달도 지나기 전에 수사 골짜기로 내려왔을 것이다. 막센티우스도 당연히 맞아 싸울 병력을 배치해놓고 있었다. 콘스탄티누스의 이탈리아 진격은 예고된 것이나 마찬가지였으니까, 네 루트에 모두 병력을 배치할 필요도 없었을 것이다. 전부터 수사에는 크고 견고한 성채가 있었다. 막센티우스는 그곳에서 알프스를 내려오는 콘스탄티누스 군대를 기다릴 작정이었다.

콘스탄티누스도 그것은 예상하고 있었다. 아니, 예상한 정도가 아니라 이 서전의 중요성을 충분히 알고 있었다.

그 성채는 방어를 위해 일부러 좁은 골짜기를 골라 지은 요새다. 여기서 쳐들어오는 적을 맞아 싸우려는 의지가 충분하더라도, 성채 안에 들어갈 병사의 수를 무한정 늘릴 수는 없다. 하지만 성채 안에서 굳게 버티면서 잘 싸우면, 수도 로마를 공격하려는 적의 귀중한 시간을 빼앗을 수는 있었다. 하지만 콘스탄티누스는 이 수법에 넘어가지 않았다.

4만 명을 모두 투입했는지 어떤지는 확실치 않지만, 콘스탄티누스는 성채 하나를 공략하는 데 휘하 병력의 대부분을 주저없이 투입했

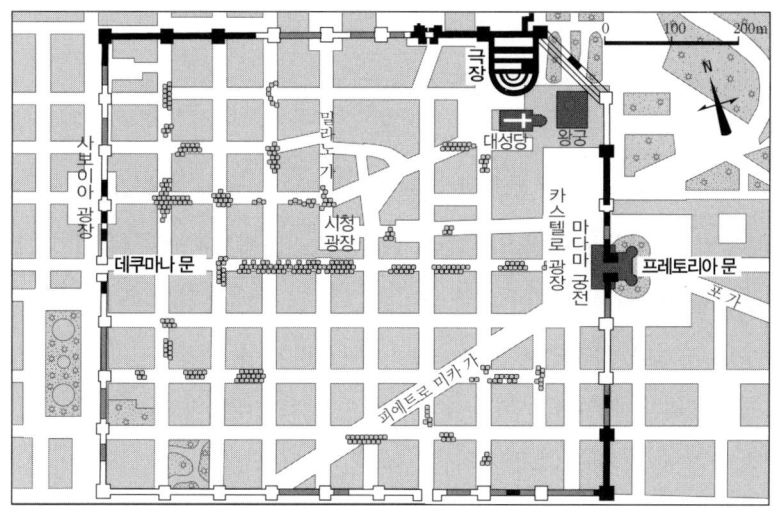

로마 시대의 토리노(오늘날의 시가도를 겹쳐놓았다)

다. 게다가 불화살을 활용했는지, 성채에 틀어박혀 있던 병사들이 밖으로 나와서 싸울 수밖에 없는 상태가 되었다. 입장이 같아지면 병사의 수가 효과를 나타낸다. 결과는 말할 나위도 없었다. 하지만 콘스탄티누스는 적을 전멸시키지는 않았다. 소수의 병사는 도망치게 내버려두었다. 패주하는 병사들이 토리노나 밀라노 주민에게 이 서전의 결과를 알리는 편이 그에게는 유리했기 때문이다.

수사에서 동쪽으로 50킬로미터만 가면 로마 시대에 '아우구스타 타우리노룸'(Augusta Taurinorum)이라고 불린 토리노다. 그 동쪽에는 밀라노·피아첸차·베로나 같은 도시들이 자리잡고 있다. 북부 이탈리아의 이 주요 도시에는 모두 막센티우스 쪽의 방위군이 기다리고 있을 터였다. 하지만 도시를 공략하려면 작은 도시라도 시간이 걸린다. 또한 주민이 피해를 볼 가능성도 높았다. 콘스탄티누스가 공성전을 피한 것은 그 때문이었겠지만, 막센티우스 쪽의 장수 가운데 거기까지 간파할 수 있었던 사람은 별로 없었다.

초대 황제 아우구스투스가 알프스를 넘는 첫 번째 루트와 두 번째 루트의 이탈리아 쪽 방어기지로 세운 아오스타에서는 2천 년 뒤인 지금도 군단기지를 확대한 듯한 느낌을 주는 도시의 흔적을 곳곳에서 찾아볼 수 있다. 하지만 세 번째 루트의 이탈리아 쪽 방어기지가 된 토리노는 밀라노에 이어 북이탈리아에서 손꼽히는 대도시로 변모한 사정도 있어서, 로마 시대의 자취는 거의 남아 있지 않다. 하지만 로마 시대의 토리노, 특히 야만족의 거듭된 침략에 시달린 3세기 이후의 토리노는 장기간의 공방전에도 견딜 수 있는 견고한 성벽으로 둘러싸여 있었다. 농성전을 각오하면 꽤 오랫동안 공격군의 발목을 붙잡아둘 수 있었고, 기본 전략만 분명하면 농성을 견디는 동안 가까운 기지에서 지원군이 오기를 기대할 수도 있었다. 저 유명한 한니발이 수도 로마에 대한 공격을 단념한 것은 한창 로마를 공격하고 있을 때 배후에서 공격당할 것이 두려웠기 때문이다. 아마 수도 로마에 머물면서 전선에 나가지 않았던 막센티우스에게는 포에니 전쟁 당시의 로마 지도자들이 가지고 있었던 기본 전략이 없었던 게 아닐까. 토리노에 배치되어 있었던 막센티우스 쪽 지휘관은 콘스탄티누스 군대를 맞아 싸우기 위해 성문 밖으로 병력을 내보냈기 때문이다.

평원에서 벌어지는 회전 방식의 전투에서는 양쪽의 조건이 같기 때문에 병사 개개인의 전투 경험이 승패를 결정짓는 경우가 많다. 콘스탄티누스 군대는 오랫동안 북방 야만족을 상대로 전투 경험을 쌓은 장병들이었다. 그들이 북방 야만족을 물리쳐준 덕분에 막센티우스 쪽 장병들은 20년이 넘도록 전투를 해보지 않았다. 승패의 향방은 간단히 결정되었다.

전쟁터는 토리노 바로 옆이었기 때문에 적에게 쫓긴 병사들은 토리노로 도망쳐 들어가려고 했다. 하지만 그 수가 너무 적은 데 절망한 시민들은 성문을 닫아건 채 그들을 들여보내주지 않았다. 그리고도 승자가 어떤 벌을 내릴지, 숨을 죽이고 기다렸다. 승리자 앞에서 성문이 열린 것은 말할 나위도 없다.

군대를 앞세워 토리노에 입성한 콘스탄티누스는 마중 나온 주민 대표에게 걱정할 필요가 전혀 없다고 말했다. 약탈도 방화도 살육도 전혀 없었다.

이 토리노에서 콘스탄티누스가 보여준 태도는 포강이 동쪽의 아드리아해를 향해 흐르듯 순식간에 북이탈리아 전역에 퍼졌다. 밀라노, 피아첸차, 크레모나, 그리고 해군기지가 있는 라벤나에서도 주민들은 콘스탄티누스 앞에 성문을 열어주면 안전이 보장된다는 것을 알았다. 막센티우스 쪽 장병들에게 아무리 싸울 의욕이 있어도, 견고한 성에 틀어박혀 싸울 수 있는 가능성은 계속 줄어들었다. 이리하여 밀라노를 비롯한 북부 이탈리아의 도시들은 모두 싸우기도 전에 콘스탄티누스 쪽으로 깃발을 바꾸었다. 하지만 베로나만은 달랐다.

오늘날에도 고대 로마 시대의 이름을 그대로 쓰고 있는 도시 가운데 하나인 베로나에는 여름마다 오페라가 상연되는 것으로 유명한 원형투기장을 비롯하여 로마 시대 유적이 지금도 놀랄 만큼 많이 남아 있다. 로마 시대의 아오스타나 토리노가 서부 알프스로 가는 루트의 방

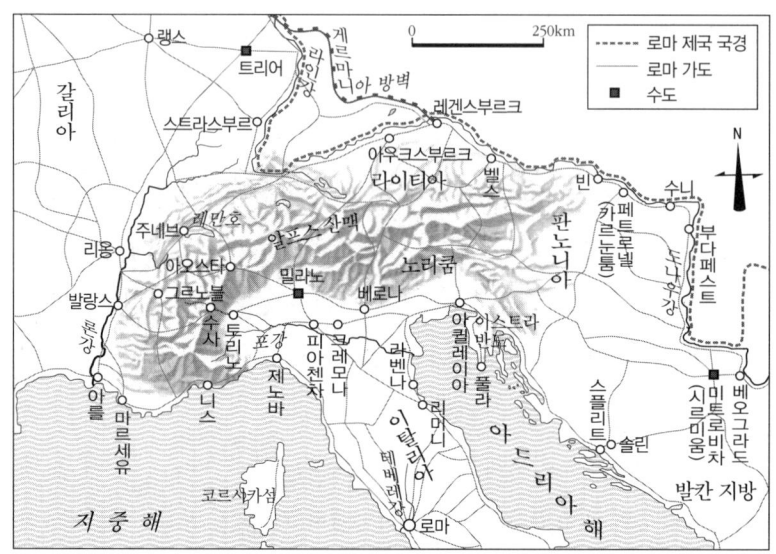

북부 이탈리아와 그 주변

어기지로 중요했다면, 로마 시대의 베로나는 북부 알프스를 넘어 도나우강으로 가는 루트의 이탈리아 쪽 방어기지로 중요하게 여겨지고 있었기 때문이다. 이탈리아 반도 북부를 서쪽에서 동쪽으로 반원형을 그리며 둘러싸고 있는 알프스산맥의 중앙부를 지키는 거점이 베로나였다. 이 베로나에서 북쪽으로 올라가 알프스를 넘으면 도나우강 상류이고, 로마인이 '기지'라는 뜻으로 사용한 '카스트라'를 붙여 '카스트라 레기나'라고 부른 오늘날의 레겐스부르크로 직행할 수 있다. 이렇게 베로나는 도나우 방위선으로 파견되는 병사들이 지나는 길로서 역사를 거듭해왔다. 로마 제국이 전례없는 국난을 겪고 있던 260년대에도 갈리에누스 황제는 베로나 성벽을 대규모로 보강하는 것만은 잊지 않았다. 그리고 312년에 베로나 방위군을 지휘하고 있었던 것은 시대를 잘못 타고났다고 말하고 싶을 만큼 옛날 기질을 가진 폼페이아누스였다. 이 장수는 병사들만이 아니라 시민들에게도 인망이 있었기 때문에, 베로나만은 콘스탄티누스 앞에 성문을 열지 않았다.

콘스탄티누스로서는 이탈리아에 들어온 뒤 처음 겪는 본격적인 저항이다. 하지만 여기서 물러날 수는 없었다. 방비가 견고한 베로나를 공략하기는 쉽지 않았지만, 이 베로나를 손에 넣지 않으면 수도 로마로 남하하려 해도 배후에 대한 불안을 떨쳐버릴 수 없다. 베로나와 도나우강 연안은 직접 이어져 있기 때문에, 베로나 수비군이 용감히 싸우는 것을 알고 동방 정제 리키니우스가 마음을 바꾸기라도 하면 콘스탄티누스는 리키니우스의 군대와 막센티우스의 군대 사이에 끼여 협공당할 위험이 있었다. 콘스탄티누스는 시간의 흐름이 마음에 걸려도 공격을 그만둘 수는 없었다.

한편 베로나에 틀어박혀 방어전을 지휘하고 있던 폼페이아누스는 이보다 더 현실적인 문제로 고민하고 있었다. 베로나 시민과 병사들이 힘을 합쳐 아무리 잘 싸워도, 이제 북부 이탈리아에는 그들을 후원해줄 도시도 없고 지원하러 달려올 병력도 없다. 공성전은 시간이 걸리지만, 아무도 도와주러 오지 않는 상태가 계속되면 언젠가는 결말이 난다. 그리고 이런 경우의 결말은 함락이고, 함락은 주민에 대한 살육으로 이어진다. 그래서 폼페이아누스는 휘하 장병만 이끌고 성 밖에 나가 싸우기로 결정했다. 주민 대표들도 이 통고를 심각한 표정으로 들을 수밖에 없었다.

죽음을 각오하면 전투 경험이 적은 병사라도 강해진다. 그리고 폼페이아누스는 비록 질적·양적으로 부족한 병사를 이끌고 있었지만 우수한 지휘관이었다. 첫 번째 전투는 밤이 되도록 분명한 결과가 나오지 않았다고 한다. 이튿날 벌어진 두 번째 전투도 치열한 격전이었지만, 역시 수가 많고 전투 경험도 풍부한 콘스탄티누스 쪽이 유리하게 싸움을 진행했다. 전투가 끝난 뒤, 석양을 받은 평원은 막센티우스 쪽 병사들의 주검으로 가득 메워졌다. 그들 중에는 온몸이 창에 찔린 폼페이아누스의 주검도 있었다.

베로나도 마침내 성문을 열었다. 북이탈리아 전체가 베로나의 운명을 생각하고 기분이 우울해졌지만, 승리자인 콘스탄티누스는 주민 대표들한테도 손가락 하나 대지 않았다. 물론 격전으로 끝난 전투 뒤에 일어나기 쉬운 잔혹하고 야만적인 폭행도 전혀 없었다.

이 사실은 당장 소문이 되어 북부 이탈리아만이 아니라 중부 이탈리아까지 퍼져갔다. 콘스탄티누스는 이제 아무 걱정도 없이 언제든 그가 원할 때 로마로 진격할 수 있는 상태가 되었다. 312년 여름도 끝나려 하고 있었다. 콘스탄티누스는 전황이 호전된 데 안도하여, 이제 막 손에 넣은 베로나에서 느긋하게 격전의 피로를 풀 사람은 아니었다.

역사를 창조한 전투

전쟁과 전투는 같지 않다. 전쟁은 몇 년 동안이나 장소를 바꾸어가면서 벌어지는 반면, 전투는 한곳에서 벌어지고 그날로 결과가 판가름난다. 하지만 날짜를 바꾸고 장소도 바꾸어 벌어지는 전투의 집계를 전쟁으로 보는 것이 통상적인 사고방식이니까, 전투는 전쟁의 일부로 여겨지고, 전투에는 이겼지만 전쟁에는 졌다는 표현도 가능해진다.

하지만 역사에는 전쟁의 향방을 좌우했을 뿐만 아니라 그 후의 역사까지 바꾸어버린 전투가 있었다. 그런 전투를 '역사를 바꾼 전투'라고 부른다. 고대에는 다음과 같은 '전투'를 들 수 있을 것이다.

살라미스 해전 — 기원전 480년, 30만 대군을 이끌고 그리스로 쳐들어온 페르시아 왕 크세르크세스와 그리스의 도시국가 연합군 사이에 벌어진 페르시아 전쟁의 한 전투. 지상전의 열세를 해전에서 단숨에 호전시키는 전략을 생각하고 실제로 지휘한 것은 아테네의 테미스토클레스였다.

이 해전에서 완패당한 결과 페르시아군은 철수하고, 그 후로는 그리스 본토에 대한 침략을 체념할 수밖에 없었다. 이때의 전투에서 페르시아가 이겼다면 그 후에 찾아올 아테네의 황금시대는 없었을 것이고, 이 시대에 이루어져 현대에까지 영향을 미치고 있는 그리스의 문화 문명은 태어나지 않았을지도 모른다. 에게해도 페르시아해가 되었을지 모른다.

이수스 회전 — 기원전 333년, 동지중해가 한눈에 바라보이는 이수스 평원에서 마케도니아의 젊은 왕 알렉산드로스가 이끄는 그리스군과 페르시아 왕 다리우스의 군대가 격돌한 회전. 페르시아군 15만 명에 대해 알렉산드로스는 그 5분의 1밖에 안되는 전력으로 맞섰지만, 겨우 200명의 전사자만 내고 완승을 거두었다. 다리우스와 알렉산드로스는 그 후 한 번 더 회전을 치렀지만, 결국 다리우스는 만회하지 못하고 페르시아 제국은 멸망한다. 그리고 원래 해외로 웅비하는 성향이 강한 그리스인은 알렉산드로스가 만들어낸 제국의 각지로 널리 진출했다. 지중해와 가까운 중동 지방만이 아니라 오늘날의 이라크에 해당하는 페르시아 제국의 심장부인 메소포타미아 지방에까지 도시를 건설할 정도였다.

하지만 알렉산드로스 대왕은 요절했다. 제국은 대왕의 부하 장수들이 분할하여 지배하게 되었지만, 그것은 중근동까지가 한계였다. 그래도 그리스에서 이집트에 이르는 동지중해 지역에 그리스계 문명권이 성립되었다. 이것을 후세에는 헬레니즘이라고 부르게 되었다. 흔히 그리스·로마 문명이라고 말하지만, 알렉산드로스 대왕의 유산은 헬레니즘 시대를 거쳐 그대로 로마에 계승된다. 헬레니즘 세계가 성립되지 않았다면 로마가 지중해 세계 전역으로 패권을 확대하기가 상당히 어려워졌을 게 분명하다. 그렇기는 하지만 로마인도 알렉산드로스 대왕의 선물을 아무 고생도 하지 않고 쉽게 받은 것은 아니다. 그들도 노력해서 획득했다. 그것은 로마와 카르타고 사이에 벌어진 포에니 전쟁이었다.

자마 회전 ─ 기원전 202년, 당시에는 카르타고 영토였던 북아프리카의 자마 평원에서 벌어진 전투. 로마군 지휘관은 젊은 스키피오. 카르타고군 총사령관은 그때까지 로마군을 상대로 연전연승을 거듭한 명장 한니발이었다. 결과는 로마 쪽의 완승이었다. 포에니 전쟁은 거의 1세기 동안 3차에 나뉘어 벌어지지만, 이 전쟁 전체의 향방을 결정한 것은 뭐니뭐니해도 제2차 포에니 전쟁을 마무리한 '자마 회전'이다. 그로부터 50년 뒤에 벌어지는 제3차 포에니 전쟁은 이미 예상된 결과가 현실이 되었을 뿐이다.

포에니 전쟁은 당시 로마인이 붙인 이름으로 '페니키아인과의 전쟁'이라는 뜻이다. 카르타고는 중근동의 페니키아인이 이주하여 세운 나라였고, 따라서 그 후에도 오리엔트계 나라로 여겨졌다. 이 카르타고를 패배시켰다는 것은 서지중해에서 오리엔트 세력을 깨끗이 몰아냈다는 이야기가 된다. 따라서 '자마 회전'은 로마가 지중해 세계를 그리스·로마 세계로 만드는 데 결정적인 전투가 되었다.

알레시아 공방전 — 기원전 52년, 오늘날의 프랑스에 해당하는 갈리아 중앙의 알레시아 평야를 무대로 벌어진 전투. 율리우스 카이사르가 이끄는 로마군 5만 명과 갈리아 부족들이 연합한 30만 대군 사이에 벌어져, 카이사르의 갈리아 전쟁을 결정하는 전투가 되었다.

이 전투는 8년에 걸친 갈리아 전쟁의 결과만 결정한 것이 아니다. 그때까지 로마인은 지중해를 중심으로 그 주변 지역에만 패권을 확대했지만, 이제 알프스를 넘어 북쪽에까지 시야를 넓히게 되었다. 시야를 넓혀준 것도 갈리아 전쟁이고, 그곳까지 패권을 확대할 수 있다는 것을 로마인에게 알려준 것도 갈리아 전쟁이다. 알레시아에서 거둔 승리가 유럽 북부까지 로마 세계에 편입시키는 첫걸음이 된다. 역사가들이 유럽은 카이사르가 창조했다고 말하는 것은 그 때문이다. 알레시아 공방전이 갈리아의 승리로 끝났다면, 후세의 프랑스와 영국도 지금과는 전혀 다른 모양이 되었을 게 분명하다.

이렇게 큰 영향력을 가진 전투를 '역사를 바꾼 전투'나 '역사를 창조한 전투'라고 부른다. 312년에 벌어진 '밀비우스 다리 전투'도 그런 의미의 한 사례로 꼽힌다. 이 전투가 그 후 1천 년 동안이나 계속된 중세로 가는 문을 열었기 때문이고, 중세 1천 년에 머물지 않고 오늘날까지 지속되고 있는 기독교 세계를 향해 첫 발자국을 찍게 되었기 때문이다.

그런데 이렇게 중요한 전투인데도 전쟁사에서 다루어지는 영예는 얻지 못했다.

첫 번째 이유는 전쟁사 전문가들 중에서는 내가 지금까지 이야기한 관점에서 전투를 파악하는 사람이 절대적으로 소수파이기 때문이다.

둘째, 진부한 표현이지만 '기라성 같다'고 표현하고 싶은 명장이 하나도 등장하지 않기 때문이다. 콘스탄티누스와 막센티우스는 역사에 이름을 남긴 인물이지만, 전략과 전술에 능한 사람으로 역사에 기록되지는 않았다.

셋째, '밀비우스 다리 전투'가 전쟁사 전문가들의 관심을 끌 만큼 탁월한 전략과 전술을 구사하여 전개된 멋진 전투가 아니었기 때문이다. 한마디로 말하면 혼전이고, 이 정도 전투로 그 후의 역사가 바뀌어버리다니 말도 안 된다는 생각마저 든다.

312년 10월, 공격하는 콘스탄티누스는 37세. 수비하는 막센티우스는 34세. 나이는 같은 세대지만 총사령관으로서의 역량은 베테랑과 신병만큼 차이가 났다.

플라미니아 가도를 따라 남하하고 있던 콘스탄티누스가 가장 우려한 것은 막센티우스가 철저히 수비만 하는 것이었다. 35년 전에 완성된 수도 로마의 성벽은 막센티우스가 서둘러 보강했기 때문에 더욱 견고해져 있었다. 적이 그 견고한 성벽을 방패 삼아 수도 로마에 틀어박혀 버티면 곤란하다. 아우렐리아누스 황제가 건설한 이 성벽은 19킬로미터에 걸쳐 수도를 한 바퀴 빙 둘러싸고 있다. 높이는 6미터, 폭은 3.5미터. 30미터 간격으로 요새 같은 망루가 솟아 있고, 18군데에 뚫린 성문도 이중 구조로 되어 있다. 이렇게 방비가 견고한 도시를 4만 명이 공략할 수는 없었다. 방어하는 쪽도 내부에 100만 인구를 안고 있다는 불리함이 있었지만, 4만 병력으로는 성을 오랫동안 물샐틈없이 포위하기가 불가능하기 때문에 그 불리함도 치명적인 것은 아니다. 콘스탄티누스는 어떻게 하면 적을 성 밖으로 유인하여 탁 트인 평원에서 회전을 벌일 수 있을 것인가를 궁리해야 했다.

또 다른 불안은 보병 17만 명과 기병 1만 8천 기를 막센티우스가 어디에 어떤 식으로 배치해놓았는가 하는 것이다. 이런 대군을 수도 안에 모아놓을 수는 없다. 그 절반 이상은 성 밖에 나와 있을 텐데, 그게 어디어디이고 한곳에 어느 정도의 병력이 대기하고 있는지 전혀 모르는 상태였다. 한창 성벽을 공격하고 있을 때 배후에서 습격당할 위험이 충분했다.

게다가 콘스탄티누스가 잊어서는 안 될 것이 또 하나 있었다. 그것은 이탈리아 북부와 중부에 있는 도시들의 동향이었다. 이런 도시의 주민들은 콘스탄티누스의 군사력에 압도되어 순종하겠다는 뜻을 표했지만, 그의 군사력이 위력을 잃으면 순종하겠다는 뜻을 당장 거두어버릴 것이다. 그렇게 되면 콘스탄티누스는 이탈리아 반도에서 독 안에 든 쥐가 되어버린다. 콘스탄티누스의 막센티우스 토벌전에 조금이라도 그림자가 비치면, 도나우강변에서 상황을 지켜보고 있는 정제 리키니우스가 그에게 기울어졌던 정책을 완전히 정반대로 바꾸어버릴 가능성도 상정해야 했다.

이런 과제를 한꺼번에 해결하는 길은 하나밖에 없었다. 되도록 빨리 결판을 내는 것이다. 그런데 막센티우스가 그 기회를 주었다.

플라미니아 가도를 지나 수도로 접근하고 있던 콘스탄티누스는 척후병을 내보냈다. 그리고 막센티우스를 앞세운 대군이 수도를 떠나 이쪽으로 오고 있다는 것을 안 순간, 그는 이겼구나 하고 생각했을 게 분명하다.

장기전으로 끌고 가는 것이 막센티우스에게는 최선의 전략이었을 텐데, 왜 처음부터 출격을 선택했는지는 알 수 없다. 하지만 상상력을 동원하면 다음과 같은 요인을 들 수 있을 것이다.

(1) 콘스탄티누스는 조기 결전밖에 길이 없었지만, 막센티우스에게는 다른 길이 있었다는 점이다. 수도 로마에서 결판이 나지 않는 경우에는 북아프리카로 이동하여 거기서 권토중래를 꾀하는 방법이다. 일단 수도를 버리고도 권토중래에 성공한 예는 로마 역사에도 존재했다. 마리우스와 술라가 그런 경우다. 하지만 카이사르에게 쫓겨 그리스로 달아난 폼페이우스나 아우구스투스에게 쫓겨 역시 그리스로 달아난 브루투스처럼 권토중래에 실패한 예가 압도적으로 많다. 한때나마 수도 로마를 버리는 것은 토리노나 베로나를 버리는 것과는 사정이 다르다. 그리고 다른 길을 선택할 수도 있다고 믿었기 때문에 생겨난 망설임이 막센티우스에게는 치명상이 되었다.

(2) 막센티우스는 콘스탄티누스보다 세 살 아래였다. 아버지가 황제였다는 조건도 같았다. 그래서 항상 콘스탄티누스가 몇 걸음 앞섰다. 바꿔 말하면 막센티우스는 항상 콘스탄티누스보다 몇 걸음 뒤처져 따라가면서 원한을 품었다. 그 상대가 쳐들어왔으니 경쟁의식이 활활 타오른 것도 무리는 아니었다.

하지만 일생일대의 결전을 앞두고 이런 감정에 좌우되면, 철저하고 냉철한 두뇌에서만 생겨나는 전략은 세울 수 없다. 아버지가 콘스탄티누스에게 살해된 원한까지도 깨끗이 잊어버릴 필요가 있다. 이런 면에서도 막센티우스는 34세치고는 성숙하지 못했다.

(3) 로마 안에 틀어박히지 않고 밖으로 나가서 콘스탄티누스를 맞아 싸우기로 결정한 막센티우스의 가슴속에는 '세계의 수도'라고 불리는 로마에 대한 강한 애정이 숨어 있었던 게 아닌가 싶다. 일찍이 로마 제국의 주요 도시였던 곳들을 찾아가보면, 지금은 로마보다 더 큰 도시로 변모하여 한 나라의 수도가 되어 있는 곳이라 해도 로마 시대 시가지의 규모와 위용에서는 수도 로마에 훨씬 미치지 못한다는 것을 절감하게 된다. 이런 도시들의 유적을 찾아가 머릿속으로 옛 모습을 복원하면서, 그 시대에 런던에서 태어난 젊은이가 로마를 처음 보았을 때의 느낌은 미국 오하이오 태생의 젊은이가 뉴욕의 맨해튼에 처음 발을 들여놓았을 때의 느낌과 같지 않았을까 하고 생각했다.

그런 로마에 오랫동안 살고 있으면 이런 감정은 애정으로 바뀐다. 막센티우스는 로마를 전쟁터로 만들고 싶지 않다고 생각했는지도 모른다. 하지만 그렇다면 당연히 다른 전략을 생각했어야 한다.

'밀비우스 다리 전투'라는 이름으로 알려진 싸움은 312년 10월 27일에 벌어졌다. 막센티우스가 지휘한 병력의 규모는 분명치 않다. 하지만 콘스탄티누스가 지휘한 4만보다는 상당히 많았던 모양이다. 물론 막센티우스도 보병과 기병을 합하여 19만에 가까운 병력을 총동원할 만큼 어리석지는 않았지만, 나머지 병력을 전략적 사고에 따라 군단별로 요충지에 대기시키는 것을 게을리했다는 점에서는 구제할 수 없을 만큼 어리석었다.

북쪽에서 수도 로마로 들어가는 가도 가운데 대동맥이라 해도 좋은

로마와 그 근교

간선 중의 간선도로는 플라미니아 가도였고, 콘스탄티누스 군대도 이 길을 따라 로마로 접근하고 있었다. 막센티우스가 저지른 또 하나의 어리석은 실수는 그도 적에게 접근하는 길로 이 가도를 택한 것이었다. 막센티우스 군대는 지금도 '플라미니아 문'이라고 불리는 성문을 나온 뒤, '플라미니아 가도'를 3킬로미터쯤 북상하여 테베레강에 걸려 있는 '밀비우스 다리'를 건넌다. 거기서 플라미니아 가도를 따라 북쪽으로 곧장 10킬로미터쯤 올라간 곳에 펼쳐져 있는 평원이 전쟁터가 되었다. 양군은 북쪽과 남쪽에서 달려온 대형 트럭 두 대가 중앙에서 충돌하듯 거기에서 격돌했다.

'삭사 루브라'('붉은 자갈밭'이라는 뜻. 지금의 그로타 로사)라고 불리는 이 일대는 구불구불 굽이쳐 흐르는 테베레강이 동쪽에 바라보이는 평지로 되어 있다. 게다가 상당히 넓다. 막센티우스도 대군을 이끌고 갔기 때문에 그 넓이를 고려하여 이곳을 전쟁터로 골랐을 것이다. 하지만 원래 기질이 냉철하고 이 싸움 한판으로 모든 것이 결판난다고 생각한 콘스탄티누스는 이 수법에 넘어가지 않았다.

테베레강 유역에 펼쳐진 이 평원이 전쟁터가 되리라는 것을 알았을 때, 콘스탄티누스는 휘하 장병들에게 적병을 죽이기보다 테베레강 쪽으로 몰아넣으라고 명령한 게 아닌가 싶다. 전쟁터가 넓으면 대군이 유리하지만, 전쟁터가 좁으면 대군이 오히려 불리해진다. 불리함을 만회하는 능력이 고참과 신병의 차이 가운데 하나지만, 막센티우스가 이끄는 병력은 이만한 규모의 전투를 경험한 적이 없고, 무엇보다도 총지휘를 맡은 막센티우스에게 그런 경험이 없었다.

이곳은 수도에서 조금 떨어진 교외니까 테베레강도 하안 공사까지 되어 있지는 않다. 구불구불 흐르는 강 양쪽 기슭은 갈대가 무성한 습지여서 발이 빠지기 쉽고, 그 좁은 곳으로 쫓겨 들어간 막센티우스의 병사들은 완전히 침착성을 잃어버렸다. 이제 부대끼리 하나로 뭉쳐 싸울 수 있는 계제가 아니다. 혼전 속에서 많은 병사가 죽고, 그것을 본 다른 병사들은 앞을 다투어 달아나기 시작했다. 도망칠 곳은 남쪽밖에 없었다. 남쪽에 보이는 밀비우스 다리를 건너 3킬로미터만 달리면 플라미니아 문에 다다를 수 있다. 그 문만 지나면 로마를 지키는 견고한 성벽 안으로 들어갈 수 있다.

혼전 중에도 콘스탄티누스는 항상 선두에 서 있었다. 반대로 막센티우스는 후방에 진을 치고 거기에서 훈령을 내보냈다. 그래서 침착성을 잃고 도망치기 시작한 병사들의 무리에 휩쓸리고 말았다.

이때의 정경을 헬리콥터에서 내려다보았다면, 간선 중의 간선도로인 만큼 로마가 가까워질수록 차도와 인도가 둘 다 넓어지면서 거의 직선으로 남하하는 플라미니아 가도가 패주하는 병사들의 바다 속으로 사라져버린 것처럼 보였을 것이다. 로마 시대의 다리는 가도의 연장이다. 사고방식도 그렇고 공사 방법도 그렇다. 남하해온 플라미니아 가도는 앞을 가로막은 테베레강을 건넌 뒤에는 일직선으로 로마 중심부에 도달한다. 밀비우스 다리(이탈리아어로는 '폰테 밀비오')가 플라미니아 가도와 같은 정도의 기능을 할 수 있도록 만들어진 것은 당연했다. 길이는 130미터가 조금 안되지만, 너비는 차도와 인도를 합하여 8미터나 된다. 다리도 평평한 마름돌을 깔아서 완전히 포장되어 있다. 중무장 보병대가 대열을 이루어 지나가도, 수레에 실은 무거운 공성기가 지나가도 꿈쩍하지 않을 만큼 튼튼하게 만들어진 다리지만, 앞을 다투어 달아나는 수많은 병사를 한꺼번에 수용할 수는 없었다. 대열을 흐트러뜨리지 않고 질서있게 후퇴했다 해도, 아마 대군이 무사히 다리를 건너기는 어려웠을 것이다. 이런 조건도 고려하지 않고 삭사 루브라를 전쟁터로 선택한 막센티우스의 책임이 크다. 사실상 퇴로를 차단하여 배수진을 칠 작정이었겠지만, 그렇다면 삭사 루브라에서 재빨리 전투의 주도권을 장악해야 한다. 하지만 주도권은 콘스탄티누스에게 빼앗겨버렸다.

　8미터 너비의 밀비우스 다리에 패주병의 태반이 한꺼번에 몰려들었다. 이제는 전투가 아니라 대혼란이었다. 그리고 다리에 도착한 것만으로는 안심할 수 없었다. 다리를 건너다가 뒤에서 몰려든 병사들이 석조 난간으로 밀어붙이는 바람에 압사한 사람이 부지기수였다. 테베레강은 폭이 좁아서 충분히 헤엄쳐 건널 수 있다. 하지만 병사들은 무

오늘날의 밀비우스 다리

거운 군장을 몸에 걸치고 있었다. 혼란 속에서는 그것을 벗어던지는 데 필요한 공간을 확보할 수 없었다. 군장을 한 채 강물에 뛰어든 병사들은 대부분 수면 위로 얼굴을 내밀지도 못하고 가라앉았다. 강기슭에서 망설이던 병사들은 뒤따라온 콘스탄티누스의 병사들에게 살해당했다.

말을 탄 지휘관들에게는 보병보다 더 확실하게 죽음이 기다리고 있었다. 말이 강바닥의 진창에 발이 빠진데다 무거운 갑옷에 망토까지 걸쳤으니 익사할 수밖에 없다. 막센티우스도 그렇게 해서 34년의 생애를 마쳤다. 시체는 이튿날 강바닥에서 인양되어 참수당했다. 잘린 머리는 창끝에 꽂혀, 수도에 입성하는 콘스탄티누스 군대의 선두에 섰다.

전쟁사 전문가들은 '밀비우스 다리 전투'를 논할 가치도 없다고 생각하지만, 기독교 쪽에서는 '천하를 판가름한 싸움'으로 평가했다. 콘스탄티누스가 죽은 뒤에 기술되기는 했지만, 다음과 같은 에피소드가 전해지고 있다.

밀비우스 다리 전투가 벌어지기 전날 밤, 막사 속에서 잠자고 있던 콘스탄티누스는 꿈을 꾸었다. 꿈에 예수 그리스도가 나타나, 유일신의 가르침에 따르면 내일 전투에서 승리할 것이라고 말했다. 게다가 그리스어로 기독교도를 나타내는 문자 가운데 X와 P를 합친 '☧'라는 표시를 병사들이 가진 방패에 그리게 하라는 조언까지 해주었다. 콘스탄티누스는 그 지시에 충실히 따랐고, 그래서 승리했다고 한다.

하지만 기독교의 신이 응원하지 않았다 해도 콘스탄티누스는 밀비우스 다리 전투에서 승자가 되었을 게 분명하다.

갈리아나 브리타니아의 군단에서 오랫동안 복무한 콘스탄티누스의 장병들은 로마 제국에서 유일하게 제국의 수도라고 부를 만한 도시 로마를 이때 처음 보았을 것이다. 콘스탄티누스도 제국의 수도에 발을 들여놓은 것은 이때가 처음이었다. 아랍인으로 로마 황제가 된 필리푸스 아라부스가 처음 로마에 왔을 때 그 웅장함과 화려함에 감동하여 "내가 이런 수도를 가진 제국의 주인이란 말인가" 하고 말했다는 이야기가 전해 내려오지만, 발칸 태생인 콘스탄티누스는 이런 감상과는 무관한 남자였다. 게다가 그는 정복자로서 수도에 입성했다. 어제까지만 해도 막센티우스를 지지했던 원로원 의원과 시민들은 언제 그랬냐는 듯이 앞을 다투어 이 정복자 앞에 무릎을 꿇었다.

원로원은 정복자의 명령을 모두 받아들였을 뿐만 아니라 정복자가 명령하지 않은 것까지도 솔선하여 시행했다.

우선 콘스탄티누스를 부제에서 정제로 승격시키기로 의결했다.

'밀비우스 다리 전투'는 같은 로마인을 상대로 한 전투였는데도, 개선문을 세워 승리자 콘스탄티누스에게 바치기로 결의했다.

막센티우스의 두 아들은 로마에 입성한 콘스탄티누스의 명령으로 이미 살해되었지만, 막센티우스가 세워서 그의 이름을 붙인 공공 건조물도 이름을 바꾸기로 결의했다. 그 후 '막센티우스 회당'은 '콘스탄티누스 회당'으로 불리게 된다. 원로원은 이 거대한 회당 안에 거대한 콘스탄티누스 좌상을 놓기로 결의했다.

근위군단은 해산하기로 결의했다. 밀비우스 다리 전투에서 용감하게 싸운 근위병들은 대부분 전사했기 때문에 이 조치에 저항한 사람은 하나도 없었다. 하지만 이로써 초대 황제 아우구스투스가 창설한 이래 300년의 역사를 가진 엘리트 군단은 완전히 사라지게 되었다.

콘스탄티누스는 사실상의 배상금이라고 할 수밖에 없는 특별세를 부과했고, 원로원은 그것을 매년 지불하기로 동의했다.

콘스탄티누스는 600명이 정원인 원로원 의원을 재산 정도에 따라 네 등급으로 나누었다. 그리고 등급별로 내야 할 금액도 정했다.

제1등급 — 매년 금괴 8리브라(2,616그램)

제2등급 — 매년 금괴 4리브라(1,308그램)

제3등급 — 매년 금괴 2리브라(654그램)

제4등급 — 매년 금화 7닢(금화에 함유된 금의 무게로 치면 38그램)

로마의 건국 이래 1천 년이 넘는 역사를 갖고 사회에서 항상 제1계급이었던 원로원이 4세기 당시에는 이런 꼴이 되었다.

그래도 원로원 의원을 포함한 로마 시민에 대한 폭행은 거의 일어나지 않았다. 사실상의 점령 상태인데도 휘하 장병을 단속하는 콘스탄티누스의 통솔력은 특기할 만하다. 주민들도 현실적으로 대처했다. 정복자에게는 복종할 수밖에 없는 현실을 솔직히 인정한 것이다.

콘스탄티누스도 기후가 온난한 로마에서 겨울을 나지 않고, 해야 할 일을 마친 뒤에는 당장 로마를 떠나 밀라노로 갔다. 정제 리키니우스를 만나 회담할 곳이 밀라노로 정해졌기 때문이다. 밀라노는 이제 명실 공히 정제가 된 콘스탄티누스의 본거지다. 열 살 위인 정제 리키니우스를 자신의 본거지로 오게 했으니까, 막센티우스를 무찌른 것이 콘스탄티누스의 입지를 강화하는 데 얼마나 도움이 되었는지를 상상할 수 있다. 그는 이제 37세의 젊은 나이에 로마 제국 서방의 최고 권력자가 된 것이다.

'패치워크'의 개선문

콜로세움 바로 옆에 '콘스탄티누스 개선문'이 서 있다. 이탈리아어로는 '아르코 디 콘스탄티노'(Arco di Constantino)지만 고대 로마인의 언어였던 라틴어로는 '아르쿠스 콘스탄티니'(Arcus Constantini)라고 불렸다. 312년에 원로원이 승자인 콘스탄티누스에게 바치기로 결의하여 세워진 개선문이다. 오늘날에도 그대로 서 있고, 1960년에 로마에서 열린 올림픽 때는 마라톤 결승점이 되었다.

원로원이 개선문을 지어 승자 콘스탄티누스에게 바치기로 결의한 것은 312년 늦가을이다. 다만 개선문은 315년까지 완성할 필요가 있었다. 그해는 콘스탄티누스가 재위 10년을 맞이하여 로마에서 축하식을 거행할 예정이었기 때문이다. 개선문 증정식은 즉위 10년 축하식의 핵심 행사였다.

그렇다면 실제 공사 기간은 2년뿐이다. 로마인의 공사는 단기간에 집중적으로 이루어지는 것이 특색이다. 콜로세움도 수도교도 5~6년 만에 지어버린다. 따라서 개선문 하나 짓는 데 2년이라는 공사 기간이 부족했던 것은 아니다. 부족한 것은 따로 있었다. 전에는 충분히 있었던 것이 이제는 부족해졌다.

지금도 로마의 명소 유적 가운데 가장 유명한 '콘스탄티누스 개선문'이 어느 것보다도 안이하게 지어졌다는 사실만큼 4세기의 수도 로마를 잘 반영하고 있는 것은 없다.

우선 그 개선문을 지어서 바치는 것으로 6년 동안이나 막센티우스를 지지한 죄를 용서받는 것이 목적이기 때문에, 최고로 좋은 위치에 지어야 한다. 아피아 가도를 따라 도심으로 들어와서 오른쪽으로 구부러져 팔라티노 언덕과 첼리오 언덕 사이를 콜로세움 쪽으로 나아가면 부딪치는 지점이 개선문 건설 부지로 결정되었지만, 그것도 입지조건을 신중하게 검토하여 결정한 것은 아니다. 거기에 이미 개선문이 있었기 때문에 그곳으로 결정했을 뿐이다.

최근 연구에 따르면 이곳에는 이미 하드리아누스 황제에게 바쳐진 개선문이 있었다고 한다. 과학적인 조사 결과, 기본형에 사용된 석재는 이 개선문이 지어진 4세기 초의 것이 아니라 2세기 전반의 것으로 밝혀졌다.

로마인이 '아르쿠스'(문)로 뭉뚱그려 말하는 아치형 건축양식은 로마인이 발명한 동시에 그들이 가장 좋아한 양식이다. '아르쿠스'는 출입구의 문만 의미하는 것도 아니고, 승자가 지나가는 개선문만 의미한 것도 아니다. 로마인에게 '아르쿠스'는 좋겠다 싶은 곳이면 어디에나 세우고 싶은 장식이었다. 다리 양쪽에 세우거나 정원 중앙에 세우고 담쟁이 잎으로 뒤덮기도 했다. 직선으로 이어지는 가도에 느닷없이 나타나는 '아르쿠스'는 단조로운 풍경에 변화를 주기 위해서였다. 단순히 '문'을 의미하는 '아르쿠스'를 '개선문'이라고 번역한 것은 후세의 의역이다. 따라서 로마인의 사고방식에 따르면, 개선문을 바칠 만한 전쟁을 하지 않은 하드리아누스에게 '아르쿠스'가 바쳐진 것도 전혀 이상하지 않았다. 콘스탄티누스에게 바치는 '아르쿠스'를 그곳에 짓기로 결정했을 때, 기존의 하드리아누스 개선문을 완전히 부수고 그 자리에 신축했을까. 대답은 '아니오'인 모양이다. 이미 있는 하드리아누스 개선문을 장식하고 있는 것들 가운데 목적에서 벗어나는 장식은 제거했다. 그리고 콘스탄티누스에게 바치는 헌사와 그 황제가 이탈리아에서 치른 전투를 묘사한 장면처럼 목적에 맞는 부조를 새겨서 그 자리를 메웠다. 하지만 그것만으로는 문을 모두 장식하기에 충분치 않았다. 그래서 로마에 있는 다른 공공 건조물에서 장식을 떼어다가 덧붙였다.

그 결과 로마 제국 최후의 걸작 건축물로 유명한 '콘스탄티누스 개선문'은 4세기 초에 건조되었지만, 본체와 장식이 모두 그 이전에 만들어진 것들을 가져다 붙인 '패치워크'(patchwork)가 되어버렸다.

트라야누스 황제 시대—98년부터 117년까지

하드리아누스 황제 시대—117년부터 138년까지

마르쿠스 아우렐리우스 황제 시대—161년부터 180년까지

여기에 313년부터 315년 중반까지의 공사 기간에 만들어진 것이 덧

붙어서 완성된 것이 '콘스탄티누스 개선문'의 실제 모습이다.

트라야누스 황제 시대의 것 — 개선문 정면과 뒷면의 맨 위층에 늘어서 있는 8명의 다키아 포로들의 군상. 이 조각상은 트라야누스 포룸의 광장을 둘러싼 회랑에 있었던 것을 떼어온 것이 분명하다. 다키아를 정복한 사람은 트라야누스이고, 다키아 민족과 콘스탄티누스는 아무 관계도 없었다.

하드리아누스 황제 시대의 것 — '아르쿠스' 본체. 개선문의 정면과 뒷면 2층을 장식하는 원형의 부조 8점. 이 부조들을 어디에서 가져왔는지에 대해서는 아직 정설이 없는 모양이지만, 두 가지 설이 있다. 하나는 이 자리에 원래 있었던 하드리아누스 개선문을 장식한 부조였다는 설. 또 하나는 '플라미니아 가도'가 '플라미니아 문'을 지나 도심으로 가는 직선도로, 오늘날 '코르소 가'라고 불리는 그 길의 중간쯤에 하드리아누스 황제의 업적을 기념하여 세운 '아르쿠스'가 있었는데, 거기에서 떼어다가 덧붙였다는 설이다.

출처가 어디든, 이것도 콘스탄티누스와 관계가 없는 것은 마찬가지다. 부조에 새겨져 있는 것은 말을 몰고 멧돼지사냥에 열중하거나 사냥의 여신 디아나에게 산 제물을 바치거나 갓 잡은 사자를 발치에 놓고 사냥 동료인 가신들에게 둘러싸여 기념 사진이라도 찍는 듯한 포즈를 취한 하드리아누스 황제. 냉철한 통치자였을 뿐만 아니라 모든 미적인 것의 애호자였던 하드리아누스는 콘스탄티누스와는 정반대되는 사고방식을 가진 사람이기도 했다.

마르쿠스 아우렐리우스 황제 시대의 것 — 정면에 4점, 뒷면에 4점, 합해서 8점의 부조는 모두 철인 황제라고 불린 마르쿠스 아우렐리우스의 생전 모습을 묘사한 것이다. 단 위에 서서 병사들을 격려하는 모습. 로마식 접는 의자에 앉아 항복한 야만족 대표를 접견하는 모습. 이런 8점의 부조에 묘사된 마르쿠스 아우렐리우스가 로마 군단기에 항상 둘러싸여 있는 것은 제국의 최전선 기지였던 빈에서 고향 로마로 돌아오지 않고 북방 야만족과 싸우다가 죽은 철인 황제에 대한 동시대 로마인의 마음을 나타내고 있다. 이것도 120년 뒤의 콘스탄티누스와는 아무 공통점도 없었다.

하지만 콘스탄티누스에게 바치는 '아르쿠스'인 이상, 여기저기에서 떼어온 것만 붙이면 실례다. 그래서 콘스탄티누스의 업적을 나타내는 부조도 추가했는데, 중앙과 좌우의 아치형 입구 위쪽에 새겨진 부분이 바로 4세기 초에 만들어진 것이다. 베로나 공방전 때 말을 몰고 진격하는 콘스탄티누스. 네 마리의 말이 끄는 전차를 타고 로마에 입성하는 장면. 순종의 뜻을 표하는 로마 시민들을 관용하는 태도로 대하는 콘스탄티누스. 물론 적을 공격하는 콘스탄티누스 휘하 병사들도 묘사되어 있다. 이 부조들만 이때 새로 제작된 것이다.

이런 식으로 손쉽고 안이하게 만들어진 것이 '콘스탄티누스 개선문'이지만, '패치워크'의 산물인 이 문이 오늘날까지도 유명한 데에는 훌륭한 이유가 있다. 뭐니뭐니해도 아름답기 때문이다. 양쪽에 팔라티노 언덕과 첼리오 언덕이 바싹 다가와 있고 앞쪽에 콜로세움이 바라보이는 그 자리에 세워지는 건물이라면 그 이외의 다른 형태는 없다고 여겨질 만큼 완벽한 조형을 보여준다. 그리스·로마 문명에서 중요한 요소의 하나였던 조화와 균형미의 완벽한 조형화라 해도 좋을 것이다.

하지만 가까이 다가가서 자세히 들여다보면, 오현제 시대인 2세기의 부조와 4세기의 부조 사이에 뚜렷이 드러나는 조형 능력의 차이에

콘스탄티누스 개선문
(남쪽에서 본 개선문)

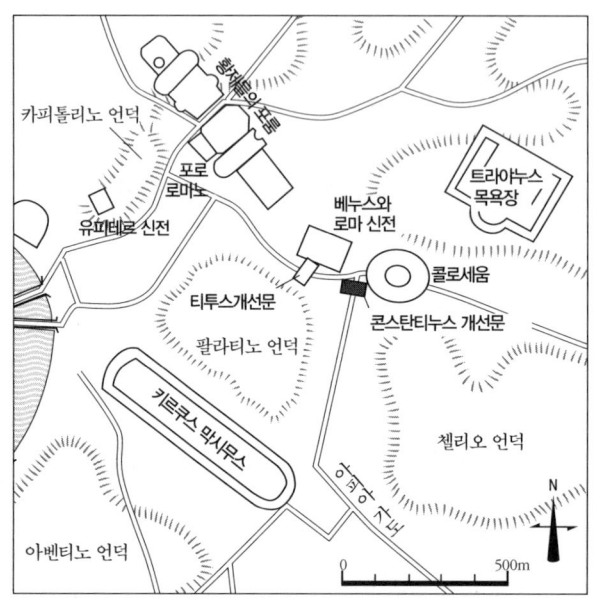

(북쪽에서 본 개선문)

(서쪽에서 본 개선문)

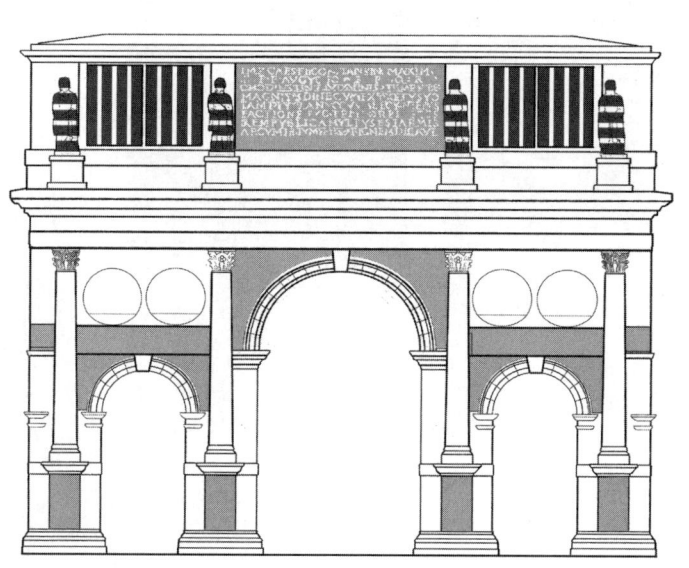

'패치워크'의 개선문
(시대별 조각)

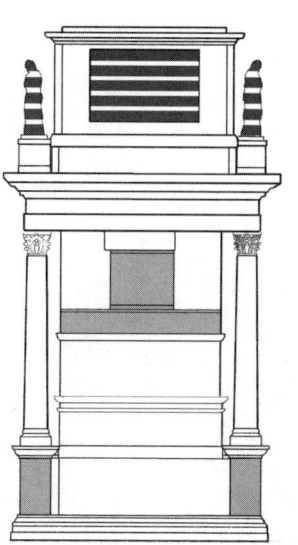

■ 트라야누스 시대

□ 하드리아누스 시대
(개선문 전체도 이 시대의 것)

▥ 마르쿠스 아우렐리우스 시대

▨ 콘스탄티누스 시대

① 남면

② 남면

남면 오른쪽 윗부분
⑩ 서면

트라야누스 황제 시대의 조각
(다키아인 포로들의 군상)

⑨ 동면

⑤ 북면

⑥ 북면

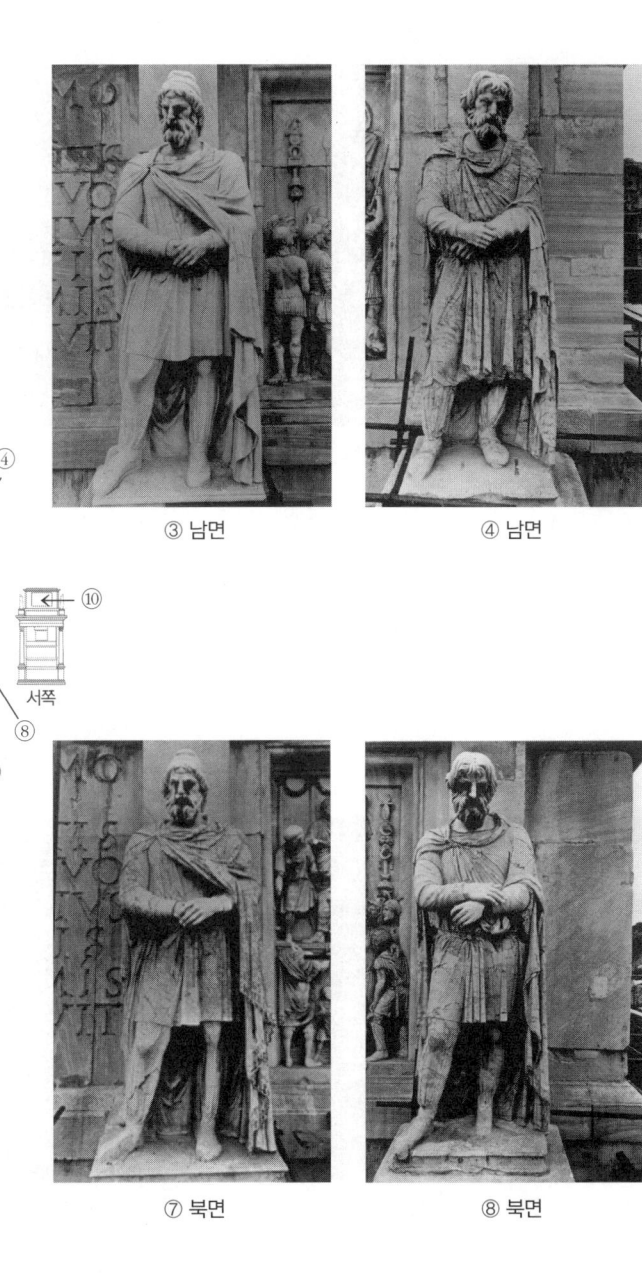

③ 남면   ④ 남면

⑦ 북면   ⑧ 북면

① 사냥을 떠나는 황제(남면)

② 실바누스 신에게 산 제물을 바치는 의식(남면)

하드리아누스 황제 시대의 부조

⑤ 멧돼지 사냥 광경(북면)

⑥ 아폴론 신에게 산 제물을 바치는 의식(북면)

③ 곰 사냥 광경(남면)

④ 디아나 신에게 산 제물을 바치는 의식(남면)

①~⑧의 순서로 원정지에서 사냥을 하고 신에게 제물을 바치는 이야기 형식으로 구성되어 있다.

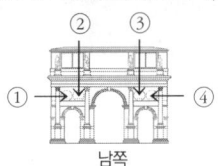
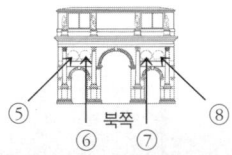

⑦ 사냥한 사자를 앞에 놓은 황제(북면)

⑧ 헤르쿨레스에게 산 제물을 바치는 의식(북면)

① 야만족 대표를 접견하는 황제(남면)　② 야만족 포로를 심문하는 황제(남면)

마르쿠스 아우렐리우스 황제 시대의 부조

⑤ 황제의 도착(북면)　⑥ 황제의 출발(북면)

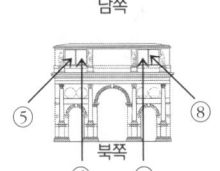

③ 연설하는 황제(남면)

④ 산 제물을 바치는 의식(남면)

⑦ 관대한 황제(북면)

⑧ 항복하는 패자(북면)

콘스탄티누스 황제 시대의 부조

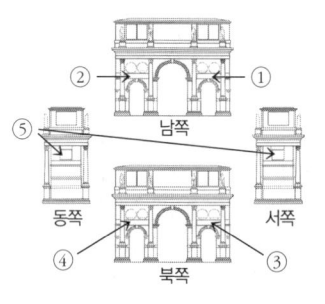

① 밀비우스 다리 전투(남면 오른쪽)

② 베로나 공략
(남면 왼쪽)

③ 포룸에서 연설하는 콘스탄티누스
(북면 오른쪽)

④ 밀을 무료 배급받는 로마 시민(북면 왼쪽)

⑤ 위(서면) 아래(동면)

콘스탄티누스 시대와 그 이전 시대의 부조 비교

기원 전후

평화의 제단 남면 부분(기원전 9년)

서기 2세기

트라야누스 원기둥(서기 113년)

서기 3세기

그란데 루도비시의 석관(서기 251년)

서기 4세기

콘스탄티누스 개선문(서기 315년)

생각이 미치지 않을까. 오현제 시대의 것이 그리스 조각과 비슷한 반면, 4세기의 부조는 로마 제국이 멸망한 뒤에 찾아올 중세의 것과 훨씬 비슷하다. 후자를 한마디로 평하면 '치졸'이다. 시대는 전진하고 있는데 조형 능력은 왜 퇴화하는가.

이런 '역량'도 국력의 영향을 받지 않을 수 없기 때문일 것이다. '현제들의 세기'라고 불러도 좋은 2세기는 로마 제국이 가장 평화롭고 번영한 시대였다. 이 시대에 창조된 조형미술과 건축이 최고 수준에 도달한 것은 국력도 그때가 최고였기 때문이다. 4세기에는 그만한 힘을 찾을 수 없게 되었다. '콘스탄티누스 개선문'은 이런 것까지 생각하게 하는 명소 유적이다.

이 '개선문'에도 그것을 세워서 기증한 쪽이 새긴 헌정사가 남아 있다. 정면 상단, 트라야누스 황제의 포룸에서 떼어온 두 명의 다키아인 포로 사이에 새겨져 있는 것이 바로 그 헌정사다. 거기에는 라틴어로 이런 글이 새겨져 있다.

"로마 원로원과 로마 시민은 승리에 대한 축하로 이 문(아르쿠스)을 임페라토르 카이사르 플라비우스 콘스탄티누스 막시무스(위대한) 피우스(자비로운) 펠릭스(행복한) 아우구스투스에게 바친다. 그리고 이 황제가 신과도 같은 뛰어난 감각과 위대한 의지력으로 이끈 군대의 정의로운 전쟁으로 폭군을 멸한 것을 여기에 기록한다."

패배란 무엇인가를 생각하게 하는 문장이다. 어제까지의 '황제'가 단숨에 '폭군'으로 바뀌었으니.

기독교 공인

역사를 즐기려면 아무래도 기억해두어야 하는 '해'가 있다. 서기 313년은 그런 '해' 가운데 하나다. 하지만 그것은 이제 명실 공히 제국 서방의 정제가 된 콘스탄티누스와 제국 동방의 정제인 리키니우스가 밀라노에서 회담했기 때문은 아니다. 또한 막센티우스를 토벌하기 전에 밀약한 대로 리키니우스와 콘스탄티누스의 이복 누이동생이 결혼식을 올렸기 때문도 아니다. 역사상 중요한 '해'가 된 것은 로마 제국 황제가 기독교를 공인한 해이기 때문이다.

하지만 로마 황제가 기독교를 인정한 것은 서기 313년이 처음은 아니었다. 2년 전인 311년에 제국 동방의 정제였던 갈레리우스가 이미 공인했다. 그런데도 로마 황제의 기독교 공인은 313년 6월에 공표된 '밀라노 칙령'을 통해 이루어진 것으로 되어 있다. 그것은 왜일까? 기독교도들이 오늘날까지 '대제'라고 부르는 콘스탄티누스 혼자만의 업적으로 해두고 싶었기 때문일까. 아니면 갈레리우스 황제의 공인과 콘스탄티누스 황제의 '밀라노 칙령'은 시간적으로는 겨우 2년밖에 차이가 나지 않지만 내용에서는 엄연한 차이가 있었기 때문일까. 두 칙령을 나란히 번역하여 그것을 검토해보고 싶다. 하지만 그 전에 기독교 공인이라는 획기적인 사실을 낳은 밀라노 양두 회담을 먼저 검토할 필요가 있을 것이다. 모든 역사적 현상은 배경 없이는 생겨나지 않고, 또한 313년의 밀라노 회담은 그 후 로마사의 주인공이 되는 콘스탄티누스의 성격에 대해 참으로 많은 것을 시사해주기 때문이다.

막센티우스가 전사한 것은 312년 10월 말이었다. 그 후 콘스탄티누스가 승리자라기보다 정복자로 수도 로마에 입성하여 머문 기간은 두 달이 채 안 된다니까, 이듬해인 313년 초에는 이미 밀라노에 들어가 있었을 것이다. 2월에는 리키니우스가 밀라노에 도착했다. 리키니우스와 콘스탄티아의 결혼식이 거행된 것은 그 직후일 것이다. 리키니우스는 6월 15일에 콘스탄티누스와 그의 이름으로 '밀라노 칙령'이 공표되기 석 달 전에 동방으로 서둘러 돌아갔기 때문이다. 이것은 콘스탄티누스라는 남자가 승리에 도취하거나 승리의 달콤한 열매를 느긋하게 맛보는 성질이 아니라는 것을 시사하지 않을까. 바꿔 말하면 쇠는 뜨거울 때 두드려야 한다는 것을 알고 있었다는 뜻이다. 전쟁터에서 속공을 장기로 삼았듯이, 정치에서도 마찬가지였을 것이다. 하지만 한편으로는 과일이 무르익기를 기다리는 신중함도 갖추고 있었다.

306년에는 여섯 명이나 되었던 '황제'가 7년 뒤인 313년에는 3명으로 줄었다. 콘스탄티누스와 리키니우스, 그리고 제국에서 가장 동쪽을 지키는 부제 막시미누스 다이아. 로마 제국은 이들 세 사람이 삼분한 상태가 되어 있었다. 하지만 이것으로 만족할 콘스탄티누스가 아니었다. 그렇다고 막센티우스를 거꾸러뜨린 기세로 리키니우스까지 공격하는 것은 이 시점에서는 두 가지 이유로 상책이 아니었다.

첫째, 리키니우스의 휘하 병력은 로마군에서도 최강인 도나우 방위선을 지키는 병사들이고, 그들은 리키니우스를 중심으로 굳게 결속해 있었다.

둘째, 이때 리키니우스를 공격하면 전부터 사사건건 서로 반발하고 있는 제국 동방의 정제 리키니우스와 부제 막시미누스 다이아를 오히려 결속시켜버릴 우려가 있었다.

313년에 밀라노에서 거행된 리키니우스와 콘스탄티아의 결혼으로 이익을 얻는 것은 황통을 이은 여자를 아내로 맞이하여 관록을 얻으려 한 리키니우스만은 아니었다. 콘스탄티누스의 이복누이인 신부는 적어도 18세는 되어 있었을 것이다. 신랑은 48세 안팎이니까 당시로서는 그런대로 나이가 어울린다. 하지만 황녀가 그 나이까지 미혼인 경우는 드물다. 이복오빠인 콘스탄티누스가 정략에 쓰려고 놓아둔 게 아닌가 싶다. 발칸 지방의 빈민 출신 황제들에게 황녀와의 결혼은 자신의 지위를 정당화하는 중요한 카드였기 때문이다.

그래서 막시미누스 다이아는 이제 콘스탄티누스만이 아니라 리키니우스까지도 그 카드를 손에 넣은 것을 알고 초조해졌다.

초조한 그가 눈길을 돌린 것은 2년 전에 죽은 갈레리우스 황제의 아내 발레리아였다. 무엇보다도 발레리아는 '사두정치' 체제를 시작한 디오클레티아누스의 외동딸이었다. 그녀와 결혼하면 리키니우스나 콘스탄티누스와 대등해질 수 있다고 생각했을 것이다. 하지만 발레리아는 청혼을 거절했다. 화가 난 막시미누스 다이아는 당장 군대를 보내 선제의 미망인만이 아니라 마침 그때 딸을 찾아와 있었던 디오클레티아누스의 아내까지 붙잡아 감옥에 넣어버렸다.

아드리아해에 면한 성채 같은 별장에서 그것을 안 디오클레티아누스는 막시미누스 다이아에게 사자(使者)를 보냈다. 아내와 딸이 당한 일에 항의하고, 두 여자를 인수하겠다고 말했다. 하지만 부제는 두 여자를 감옥에서 석방하기는 했지만 재산을 몰수하고 머나먼 오리엔트로 추방해버렸다.

막시미누스 다이아는 디오클레티아누스가 305년에 퇴위했을 때 부제가 된 사람이다. 그런 사람이 이런 행동을 한 것이다. 디오클레티아누스가 퇴위하여 권력을 내놓은 것이 겨우 8년 전이었다. 그래도 308년에 제4차 '사두정치'를 구성할 때까지는 디오클레티아누스도 아직 영향력을 가지고 있었다. 그 후 5년밖에 지나지 않았는데 여기까지 몰락했다. 아내와 딸이 정처 없는 유랑생활을 강요당하고 있음을 알면서도 속수무책인 상황을 68세가 된 디오클레티아누스가 어떤 심정으로 견뎠는지는 알 수 없다. 이제 늙은이가 된 과거의 최고 권력자에게는 아무도 귀를 기울이지 않게 되었다.

황녀와 결혼하자마자 리키니우스가 서둘러 밀라노를 떠난 것은, 리키니우스와 콘스탄티누스의 접근에 초조해진 막시미누스 다이아가 병력을 이끌고 리키니우스의 세력권인 소아시아로 쳐들어왔기 때문이다. 그것을 맞아 싸우기 위해 동쪽으로 가는 일행에 휘하 군단이 속속 가담하여 완전한 행군이 되었지만, 리키니우스는 갓 결혼한 아내도 동반하고 있었다. 리키니우스는 콘스탄티아를 볼모로 삼아 서방에 있는 콘스탄티누스의 움직임을 봉쇄할 작정이었는지 모르지만, 이 좋은 기회에 섣불리 움직일 콘스탄티누스가 아니다. 이번에는 그가 두 사람의 싸움을 지켜보면서 이익을 얻을 차례였기 때문이다.

급히 밀라노를 떠난 리키니우스가 소집해둔 휘하 병력과 합류하면서 소아시아에 들어간 것은 313년 3월 말이었다고 한다. 막시미누스 다이아가 이끄는 병력은 7만, 리키니우스의 병력은 3만이었다. 하지만 승리는 리키니우스에게 돌아갔다. 사령관의 재능 차이가 아니라 발칸 출신 병사와 오리엔트 태생 병사의 전투력 차이였다. 패배당한 막시미누스 다이아는 소아시아 남동쪽에 있는 타르수스로 도망쳤지만 그곳에서 죽었다. 자결했는지 부하에게 암살당했는지는 확실치 않다. 그해 8월의 일이었다고 한다. 한때는 6명이나 되었던 황제가 한 사람씩 퇴장하여 이제 두 사람만 남았다. 하지만 이 '양두정치'가 계속되리라고는 아무도 생각지 않았다. 아니, 누구보다도 '양두' 자신들이 그렇게 생각지 않았다.

제국 동방의 부제였던 막시미누스 다이아의 퇴장은 역사적으로는 사소한 일이지만 하나의 비극을 동반했다. 제국의 동방이 정제 리키니우스 밑에 통합되자, 막시미누스 다이아에게 쫓겨나 유랑생활을 강요당하고 있던 발레리아와 그 어머니 프리스카는 제국의 동방이 정제 리키니우스 치하로 통합되었으니까 자신들의 운명도 좋아질 거라고 생각했다. 리키니우스는 부제를 지내지도 않았는데, 발레리아의 남편 갈레리우스가 발레리아의 아버지인 디오클레티아누스의 승낙을 얻어 제국 서방의 정제로 발탁한 인물이었다. 리키니우스가 갈레리우스의 친구였기 때문인데, 그것이 겨우 5년 전의 일이었다. 그런 리키니우스라면 몰수당한 재산도 돌려주고 디오클레티아누스에게 보내줄 거라고 두 여자는 기대했다. 그래서 막시미누스 다이아에게 이긴 여세를 몰아 제국 동방 전역에 대한 지배권을 확립하려고 동쪽으로 진격하고 있는 리키니우스를 찾아갔다.

하지만 리키니우스는 잘 아는 사이인 두 여자를 만나주려고도 하지 않고 쫓아보냈다. 그뿐만 아니라 다시 유랑생활을 시작할 수밖에 없었던 모녀가 디오클레티아누스가 있는 곳에 한 걸음이라도 가까이 가려고 그리스의 테살로니키까지 왔을 때 두 여자를 기다리고 있었던 것은 사형집행 영장과 함께 리키니우스가 보낸 병사들이었다. 20년 동안이나 로마 제국 최고의 권력자였고 '사두정치'의 창시자였던 디오클레티아누스의 아내와 외동딸은 에게해 연안의 테살로니키 중앙 광장에서 처형되었고, 그들의 주검은 그대로 바다에 던져졌다. 아드리아해가 바라보이는 스플리트의 별장에서 68세의 디오클레티아누스가 그 소식을 어떻게 받아들였는지는 알려져 있지 않다.

디오클레티아누스가 만년에 어떤 심경이었는지를 알려주는 기록이 전혀 남아 있지 않아서 애석하다. 그가 확신을 가지고 실시한 정책은 그가 아직 살아 있을 때 모조리 파탄을 맞았다. 그런 일을 겪은 황제는 그를 제외하고는 아무도 없다. 기독교 문제만 해도 그렇다. 그가 박해와 탄압을 강행한 첫해부터 헤아려도 겨우 10년 뒤에 방향이 180도 바뀌었다. '사두정치' 체제도 이제 그것을 믿는 사람은 아무도 없었다. 유일한 위안은 북방 야만족이나 동방의 대국 페르시아가 제국을 침략하지 않는 것이지만, 실력자들은 그것을 기화로 권력 투쟁을 할 생각밖에 하지 않는다. 디오클레티아누스가 313년 몇 월 며칠에 죽었는지는 전문가도 정확히 대답할 수 없다. 그래서 313년 6월 15일에 공표되었다는 '밀라노 칙령'을 모르고 죽었는지 알고 죽었는지도 알 수 없다. 하지만 6월 15일 이전에 죽었다 해도, 2년 전에 공표된 갈레리우스 황제의 칙령으로 기독교도에 대한 풍향이 바뀐 것은 느끼고 있었을 것이다. 기독교 대책 하나만 보아도 자신이 실시한 정책의 파탄은 2년 전에 이미 분명해져 있었다. 그리고 313년에 공표된 '밀라노 칙령'은 숨통을 끊는 마지막 일격과 마찬가지였다.

다음은 311년 4월에 공표된 갈레리우스의 칙령 전문이다.

〈나는 항상 제국과 거기에 사는 사람들의 이익을 생각하고 정책을 결정했지만, 그것을 실행에 옮길 때의 마음가짐은 로마의 오랜 전통과 규율을 회복하는 것이었다. 이 기본적인 생각에 입각하여, 조상의 신앙을 버린 기독교도에 대해서도 그들이 다시 우리에게 돌아오기를 바라고 모든 수단을 동원했다. 그래도 기독교도들은 고집스럽게 어리석은 행동을 그만두지 않고, 로마를 위대하게 만든 조상의 생활방식을 본받기는커녕 자신들이 좋다고 생각하는 생활방식을 정해놓고 그것을 제국 각지에 전파하여 많은 사람을 모으는 데 성공했다.

그래서 우리(디오클레티아누스와 갈레리우스)는 이들을 조상의 규율로 되돌리기 위해 단호한 조치를 취하기로 했다(303년에 디오클레티아누스 황제가 공표한 기독교도 박해에 관한 칙령을 의미한다). 그에 따라 많은 기독교도가 믿음을 버렸다.

하지만 그래도 완강하게 배교를 거부한 자가 많았다. 또한 배교자가 된 자들도 대부분 스스로 납득하여 기독교를 버린 것이 아니라 강제로 어쩔 수 없이 버렸을 뿐이다. 그래서 그리스도의 신을 섬기는 것은 그만두었지만, 그렇다고 로마의 전통적 신들에 대한 믿음으로 돌아온 것도 아니었다. 그리고 이 현상은 우리 로마인의 전통, 즉 모든 사람에게 나름대로의 생활방식을 인정하는 관용의 정신과는 어울리지 않는다.

그래서 내가 바라는 것이 로마인의 전통과 규율의 회복인 이상, 기독교도에게도 로마인의 관용 정신이 미쳐야 한다는 결론에 도달했다.

따라서 오늘부터는 기독교도들이 자신의 공동체를 재건하는 것을 인정한다(즉 기독교 신앙을 갖는 것도 허용한다). 다만 제국의 법률에 위배되지 않는 한도 안에서 허용한다는 점을 명기한다.〉

기독교도들이 보기에 갈레리우스 황제가 인정하는 신앙의 자유는 한마디로 말해서 애매모호했을 것이다. 로마 사회에서는 여전히 로마의 전통적 신들이 우위에 있고, 신앙의 자유도 여전히 '국법에 위배되지 않는 한도 안에서'라는 조건이 붙었기 때문이다.

3세기 후반에 나타났다 사라진 수많은 황제들은 기독교도를 탄압한 사람과 탄압하지 않은 사람으로 나뉘었지만, 탄압이나 박해를 하지 않은 황제들도 속마음은 갈레리우스와 같았을 것이다.

로마는 공화정 시대부터 일관되게 다인종·다민족·다문화·다종교 국가다. 군대는 군장을 통일하는 편이 유리하지만, 로마군의 전쟁터에서는 반쯤 벌거숭이로 싸우는 게르만족 병사 바로 옆에서 오리엔트 출신 병사가 긴 스커트 차림으로 싸우는 광경을 항상 볼 수 있었다. 민족마다 다른 풍습을 존중해주었기 때문이다.

로마인이 생각하는 '관용'(clementia)은 강자가 약자에게 자신들의 생활방식을 강요하지 않고 약자 나름대로의 생활방식을 인정해주는 것이었다.

로마 황제의 기독교도 박해가 산발적으로만 이루어졌고 그나마 철저하지도 않았던 것은 그 바탕에 이런 사고방식이 깔려 있었기 때문이다. 유일하게 철저했던 경우는 디오클레티아누스의 기독교도 탄압이지만, 이것도 엄격하게 실시된 기간은 2~3년뿐이다. 황제에서 지방 행정관에 이르기까지 로마의 행정 담당자들은 단지 기독교를 믿는다는 이유만으로 기독교도를 탄압하고 박해하는 것을 진심으로 납득하지는 못했다. 그들은 다신교 민족이었다. 다신교는 다른 신에 대한 믿음도 인정해주는 생활방식이고, 따라서 다른 종교는 인정하면서 유독 기독교만 인정하지 않는 것은 다신교 정신에 어긋난다. 기독교도만 배척하는 것은 로마인의 '관용'에 걸맞지 않은 생각이고, 따라서 로마적인 생각이 아니었다. 이것이 기독교도에 대한 탄압이 철저하게 이루어지지 않은 요인이다. 또한 방향을 180도 전환하여 기독교를 인정한 경우에도 이런저런 조건을 붙여 애매모호해진 이유이기도 했다.

하지만 이때부터 겨우 2년 뒤에 콘스탄티누스의 '밀라노 칙령'이 공표된다. 기독교를 공인했다 하여 역사적으로 여겨지는 이 '밀라노 칙령'조차도 기독교도 쪽에서 보면 진심으로 만족할 수 있는 것은 아니었을지 모른다. 그것 역시 로마적인 '관용'에 입각할 수밖에 없었기 때문이다.

다음은 서기 313년 6월에 공표된 콘스탄티누스와 리키니우스의 '밀라노 칙령' 전문이다.

〈전부터 우리(콘스탄티누스와 리키니우스) 두 사람은 신앙의 자유를 방해해서는 안 된다고 생각해왔다. 그뿐만 아니라 신앙은 각자 자신의 양심에 비추어 결정해야 할 일이라고 생각해왔다. 따라서 우리 두 사람이 통치하는 제국 서방에서는 이미 기독교도에 대해서도 신앙을 인정하고 신앙을 깊게 하는 데 필요한 제의를 거행하는 자유도 인정했다. 하지만 이 묵인 상태가 실제로 법률을 집행하는 자들 사이에 혼란을 불러일으켰고, 따라서 우리의 이런 생각도 실제로는 사문화되었다는 것을 인정하지 않을 수 없다.

그래서 정제 콘스탄티누스와 정제 리키니우스는 제국이 안고 있는 수많은 과제를 의논하기 위해 밀라노에서 만난 이 기회에 모든 백성에게 매우 중요한 신앙 문제에 대해서도 명확한 방향을 정해야 한다는 데 의견이 일치했다.

그것은 기독교도만이 아니라 어떤 종교를 신봉하는 자에게도 각자가 원하는 신을 믿을 권리를 완전히 인정하는 것이다. 그 신이 무엇이든, 통치자인 황제와 그 신하인 백성에게 평화와 번영을 가져다준다면 인정해야 마땅하다. 우리 두 사람은 모든 신하에게 신앙의 자유를 인정하는 것이 가장 합리적이며 최선의 정책이라는 합의에 이르렀다.

오늘부터 기독교든 다른 어떤 종교든 관계없이 각자 원하는 종교를 믿고 거기에 수반되는 제의에 참가할 자유를 완전히 인정받는다. 그것이 어떤 신이든, 그 지고의 존재가 은혜와 자애로써 제국에 사는 모든 사람을 화해와 융화로 이끌어주기를 바라면서.〉

칙령은 여기서부터 지령으로 바뀐다. 칙령이라는 형태를 취한 국가 정책을 각 지방에서 실제로 집행하는 행정관들에게 구체적으로 지령을 내리는 것이다.

〈우리 두 사람이 이렇게 결단을 내린 이상, 지금까지 발령된 기독교 관계 법령은 오늘부터 모두 무효가 된다. 앞으로 기독교 신앙을 관철하고 싶은 자는 아무 조건도 없이 신앙을 완전히 인정받는다는 뜻이다.

기독교도에게 인정된 이 완전한 신앙의 자유는 다른 신을 믿는 자에게도 동등하게 인정되는 것은 말할 나위도 없다. 우리가 완전한 신앙의 자유를 인정하기로 결정한 것은 그것이 제국의 평화를 유지하는 데 효과적이라고 판단했기 때문이고, 어떤 신이나 어떤 종교도 명예와 존엄성이 훼손당해서는 안 된다고 생각하기 때문이다.

그리고 지금까지 그것을 훼손당하는 일이 많았던 기독교도에 대해서는 특히 몰수당한 기도처의 즉각 반환을 명하는 것으로 보상하고자

한다. 몰수된 기도처를 경매에서 사들여 소유하고 있는 자에게는 그것을 반환할 때 국가로부터 정당한 값으로 보상이 이루어진다는 것도 여기에 명기한다.〉

이 '밀라노 칙령'은 한 번만 읽어보아도 분명히 알 수 있듯이 두 황제 가운데 한 사람인 콘스탄티누스가 기독교로 개종하겠다는 뜻을 밝힌 것은 결코 아니다. 또한 이 칙령으로 기독교가 다른 종교에 비해 우대받게 된 것도 아니다. 로마 제국에 사는 모든 사람에게 완전한 종교의 자유를 인정하고 그것을 공표한 칙령이었을 따름이다.

하지만 그래도 '밀라노 칙령'이 역사에 한 획을 긋는 중대한 사건으로 여겨질 이유는 충분히 있다. 그것은 로마인이 1천 년 이상 간직해온 전통적인 종교관을 서기 313년에 공표된 이 칙령이 잘라버렸기 때문이다.

이때까지 로마는 로마라는 '공동체'(Res Publica)에 속하는 주민들에게, 각자가 믿는 신이 무엇이든 '공동체' 전체의 수호신으로 여겨지는 전통적인 신들에 대해서는 그에 상응하는 경의를 표하라고 요구했다. 로마군 병사들은 기독교나 미트라교를 믿든 태양신을 숭배하든 자유지만, 매년 1월 1일에 군단기지 중앙 광장에 집합하여 로마의 전통적인 신들에게 산 제물을 바치고 로마군 최고사령관인 황제에게 충성을 선서하는 의식에서는 개인의 신앙을 잠시 제쳐놓고 다른 사람과 행동을 같이해야 했다.

그런데 밀라노 칙령으로 이제 그럴 필요가 없게 되었다. '칙령'은 개인의 신앙의 자유는 완전히 인정하고 있지만, 국가인 '공동체'의 종교에 대해서는 전혀 언급하지 않았다. 갈레리우스 황제의 칙령에는 기독교도의 신앙의 자유는 인정하되 '제국의 법률에 위배되지 않는 한도 안에서'라는 단서가 붙어 있었다. 그런데 '밀라노 칙령'에는 그 구절이 없다. 그래서 '아무 조건도 달지 않고' 완벽하게 신앙의 자유가 인정된 것이다.

이 '밀라노 칙령'을 현대에 이르기까지의 역사의 흐름 속에서 파악하면, 신앙의 자유는 인권 존중의 한 기둥이라는 점에서 18세기 유럽에 널리 퍼진 계몽주의의 선구로 볼 수도 있다. '밀라노 칙령'의 앞부분은 특히 볼테르나 디드로의 말을 듣고 있는 듯한 느낌을 준다.

계몽사상보다 1,400년 전에 존재한 로마 제국은 후기에 접어든 뒤에도 여전히 다인종·다민족·다종교·다문화 제국이었다. 그리고 모든 것이 다양한 이 대제국은 로마법과 로마 황제와 로마의 종교라는 느슨한 고리를 끼우는 방법으로 통합성을 유지해왔다. 로마 제국은 제2차 세계대전 이후에 생겨난 '코먼웰스'(영연방)와 비슷하다고 평한 영국 학자도 있다.

'밀라노 칙령'은 그 고리들 가운데 로마의 종교라는 고리를 풀었다. 이 칙령 자체는 비난할 수 없을 만큼 합리적이고 18세기 계몽주의자도 칭찬할 만한 내용이지만, 주창자인 콘스탄티누스 자신은 국가 종교라는 고리를 풀어도 제국을 통합할 수 있다고 생각했을까.

그리고 '밀라노 칙령'으로 공인된 신앙의 자유를 왜 1,400년 뒤인 계몽주의 시대에 다시 큰 목소리로 주장해야 했는가.

대답은 간단하다. 그 긴 세월 동안 그것이 지켜지지 않았기 때문이다.

게다가 신앙의 자유가 지켜지지 않는 사회에 이르는 길은 바로 콘스탄티누스 자신이 열어가게 된다.

콘스탄티누스와 리키니우스는 '밀라노 칙령'에 함께 서명했지만, 그 직후에 막시미누스 다이아가 싸움에서 패하고 죽은 뒤 두 황제의 동맹 관계는 당장 위기에 직면한다. 이제 로마 제국 서방은 콘스탄티누스, 동방은 리키니우스가 다스리는 '양두정치'가 되었을 터인데, 285년의 '양두정치'와 형식은 같아도 내용은 전혀 달랐기 때문이다.

디오클레티아누스와 막시미아누스의 '양두정치'가 8년이나 지속된 것은 두 사람의 권위와 권력이 대등하지 않았기 때문이다. 서방을 맡은 막시미아누스는 형식상으로는 디오클레티아누스의 동료였지만, 제국 통치의 주도권은 디오클레티아누스가 계속 쥐고 있었다. 이런 상태에서도 기능을 발휘할 수 있었던 것은 무인형인 막시미아누스가 그보다 다섯 살 위인데다 훨씬 정치적인 디오클레티아누스에게 한 수 접고 들어갔기 때문이다.

그에 비해 313년의 '양두정치'는 내용이 전혀 다르다. 313년에 리키니우스는 48세, 콘스탄티누스는 열 살 아래인 38세였을 것이다. 이들 사이에는 디오클레티아누스와 막시미아누스 사이에 있었던 인간적인 감정의 교류가 전혀 없었다. 리키니우스의 나이가 열 살이나 많아도, 콘스탄티누스는 리키니우스의 정치적·군사적 재능을 인정하고 존중하지 않았다. 그렇다면 이 관계는 단순한 '대립'이 된다. 따라서 두 사람의 '양두정치'가 성립된 지 2년도 지나기 전에 파탄난 것은 조금도 이상한 일이 아니었다.

불상사를 저지르고 리키니우스에게 달아난 친족을 넘겨달라고 콘스탄티누스가 요구했을 때 리키니우스가 거절한 것이 일의 발단이었다. 리키니우스가 반발한 것은 넘겨달라는 요구 자체가 아니라 요구하는 방식이 오만했기 때문이라지만, 어쨌든 그것이 콘스탄티누스에게 리키니우스를 공격할 대의명분을 주었다.

이리하여 로마 제국은 외적의 침략을 저지하는 데에는 성공했지만 7년 동안 세 차례나 로마인끼리의 싸움으로 국토를 황폐하게 만들었다. 게다가 315년의 이 내전은 콘스탄티누스가 담당한 라인 방위선을 지키는 갈리아 병사와 리키니우스가 담당한 도나우 방위선을 지키는 발칸 병사가 정면으로 격돌한 전쟁이 되었다. 갈리아 병사와 발칸 병사는 로마군에서 수위를 다투는 정예였다. 전투가 한 번으로 결말이 나지 않은 것도 당연했다.

315년 초가을에 벌어진 첫 번째 전투는 도나우강과 가까운 판노니아 지방의 키발라에라는 도시에서 벌어졌다. 판노니아는 리키니우스의 지배 아래 있고, 게다가 키발라에는 리키니우스의 궁정이 있는 시르미움에서 북서쪽으로 70킬로미터밖에 떨어져 있지 않다. 콘스탄티누스가 선제공격을 가한 것은 분명하지만, 그것은 리키니우스가 동원할 수 있는 병력이 3만 5천인 반면 콘스탄티누스가 데려갈 수 있는 병력은 2만 명밖에 안되었기 때문이다.

수적으로 열세인 군대를 이끌고 승리하려면 주도권을 재빨리 장악해버리는 것이 중요하다. 몸소 기병대를 이끌고 적진에 뛰어든 콘스탄티누스를 보면 기병대의 선두에 서서 다섯 배나 많은 페르시아군을 향해 돌격한 알렉산드로스 대왕이 생각나지만, 로마군은 병사 개개인의

트라키아와 그 주변

전투 능력이 비교도 되지 않을 만큼 뒤떨어지는 페르시아군과는 다르다. 그래서 해가 질 때까지 격렬한 전투가 계속되었다. 그래도 콘스탄티누스가 시종일관 우세한 형세를 유지한 것은 병사의 전투 능력이 아니라 지휘관의 재능에 차이가 있었기 때문일 것이다.

그날 밤 사이에 리키니우스와 그의 군대는 숙영지를 떠나 동쪽으로 달아났다. 병사들에게는 패주가 아니라 철수라고 말한 모양이지만, 그 차이를 모르면 병사가 아니다. 수도 시르미움에도 들르지 않고 쏜살같이 트라키아 지방까지 도망쳤으니까, 도중에 3만 5천 명의 휘하 병력이 2만 명으로 줄었다 해도 그것은 배반이 아니라 병사가 장수를 버렸다고 보아야 한다.

두 번째 전투는 트라키아와 그 남쪽의 마케도니아를 가르는 산악지대에서 벌어졌다.

이것은 첫 번째 전투보다 더욱 치열한 격전이었다지만, 달아나는 병사를 돌려세워 승리로 이끌어가는 것은 상당한 재능의 소유자가 아니면 불가능하다. 적은 추격해왔다는 것만으로 이미 우위에 서 있기 때문이다. 예상된 일이지만, 리키니우스는 두 번째 전투에도 패배했다.

여기서 2년 전에 리키니우스와 결혼한 콘스탄티아가 당시 여자로서는 보기 드문 의지와 배짱으로 오빠와 남편을 화해시키려고 애썼다고 한다. 그 보람이 있었는지, 그해 12월에 두 황제 사이에 강화가 성립되었다. 리키니우스가 소아시아에서 동쪽으로 물러가는 것이 조건이었다. 평화가 언제까지 지속될지는 알 수 없었지만, 로마인끼리의 내전은 일단 수습되었다.

하지만 누이동생의 간청을 거부하기 어려워서 강화를 맺었다는 것은 표면상의 이유일 뿐이고, 콘스탄티누스 자신이 적절하다고 생각했기 때문에 강화가 성립된 것이다. 리키니우스가 소아시아 동쪽으로 물러난다는 것은 도나우 방위선을 지켜야 할 책임에서도 벗어난다는 뜻이다. 책임에서 벗어난다는 것은 도나우 방위선을 지키는 병력의 지휘권도 내놓는다는 뜻이다.

이제 콘스탄티누스 휘하에는 라인 방위군만이 아니라 로마군 전체에서 가장 강한 도나우 방위군까지 편입되었다. 반대로 궁지에 몰렸다가 강화를 맺고 한시름 놓은 리키니우스 휘하에는 연약하다고 경멸당하는 오리엔트 출신 병사들이 있을 뿐이었다. 이제 리키니우스는 콘스탄티누스에게 위험한 경쟁자가 아니었다.

그리고 콘스탄티누스는 여세를 몰아 단숨에 꼭대기층까지 뛰어올라가는 성질이 아니라, 층계참이 나올 때마다 멈춰 서서 그때까지의 성과를 확실히 다지고 나서 다음 단계에 도전하는 성질이었다. 나이도 40세, 건강은 좋으니까 서두를 필요는 없다고 생각했는지도 모른다. 그는 무엇보다도 졸속과는 인연이 먼 사람이 아닌가 싶다.

졸속을 싫어한다는 것은 서두르는 것이 적절치 않을 때 아예 걸음을 내딛지 않는다는 뜻이 아니라, 그런 시기에도 걸음은 착실히 내딛는다는 뜻이다. 콘스탄티누스는 306년에 권력 투쟁의 무대에 처음 등장했을 때는 라인강으로 흘러드는 모젤강 상류, 오늘날의 독일 서쪽 끝에 있는 트리어를 본거지로 삼고 있었다. 그런데 312년에 막센티우스를 무찌르고 본거지를 이탈리아의 밀라노로 옮긴다. 그리고 315년에 이번에는 리키니우스를 이기고, 로마 제국 후기에 도나우 방위선의 요충이었던 시르미움으로 본거지를 옮겼다. 시르미움은 오늘날 세르비아·몬테네그로의 미트로비차다. 조금씩 동쪽으로 장기말을 전진시키는 느낌이다. 이것만으로도 콘스탄티누스의 머릿속에 있었던 로마 제국이 어떤 것인지, 이 단계에서 이미 예상할 수 있지 않았을까. 하지만 콘스탄티누스는 큰 목표를 세워도 거기에 도달하는 과정은 어디까지나 현실적으로 소화했다. 그것이 콘스탄티누스의 뛰어난 점이었다.

콘스탄티누스는 리키니우스와 일단 강화를 맺은 뒤, 316년부터 322년까지 7년 동안은 북방 야만족을 물리치는 데 보냈다. 라인강 동쪽에서는 프랑크족과 알레마니족, 도나우강 북쪽에서는 고트족이 오랜만에 로마 방위선을 돌파하여 쳐들어왔다는 사정도 있었다. 콘스탄티누스가 리키니우스의 숨통을 끊는 것만 생각하고 오리엔트까지 진격했다면, 야만족은 유럽 깊숙이까지 쳐들어와 멋대로 분탕질과 살육을 저질렀을 것이다. 그리고 이때 리키니우스를 죽음으로 몰아넣고 염

원대로 단독 황제가 되었다 해도, 콘스탄티누스가 경쟁자 배제를 우선했기 때문에 야만족의 침입과 약탈을 허용한 것을 사람들은 쉽게 잊지 않았을 것이다.

로마 황제의 첫 번째 책무는 제국과 거기에 사는 사람들의 안전을 보장하는 것이다. 그렇기 때문에 로마군 최고사령관도 겸하고 있고, '임페라토르'라는 칭호로 불린다. 로마인의 생각으로는 아무리 내정에서 뛰어난 업적을 올려도 외적의 침입을 방치하는 사람은 '황제'가 아니었다.

본격적으로 야만족을 맞아 싸울 준비가 갖추어진 것은 317년으로 넘어간 뒤였다. 북방 야만족은 316년에 이미 방위선을 돌파했지만, 황제가 직접 지휘할 만한 규모의 병력을 금방 준비할 수는 없다. 오현제 시대까지 안전보장책은 방위선을 철벽화하는 것이었기 때문에, 돌파당한 방위선에는 다른 방위선에서 당장 지원 병력이 달려가는 체제로 되어 있었다. 그런데 디오클레티아누스 이후 제국의 안전을 보장하는 주력은 방위선에 염주처럼 배치된 군단기지에 주둔하는 병사가 아니라 황제들이 직접 지휘하는 유격대로 바뀌었다. 게다가 황제가 지휘하는 이상, 병력은 몇 만 명 규모가 된다. 오늘날에도 대군이 집결하려면 상당한 기간이 필요하지만, 그것은 고대에도 마찬가지였다.

그래서 유격전이 시작된 것은 317년에 접어든 뒤였다. 콘스탄티누스는 라인 방위선은 아들인 크리스푸스에게 맡기고 도나우 방위선은 자신이 맡기로 했다. 라인 방위선을 돌파한 적이 침입한 곳은 갈리아였고, 도나우 방위선을 돌파하여 남하한 적은 발칸 지방으로 밀려들었다.

크리스푸스는 콘스탄티누스가 황녀 파우스타와 결혼하기 위해 이혼한 첫 아내한테서 얻은 맏아들이다. 콘스탄티누스의 어머니도 같은 사정으로 이혼당했기 때문에, 크리스푸스는 이혼한 전처와의 사이에 태어난 맏아들이라는 점에서 콘스탄티누스와 비슷한 조건을 갖고 있다. 하지만 콘스탄티누스가 젊은 크리스푸스에게 중책을 맡긴 것은 젊은 시절의 자신을 생각하고 동정했기 때문은 아니다. 황제의 가족 중에서 황제가 직접 나서도 좋은 역할을 맡을 수 있는 사람이 이 시점에서는 크리스푸스밖에 없었기 때문이다. 파우스타와의 사이에 태어난 아들들은 아직 어린애였다.

또한 이 무렵 크리스푸스는 이미 아버지 콘스탄티누스한테서 '카이사르'라는 칭호를 얻었는데, 이제는 '카이사르'를 '사두정치' 시대처럼 '부제'라고 번역할 수는 없다. '부제'는 독자적인 판단으로 군사행동을 일으킬 권한을 인정받고 있었지만, 콘스탄티누스는 크리스푸스에게 그런 권한을 주지 않았다. 따라서 '사두정치'가 붕괴한 이후의 '카이사르'는 2세기 이전의 원수정 시대로 돌아가 제위 후계자나 황태자로 생각하는 편이 적절할 것이다. 콘스탄티누스가 전처의 아들 크리스푸스를 후계자로 삼은 것은 그의 나이가 20세에 이르러 있었기 때문이다. 반면에 황녀 파우스타가 낳은 아이는 맏아들이 한 살이고 둘째아들은 갓난아기였다.

크리스푸스가 콘스탄티누스와 닮은 점은 태생이나 성장 배경만이 아니었다. 20대에 갓 접어든 젊은 나이인데도 5만 명이나 되는 병력을 이끌고 싸우는 모습이 아버지를 닮았다.

다만 아버지와는 달리 겉과 속이 같은 성격이었다고 한다. 그 때문인지, 전쟁터에 나가면 사자로 돌변했다. 속공을 장기로 삼으면서도 전략을 짜서 효율적으로 싸움을 진행하는 군사적 재능은 어쩌면 아버지보다 더 뛰어났는지도 모른다. 프랑크족도 알레마니족도 크리스푸스의 공격을 받고 당장 궁지에 몰렸다.

오현제 시대의 황제들, 그중에서도 특히 하드리아누스 황제가 방위선을 철벽화하여 야만족의 침입을 그 선에서 저지하는 데 집착한 데에는 충분한 이유가 있었다. 야만족은 일단 침입하면 쉽게 쫓아낼 수 없었기 때문이다.

야만족은 로마군처럼 한데 뭉쳐 조직적으로 행동하지 않고, 일단 방위선을 돌파하여 침입에 성공한 뒤에는 더 많은 사냥감을 찾아 뿔뿔이 흩어지는 경향이 강하다. 한데 뭉쳐 행동하는 군대라면 그것을 격파하는 것으로 목적을 달성할 수 있지만, 야만족한테는 이 전법이 별로 효과가 없다. 무리지어 침입해도 각자 뿔뿔이 흩어져 분탕질을 하고 다니는 야만족을 발견하는 족족 일일이 격파하지 않으면 안 된다. 또한 그들을 다 무찌르고 나면 이번에는 로마군이 라인강을 건너 야만족의 거주지역으로 쳐들어가, 로마의 방위선을 돌파하는 것이 어떤 결과로 이어지는가를 뼈저리게 알려주기 위해 잔혹하고 야만적인 짓까지도 할 필요가 있었다. 그래도 로마 제국에 순종하겠다는 뜻을 표하고 병사를 로마 제국에 제공하여 우호적인 관계를 맺고 싶다고 제의하는 부족이 있으면 그것을 받아들이는 것이 로마의 방침이었다. 크리스푸스가 적대행위를 그만두지 않는 야만족을 라인강 동쪽으로 깊숙이 쫓아내고, 유린당한 갈리아 전역에 평화를 회복하는 데 5년이라는 세월이 걸린 것도 무리는 아니었다. 그래도 그 5년 동안 아버지 콘스탄티누스의 지원이 필요해지는 사태는 한 번도 일어나지 않았다. 젊은 장수의 첫 출전은 완전한 성공이라고 말할 수 있었다.

크리스푸스가 잘 싸워준 덕에 콘스탄티누스는 도나우 방위선에 집중할 수 있었지만, 이 전선에서 야만족과의 전투가 몇 년에 시작되었는지는 정확한 기록이 없다. 하지만 이 전선에서 로마가 상대한 적은 북방 야만족 가운데 최대이자 최강이라는 고트족이었다. 그런만큼 고트족은 다른 야만족과 달리 한데 뭉쳐 조직적으로 행동하는 경향이 강했다. 아마 이 고트족과 콘스탄티누스가 이끄는 로마군의 전투는 평원에 양군이 포진하여 싸우는 회전 방식으로 벌어졌을 것이다.

전쟁이 처음 시작된 해는 알 수 없지만, 전쟁 상태가 끝난 해는 알려져 있다. 322년 여름까지 도나우강 남안에서 야만족을 격퇴하는 전쟁을 우세하게 진행한 콘스탄티누스 군대는 전투에 불리한 계절인 11월을 앞두고 도나우강 북쪽으로 진격할 준비를 하고 있었다.

그 준비는 200여 년 전 트라야누스 황제가 도나우강에 놓은 다리를 보수하여 다시 건널 수 있게 만드는 것이었다. 길이가 1킬로미터를 넘는 이 '트라야누스 다리'는, 20개에 이르는 교각은 견고한 석조지만 그 교각이 떠받치는 상부는 목조로 되어 있었다. 그 목조 부분이 3세기 후반에 로마 제국이 다키아(오늘날의 루마니아)를 포기했을 때 해체되어버렸다. 트라야누스 황제가 정복하여 속주로 편입시킨 다키아에서 철수하면 그 후로는 도나우강이 최전선이 되니까, 도나우강에 걸린 다리도 방위상 해체할 수밖에 없었다.

하지만 콘스탄티누스는 도나우강 북쪽으로 진격할 생각이었다. 그러려면 대군이 강을 건너야 하고, 그러기 위해서는 다리가 필요했다. 322년의 준비는 대량의 목재를 징발하고 많은 병사를 투입하여 '트라야누스 다리'를 서기 103년에 완성했을 당시의 모습으로 돌려놓는 것이었다. 하지만 공사 자체는 200년 전과는 비교도 되지 않을 만큼 안이하게 이루어졌을 게 분명하다. 어쨌든 다리를 건널 수 있으면 된다. 맞은편으로 건너가서 고트족을 무찌르고 돌아오면 그 자리에서 불태워버리는 것이 다리의 운명이었기 때문이다.

도나우강 북쪽으로 쳐들어가는 작전은 성공적으로 끝났다. 격파당한 고트족은 강화를 요구할 수밖에 없었다. 콘스탄티누스는 고트족 남자 4만 명을 로마군에 편입시키는 조건으로 그 제의를 받아들였다. 이렇게 콘스탄티누스는 322년까지 7년 동안 싸운 끝에 북방 야만족이라는 성가신 적으로부터 일단 해방되었다. 콘스탄티누스에게 이것은 마지막 층계참에서 꼭대기층으로 통하는 계단을 이번에는 단숨에 뛰어올라갈 기회가 찾아온 것을 의미했다.

그 기회가 온 324년에 리키니우스는 59세, 콘스탄티누스는 49세였다. 열 살 아래인 콘스탄티누스는 리키니우스와 싸움을 시작할 때 대의명분을 찾지도 않았고 트집을 잡지도 않았다. 로마 제국의 제위를 건 권력 투쟁이라는 사실을 감추지도 않았다.
언젠가는 이때가 오리라는 것을 리키니우스도 예상하고 있었다. 예측하고 있었기 때문에 콘스탄티누스가 북방 야만족 소탕전에 전념하고 있을 때 대규모 병력을 편성하여 기다리고 있었다.

리키니우스의 지상군은 보병 15만에 기병 1만 5천. 여기에 이집트에서 130척, 키프로스섬과 시리아·팔레스티나에서 각각 110척씩 합계 350척의 3단 갤리선이 해상 전력으로 가세한다.

여기에 맞서는 콘스탄티누스 진영의 전력은 기병과 보병을 합하여 12만이다. 수적으로는 열세지만, 얼마 전까지 야만족을 상대로 싸운 병사들이다. 병사는 어제까지 전쟁터에 있었던 사람이 가장 강하다. 이 지상군 전력에다 이탈리아와 그리스에서 소집된 합계 200척의 3단 갤리선이 가세했다.

리키니우스의 세력권은 소아시아에서 동쪽인 반면, 콘스탄티누스의 세력권은 발칸에서 서쪽이었다. 양쪽이 전투용 갤리선을 준비한 것은 두 세력권의 경계선이 유럽과 아시아를 가르는 보스포루스 해협과 마르마라해이고, 다르다넬스 해협을 지나 남쪽에 펼쳐져 있는 에게해였기 때문이다. 지형적으로도 제국의 패권을 건 이 싸움의 결과는 육지와 바다의 합동 작전으로 결판나게 되었다. 콘스탄티누스는 지상전의 총지휘는 자신이 맡기로 하고, 해상전의 총지휘는 아들 크리스푸스에게 맡겼다.

324년 7월 3일 아침, 양군은 오늘날에도 터키의 주요 도시인 에디르네 근처에서 맞섰다. 에디르네는 하드리아누스 황제가 건설했기 때문에 고대에는 하드리아노폴리스라고 불렸는데, 그것을 터키식으로 발음한 것이 에디르네라는 도시 이름의 유래다. 에디르네가 자리잡고 있는 트라키아 지방은 유럽의 동쪽 끝이기는 하지만 어쨌든 유럽에 속한다. 이 도시 근처에서 첫 싸움이 벌어진다는 것은 리키니우스가 콘스탄티누스의 세력권으로 쳐들어온 것을 보여준다. 하지만 리키니우스는 무엇 때문인지 하드리아노폴리스에서 더 서쪽으로 진격하지는 않았다. 덕분에 콘스탄티누스는 그리스의 항구도시 테살로니키에 육군

발칸·소아시아와 그 주변

과 해군이 집결할 시간 여유를 가질 수 있게 되었다. 그곳에 집결하여 콘스탄티누스의 훈령을 받은 병력 가운데 육군은 북동쪽으로 방향을 잡아 하드리아노폴리스로 가고, 에게해를 북상해온 해군은 다르다넬스 해협을 지나 마르마라해로 향했다.

넓은 평원에 적군과 아군이 맞서는 형태로 포진은 끝났지만, 각각 16만 5천 명과 12만 명의 대군을 투입한 전투쯤 되면 포진을 끝내자마자 싸움을 시작하는 경우는 거의 없다. 처음 며칠 동안은 양쪽이 소수의 병사를 내보내 탐색전을 벌인다. 이때 탐색전을 끝내고 결전을 벌이기로 결단을 내린 것은 콘스탄티누스가 더 빨랐다.

이번에도 콘스탄티누스는 몸소 기병대를 이끌고 앞장서서 돌진하여 적진을 무너뜨리는 분쇄전법을 택한다. 넓적다리에 적의 화살이 명중했지만 기가 꺾이지 않았다. 장병들도 전쟁터 한복판에서 분투하는 총사령관을 보고 더욱 사기가 올랐다.

다만 콘스탄티누스는 용감한 무장이기는 했지만 적군과 아군의 희생을 최소한으로 줄이면서 최대 목표인 승리에 도달하는 전략 전술을 멋지게 구사하는 사람은 아니었던 모양이다. 이날도 승리자가 되기는 했지만, 해질녘까지 계속된 전투에서 리키니우스 쪽이 3만 4천 명의 전사자를 냈다. 콘스탄티누스 쪽의 희생은 물론 그보다 훨씬 적었지만, 그래도 달아나는 리키니우스와 그의 군대를 당장 추격할 수는 없었다. 그러면서도 대승할 수 있었던 것은 리키니우스의 전략전술이 형편없었기 때문이다.

전투를 앞두고 전략과 전술을 세울 때는 몇 가지 기본적인 것만 결정해두고 나머지는 전쟁터에서 전황을 보아가면서 임기응변으로 대처하는 법이다. 미리 면밀하게 세부까지 결정해두면 거기에 속박되어, 전쟁터에서 자주 일어나는 뜻밖의 전개에 대처할 수 없게 된다. 리키니우스는 부제도 지내지 않고 단번에 정제로 발탁된 경력 때문인지 전쟁터라는 수라장을 실제로 충분히 체험하지 못했던 모양이다. 정제에 취임한 뒤에도 그는 계속 전투를 피했다. 그런 사람이 생애 최대의 결전을 앞두고 미리 면밀한 전략 전술을 세웠겠지만, 그것도 필경 책상머리에서 짠 작전에 불과했을 것이다. 그가 지휘한 병력은 16만 5천 명이나 되는 대군이었다. 그 대군이 세부까지 결정된 작전대로 움직이라는 지시를 받았다. 이래서는 난전으로 발전하기 쉬운 전쟁터에서 장병들이 혼란에 빠질 수밖에 없다. 움직임을 규제받으면 전사의 '감'에 따라 움직일 수도 없게 된다. 그렇게 되면 수적 우세가 오히려 불리하게 작용한다. 패색이 짙은 전쟁터에서 도망친 병사들은 대부분 가까운 산악지대에 숨었다지만, 그들도 비잔티움까지 달아난 리키니우스를 따라가지 않고 별다른 저항도 없이 항복했다. 또다시 리키니우스는 부하들에게 버림받은 것이다.

처음에는 비잔티움, 다음에는 콘스탄티노폴리스, 그리고 지금은 이스탄불이라고 불리는 이 세모꼴의 도시는 보스포루스 해협의 출구에 자리잡고 있어서, 세모꼴의 두 변은 바다에 접하고 나머지 한 변만 육지에 접하여 천연의 요새라 해도 좋은 지세를 자랑한다. 콘스탄티누스는 리키니우스가 도망쳐서 틀어박힌 이 비잔티움을 육지와 바다 양쪽에서 공격할 작정이었던 모양이다. 하지만 실질적인 전투는 바다에서 벌어졌다. 따라서 두 번째 전투의 주역은 크리스푸스였다.

350척과 200척이 맞붙은 해전의 결과에 따라 비잔티움을 양쪽에서 둘러싸고 있는 바다의 제해권을 누가 쥐느냐가 결정된다. 리키니우스의 350척은 아시아 쪽 항구를 기지로 삼았고, 크리스푸스가 이끄는 200척은 유럽 쪽 항구를 기지로 삼았다. 바다를 사이에 두고 좌우에 포진한 것이다. 그래서 양군이 해가 뜨자마자 기지를 떠나 오른쪽과 왼쪽에서 접근하면 한가운데 해상에서 부닥친다. 그 해상이 전쟁터가 되었다.

범선보다 갤리선이 군용선으로 오랫동안 활용된 것은 바람만으로 움직이는 범선과 달리 갤리선에는 돛만이 아니라 노도 갖추어져 있었기 때문이다. 인간의 의지로 움직이는 노는 현대의 모터와 같은 역할을 맡고 있었다. 보통 전쟁터에서는 바람이 아무리 불어도 돛을 올리지 않고, 인력을 동원하기 때문에 작전대로 움직일 수 있는 노를 활용한다. 또한 노는 모터니까 바람이 없어도 움직일 수 있다. 다만 순풍이 불면 돛과 노를 둘 다 사용하여 속도를 높이고, 적선에 대한 돌파력을 높일 수도 있다.

비잔티움이 북쪽에 바라보이는 해상에서 벌어진 첫 번째 전투에서는 양쪽 다 바람의 혜택을 받지 못했다. 그래서 노만으로 움직였기 때문에 수적으로 우세한 리키니우스 쪽이 유리하게 싸움을 진행할 수 있었다. 그래도 양쪽 다 큰 손해를 보고, 어느 쪽이 이겼는지 알 수 없는 결과로 끝났다.

하지만 이튿날 아침에 시작된 두 번째 싸움에서는 크리스푸스가 비잔티움 근해에서 바람의 움직임이 양분되는 것을 알아차린 모양이다. 유럽과 가까운 해역에서는 남동풍이 불 때가 많지만, 아시아 쪽 해역에 들어가면 보스포루스 해협을 지나오는 북서풍이 불 때가 많은 현상이었다.

크리스푸스는 함대를 전날보다 일찍 출항시켰다. 그러면 아시아 쪽에 더 가까운 해역에서 해전을 벌일 수 있다. 만사가 의도대로 진행되었다. 싸움이 시작되자마자 순풍을 돛에 가득 받고 전력으로 노를 젓는 크리스푸스 함대의 돌파력은 역풍 때문에 돛을 내리고 노만으로 움직이는 적군의 갑절이 넘었다. 정면에서 돌파당한 적선은 눈앞에서 차례로 격침되니, 그 수가 무려 130척을 넘었다. 전날의 손해까지 합쳐 리키니우스 쪽이 몇 척을 잃었는지는 알 수 없지만, 제해권은 완전히 콘스탄티누스의 손에 넘어왔다.

제해권을 잃으면, 바다에 두 변이 둘러싸여 있는 비잔티움은 보급로를 차단당하게 된다. 리키니우스는 고립 상태에 빠진 비잔티움에서 빠져나와 몰래 보스포루스 해협을 건너 소아시아로 도망쳤다. 하지만 그것도 오래가지 못했다. 콘스탄티누스가 이끄는 육군도 그를 뒤따라 아시아로 건너가, 리키니우스의 마지막 카드였던 아시아 땅에서의 지상전에서도 승리했기 때문이다. 리키니우스는 이 지상전에서만 2만 5천 명의 병사를 잃었다고 한다.

그래도 리키니우스는 니코메디아까지 달아났다. 마르마라해의 소아시아 쪽에 있는 니코메디아는 디오클레티아누스 황제가 오랫동안 수도로 삼았던 도시이고, 8년 전부터는 리키니우스의 본거지였다. 여기로 달아나 시간을 벌 작정이었다. 하지만 콘스탄티누스는 이 기회에 모든 것을 결판낼 작정이었다.

리키니우스에게 시집간 콘스탄티누스의 이복누이 콘스탄티아가 이번에도 움직이게 된다. 승자와 패자가 어디에서 만났는지는 알려져 있지 않다. 하지만 아내를 동반한 리키니우스는 제위의 상징인 보라색 망토를 벗고 콘스탄티누스 앞에 무릎을 꿇었다고 한다. 콘스탄티누스는 그 손을 잡고 일으켜 세운 뒤, 누이동생과 약속한 화해 조건을 말했다. 그것은 리키니우스가 공식적으로 퇴위하여 일개 야인으로서 은퇴 생활을 시작한다는 것이었다. 이것이 목숨을 살려주는 대가였다. 리키니우스가 은퇴할 곳을 직접 선택하는 것도 허용되지 않았다. 콘스탄티누스가 결정한 테살로니키에서 아내와 함께 은퇴 생활을 하는 것이 60세의 리키니우스에게 주어진 여생이었다.

하지만 그 여생은 1년도 채 계속되지 않았다. 이듬해에 에게해가 바라다보이는 테살로니키의 은거지에 느닷없이 병사들이 들이닥쳤다. 리키니우스가 고트족과 몰래 연락을 취하여 콘스탄티누스에게 반란을 일으킬 음모를 꾸미고 있었다는 것이 그의 죄상이었다. 그는 재판도 없이 그대로 사형에 처해졌다. 아직 소년이었던 아들도 살해되었다. 아내인 콘스탄티아는 그 후에도 오빠와 좋은 관계를 유지했다고 한다. 하지만 얼마 후 기독교로 개종했다. 콘스탄티누스의 어머니 헬레나도 그 전에 기독교로 개종했다니까, 황제 가족 중에서는 두 번째 개종자인 셈이다. '밀라노 칙령'이 공포된 뒤에도 남자 황족은 정치적 이유로 개종을 용인하기 어려웠겠지만, 여자는 그럴 염려가 없었다. 개종한 콘스탄티아가 그 후 어디에서 어떻게 살았는지는 알려져 있지 않다.

유일한 최고 권력자

역사가들 중에는 콘스탄티누스 시대의 도래와 함께 로마사 서술을 그만두는 사람이 적지 않다. 그때부터는 로마 제국이 아니라는 이유 때문이다.

공화정과 제정 시대를 통해 로마적이라고 여겨진 많은 '특질'들이 콘스탄티누스 시대에 결정적으로 사라진 것은 사실이다. 하지만 이것들은 이미 3세기부터 무너지기 시작하여, 디오클레티아누스의 개혁으로 돌이킬 수 없을 만큼 변질되어 있었다. 콘스탄티누스가 한 일은 로마적인 '특질'을 완전히 매장해버린 것이었다. 이런 의미에서는 더 이상 로마사를 서술하는 것이 무의미해진다.

하지만 로마 사회가 로마적인 특질을 잃어가던 시대에도 로마적인 특질을 좋게 여기는 로마인은 존재했다. 내가 쓰고 있는 것은 로마의 역사가 아니라 로마인의 역사다. 따라서 이런 의미의 로마인이 있는 한, 나에게는 서술을 계속할 이유가 있다.

또한 콘스탄티누스 시대에는 기독교 세력이 아직 소수파였고, 대다수는 어느 한쪽을 선택하라면 역시 로마의 전통을 중시하는 사람들이었다. 이들이 다수를 차지하고 있었기 때문에 콘스탄티누스는 이들의 비로마화를 교묘하고 집요하게 추진할 필요가 있었던 것이다.

콘스탄티누스는 수요란 저절로 생겨나기도 하지만 환기시켜도 생겨난다는 것을 알고 있었던 전략가, 그리스어로 말하면 '스트라테고스'였다.

서기 324년은 18년에 걸친 권력 투쟁에서 살아남은 유일한 승리자 콘스탄티누스가 13년에 걸친 전제정치를 시작한 첫해가 된다. 284년에 디오클레티아누스가 즉위한 해부터 헤아리면 무려 40년 만에 로마 제국은 단독 황제가 통치하는 상태로 돌아갔다.

콘스탄티누스는 드디어 손에 넣은 최고 권력으로 무엇을 실현하고 싶었을까.

새로운 수도, 새로운 정체(政體), 새로운 종교를 통한 새로운 로마 제국이다. 이것은 혁명이다. 하지만 그의 방식은 다음 세 종류로 나뉘었다.

첫째, 기존의 것이라도 사용할 수 있는 사물이나 체제는 그대로 활용한다.

둘째, 그대로는 불편한 사물이나 체제는 바람직한 사물이나 체제로 바꾸어 활용한다.

셋째, 그래도 불편이 많으면 새로 만들어낸다. 이 경우에도 기존의 사물이나 체제를 파괴하지 않고 '새로 만든 것'과 공존시켜 '기존의 것'이 '새로 만든 것'에 인재나 에너지를 흡수당해 저절로 쇠퇴하기를 기다린다.

지금부터 서술할 콘스탄티누스의 업적은 대부분 서로 병행하여 이루어졌기 때문에 연대순으로 서술하기가 무척 어렵다. 그래도 그것들을 하나하나 추적해가면, 이 세 가지 가운데 하나에 해당한다는 것을 알 수 있을 것이다.

새로운 수도 건설

그리스사에서도 로마사에서도 주요 도시가 된 적이 한 번도 없는 비잔티움(그리스어로는 비잔티온)을 왜 콘스탄티누스가 제국의 도읍으로 정했는지는 알 수 없다. 그 자신은 아무 말도 남기지 않았고 동시대인의 기록도 없기 때문에, 로마사를 전문으로 연구하는 사람도 추측할 수밖에 없다. 그리고 후세에도 가장 추측하기 쉬운 것이 지리적 조건이었다.

확실히 천연의 요해지이기는 하다. 세모꼴의 한 변은 마르마라해에 면해 있고, 또 한 변은 나중에 '골든혼(황금뿔)만'이라고 불리게 된 후미에 면해 있고, 나머지 한 변만 육지와 이어져 있다. 공습을 걱정할 필요가 없었던 이 시대에 대규모 군사력이 공격하기 어려운 바다에 두 변이 면해 있다는 것은 커다란 이점이었다. 보스포루스 해협을 내려오는 조수의 흐름에 영향을 받지 않는 골든혼만도 굵은 쇠사슬로 입구를 막아버리면 적함의 습격을 받을 위험이 거의 없다. 이런 지세에서는 육지와 연결된 한 변에만 집중적으로 방위력을 투입할 수 있었다.

다만 방위가 완벽해도 독 안에 든 쥐가 되면 끝장이지만, 비잔티움은 대해로 불쑥 튀어나간 곳이 아니다. 어둠을 틈타 작은 배로도 왕래할 수 있는 거리에 소아시아가 있기 때문에 보급로를 차단당하고 독 안에 든 쥐가 될 염려도 별로 없었다.

게다가 방위를 최우선으로 삼아야 하는 전시가 끝나 평시가 되면, 항구도시의 이점이 최대한으로 살아난다. 북쪽에는 흑해 연안, 서쪽에는 트라키아 지방, 동쪽에는 소아시아가 있고, 남쪽은 에게해의 섬들을 거쳐 이집트로 통한다. 주변의 바다와 육지를 장악하면 동서남북 육지와 바다에서 나는 산물과 통상 거래의 집결지가 될 수 있었다.

하지만 비잔티움의 이점이 이것뿐이라면, 그때까지 한 번도 주요 도시였던 적이 없는 이곳을 왜 이제 와서 콘스탄티누스가 주목했느냐 하는 의문은 풀리지 않는다. 지리적 이유 이외에 콘스탄티누스가 특히 중요하다고 생각한 이점이 있었을 게 분명하다.

그 이점이란, 라틴어와 그리스어라는 두 언어를 함께 사용한 로마 제국에서 비잔티움은 그리스어권에 속해 있었다는 점이 아닐까. 수도 로마는 물론 라틴어권의 중심이었다. 신약성서가 일반에 널리 보급된 것은 그리스어로 번역된 뒤였다. 기독교도도 로마 제국 동방에 해당하는 그리스어권에 더 많다. 성직자도 12사도 시대에는 유대인이었지만, 지금은 그리스인이 더 많아졌다. 그러면서도 비잔티움은 시리아의 안티오키아처럼 완전히 동방에 자리잡고 있지는 않다. 비잔티움은 고대인의 머릿속에 있었던 유럽과 아시아의 경계에 있다. 콘스탄티누스가 생각하는 새로운 로마 제국의 수도로는 안성맞춤인 위치에 자리잡고 있었던 것이다.

하지만 콘스탄티누스는 비잔티움을 도읍으로 정했기 때문에 상당히 난처하고 개탄스러운 문제를 떠안게 되었다. 그것은 지칠 줄 모르고 논쟁을 좋아하는 그리스인이라는 인종을 제국의 중추에 앉히는 체제가 되어버린 것이었다. 로마인이 '말보다 실행'이라면 그리스인은 '실행보다 말'이었다.

콘스탄티누스가 비잔티움에 눈을 돌린 또 다른 이유는 그때까지 이 도시가 로마 세계에서 중요한 도시가 아니었기 때문이 아닐까. 제국의 주요 도시라면 어디나 '미니 로마'로 생각할 수밖에 없을 만큼 로마적으로 도시가 만들어져 있다. 포룸이라고 불린 공공 광장에 원형투기장, 경기장, 반원형극장, 공중목욕장, 온갖 신들에게 바쳐진 신전이 눈을 돌리기만 해도 당장 다섯 손가락에 넘칠 만큼 많이 늘어서 있었다. 이런 신전을 허물고 그 자리에 교회를 지으면, 기독교도가 아직 소수파였던 시대에는 강한 반발과 저항이 일어날 게 뻔했다. 콘스탄티누스는 자신과 생각이 다른 사람들을 쓸데없이 자극하는 말이나 행동은 되도록 피한 사람이다. 비잔티움은 일개 지방도시에 불과했기 때문에, 파괴해도 별로 문제가 되지 않을 정도의 신전밖에 없었다. 그런 비잔티움이 콘스탄티누스에게는 더없이 바람직한 수도 후보지로 보인 게 아닐까.

원래 전통적인 것은 아무것도 없으니까 새로 건설하기에 편리하다는 생각은 신전만이 아니라 다른 공공 건조물에도 적용되었을 것이다. 이런 의미에서 비잔티움은 실질적으로는 빈 터였고, 콘스탄티누스는 이 빈 터에 자신이 원하는 수도를 자기 뜻대로 건설할 수 있었다. 어쨌든 로마는 전통적인 신들의 존재감이 너무 강했다. 콘스탄티누스도 치세 후기에는 '이교'의 메카인 이 로마에도 기독교회를 지었지만, 교회들은 모두 도심 주변에 세워졌다. 도심에는 '이교'의 신전이 집중되어 있었기 때문이다. 이 시대에는 아직 신전을 부수는 것이 정치적으로 어리석은 짓이었다.

새 수도가 될 콘스탄티노폴리스의 건설 공사는 324년에 시작된 것으로 알려져 있다. 그렇다면 마지막까지 남아 있던 경쟁자 리키니우스를 제거하기 직전이나 직후가 된다. 콘스탄티누스의 머릿속에서는 이미 오래전부터 새 수도를 건설한다는 생각이 확고해져 있었을 것이다. 공사도 돌관 작업으로 강행하라는 엄명이 떨어졌다. 완공식은 330년 5월 11일에 거행되었으니까, 불과 6년 만에 수도를 새로 지어버린 셈이다.

제국 전역에서 건축기사와 인부와 조각사 등 새 수도를 건설하는 데 필요한 사람들이 모집되었다. 물론 강제로 징집한 것은 아니다. 일자리와 임금을 줄 뿐만 아니라 가족이 살 수 있는 집까지 제공하는 좋은 조건으로 모집했다. 새 수도의 존속은 일할 수 있는 사람이 얼마나 많이 정착하느냐에 달려 있었기 때문이다. 덕분에 공공사업이 계속 줄어들었던 제국의 다른 지역과는 달리 비잔티움 주변에서만 갑자기 건축 붐이 일어나게 되었다. 어쨌든 수도 로마에 뒤지지 않는 도시를 건설해야 한다. 건국 이래 1천 년 동안 사람들이 손을 보아서 이루어낸 것이 영원한 도시 로마다. 몇 년 동안의 돌관 작업으로 그것을 따라잡으려 하는 것은 무리한 일이지만, 그래도 일단 형태만이라도 갖출 수 있었던 것은 전제군주의 강한 의지가 있었기 때문이고 자금이 무제한으로 투입되었기 때문이다.

새 수도가 어떤 건조물로 메워져 있었는지에 대한 기록은 존재하지만, 건설한 지 100년 뒤인 5세기 초의 기록이기 때문에 콘스탄티누스 시대의 모습을 보여준다고는 말할 수 없다. 하지만 이런 정도의 말은 할 수 있을 것이다.

첫째, 콘스탄티누스가 새 수도를 '콘스탄티노폴리스'(콘스탄티누스의 도시라는 뜻)라고 이름지은 것이 여실히 보여주듯, 로마가 로마인의 도읍이었던 반면 콘스탄티노폴리스는 어디까지나 콘스탄티누스 황제의 도읍이었다.

로마에서 황제의 거처는 팔라티노 언덕 전체를 차지하고 있었지만, 그것은 공화정 시대에 고급 주택가였던 땅을 100년 동안 조금씩 사들여 증축한 결과다. 그런데 새 수도 콘스탄티노폴리스에서는 맨 처음 지어진 건물이 황궁이었다. 육지 쪽 성벽에서 가장 멀리 떨어진 곳에 황궁이 지어진 것은 바다에 면한 이 일대가 가장 안전하게 여겨졌기 때문일 것이다. 이 도시가 1453년에 이슬람교도의 손에 넘어갔을 때 황궁 일대는 터키 술탄의 궁전으로 변한다. 이 도시는 로마의 힘이 계속 쇠퇴하던 4세기에 건설되었지만, 상하수도 정비와 시내 도로는 어디까지나 인프라를 중시한 로마 방식을 그대로 따르고 있다. 지금 손에 넣을 수 있는 콘스탄티노폴리스 시내 지도는 역시 5세기의 것이지만, 콘스탄티누스가 건설했을 당시의 수도는 그 절반 규모였다.

그래도 시내는 로마처럼 14개 행정구로 나뉘었다. 원로원도 있고, 회랑을 빙 두른 포룸이라는 광장도 있다. 테르마이라는 말로 통하는 공중목욕장도 있다. 일용품을 거래하는 대규모 시장도 물론 있었다.

로마에는 있는데 콘스탄티노폴리스에는 없는 건물은 우선 신전이고, 둘째로는 콜로세움식 원형투기장과 직사각형 경기장. 다음은 반원형극장일 것이다.

신전이 존재하지 않는 것은 그것이 다신교의 신들에게 바쳐져 있었기 때문이다. '밀라노 칙령'으로 모든 종교가 대등한 처지에 놓이게 되었지만, 그것은 급격한 변화보다 중간지대를 거치는 점진적인 변화로 가져가기 위한 전략이었고, 이 시점에서 콘스탄티누스의 본심은 기독교를 진흥하는 것이었다. 로마를 비롯한 모든 도시에서 신전을 현상 유지하는 것은 좋지만, 자기가 세우고 자기 이름을 붙인 새 수도에만은 그리스·로마나 시리아나 이집트의 신에게 바치는 신전을 허용하지 않은 것도 당연하다. 다른 신을 인정하지 않는 것이 일신교의 가장 큰 특징이기 때문이다.

로마만이 아니라 제국의 중요한 도시에는 반드시 있는 원형투기장과 경기장과 반원형극장이 콘스탄티노폴리스에 없는 것은 콘스탄티누스가 검투사 시합이나 체육 경기대회나 음악이나 연극 따위를 혐오했기 때문은 아니다. 그것은 사람들이 좋아하는 오락이었지만, 신들에게 바치고 신들과 함께 즐기는 오락이기도 했다. 따라서 그것도 다신교, 특히 그리스·로마의 신들과 지나치게 강한 관계를 가지고 있었다. 고대 올림픽 경기가 제우스 신에게 바쳐진 것이 그것을 보여준다.

콘스탄티노폴리스에는 로마에 있는 전차경주용 '경주장'(circus)도 없고 육상경기용 '경기장'(stadium)도 없었지만, 구조는 '경주장'과 똑같은데 '히포드로무스'(hippodromus)라고 불린 것은 있었다. 라틴어가 아니라 경마장을 뜻하는 그리스어 이름으로 불린 것은, 정말 경마장으로 사용되었기 때문인지, 아니면 로마 시대에는 가장 인기가 있었던 네 마리나 두 마리의 말이 끄는 전차경주에도 사용되었는지, 그리스어권이라서 그리스식 이름으로 불렸는지는 알 수 없다. 이런 종류의 경주도 고대 올림픽 대회의 한 종목이었다는 사실이 보여주듯 다신교 신들에게 바쳐졌겠지만, 오락이기도 하니까 너무 까다롭게 굴지는 않겠다고 생각했는지도 모른다. 까다롭게 굴지 않는 것은 급속히 형태를 갖추어가고 있는 새 수도 곳곳에서 찾아볼 수 있는 현상이기도 했다.

공공 건축이라는 '상자'는 역시 무언가로 장식할 필요가 있다. 로마인이 좋아한 장식은 무엇보다도 원기둥 사이의 공간에 조상(彫像)을 세우는 것이었다. 하지만 돌관 작업이니까 수많은 조상을 하나씩 조각하고 있을 시간은 없다. 그래서 콘스탄티누스 황제의 명령에 따라 제국 전역에서 기존의 조상들이 징발되었다. 하지만 대부분은 그런 짓을 해도 저항이 적은 동방에서 징발한 것들이었다. 그런데 신전이나 공회당이나 포럼에서 징발해온 조상들 중에는 로마 공화정이나 제정 시대의 집정관이나 황제나 장군들의 조상은 포함되어 있지 않았다. 기독교를 기둥으로 삼는 신생 로마 제국에 그런 사람들의 조상은 필요없기 때문이다.

그렇다면 남는 것은 신들이나 전설상의 영웅들을 묘사한 나체 또는 반나체의 형상이지만, 이제 그것들은 신앙이나 숭배의 대상이 아니라 단순한 장식이었다. 오늘날에도 그것들은 미술품이니까, 콘스탄티누스는 그런 사고방식의 첫걸음을 내디딘 사람이기도 하다. 다만 오늘날에는 기독교 신앙의 대상까지도 미술품으로 보게 되었다는 차이점이 있기는 하다.

콘스탄티누스의 이런 방식은 신전 대신 교회가 나타나는 시대의 변

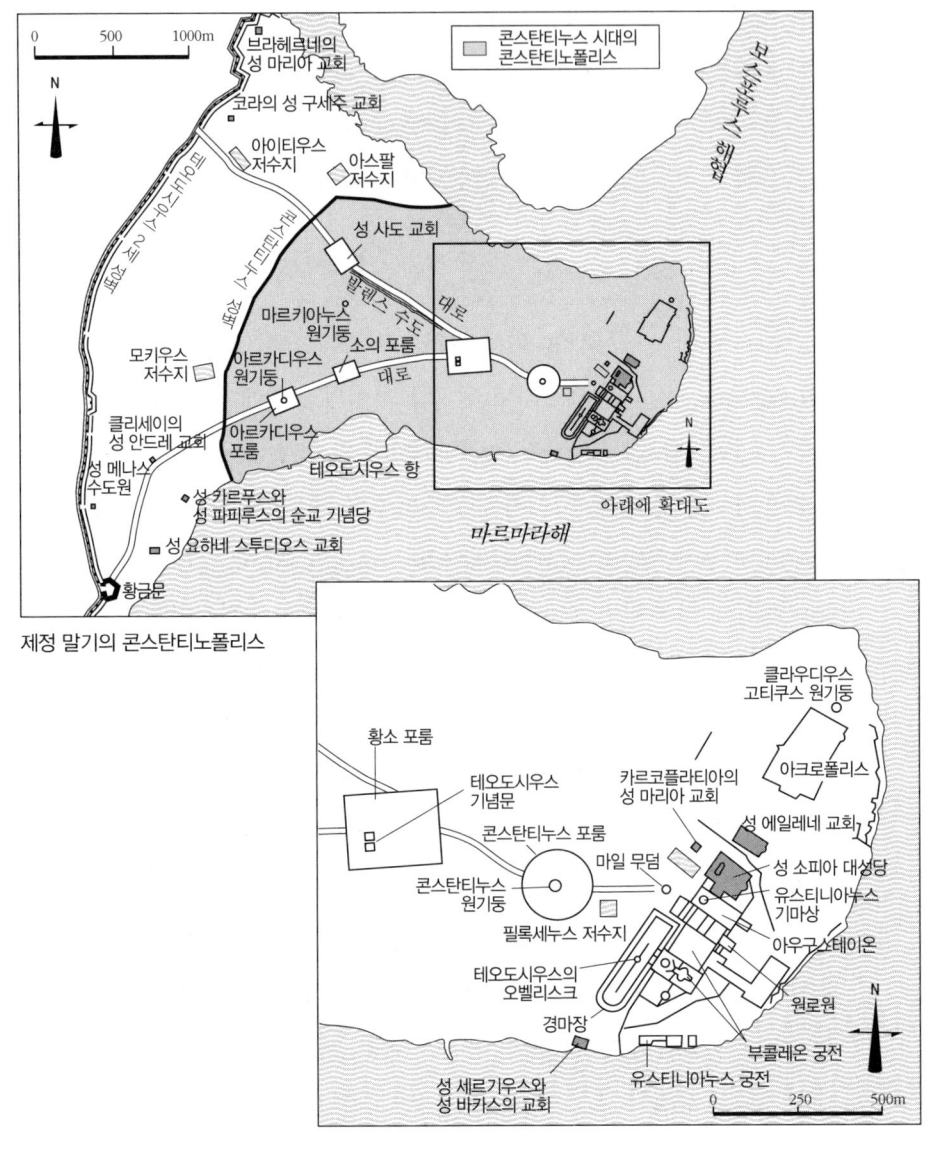

제정 말기의 콘스탄티노폴리스

로마 제국 국경
관구 경계
브리타니아
라인강
갈리아
도나우강
판노니아
트라키아
비엔넨시스
이탈리아
비잔티움 (콘스탄티노폴리스)
흑해
히스파니아
로마
모이시아
폰투스
아시아
에게해
지중해
아프리카
오리엔스
N
0 250 500km

제정 말기의 로마

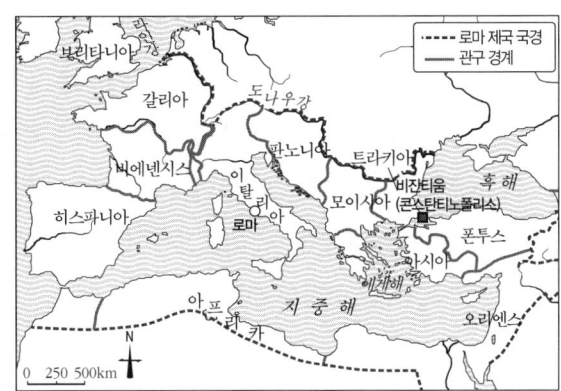

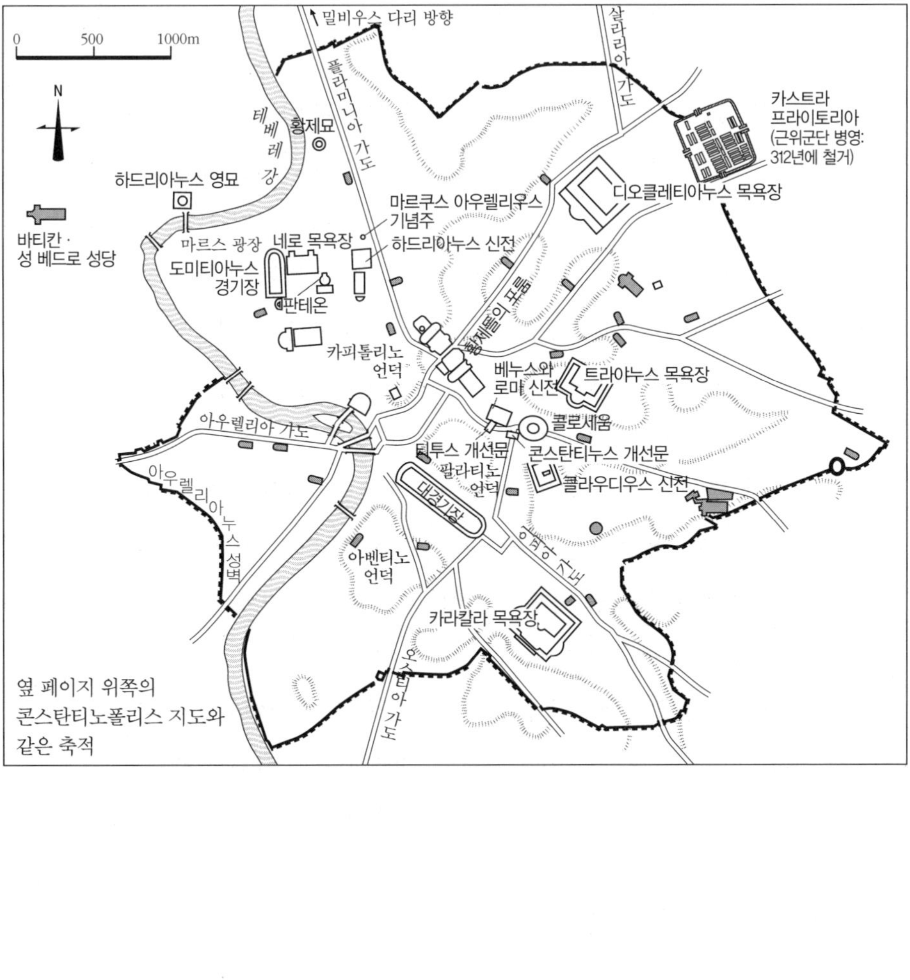

밀비우스 다리 방향
0 500 1000m
N
살라리아 가도
플라미니아 가도
테베레강
황제묘
카스트라 프라이토리아 (근위군단 병영: 312년에 철거)
하드리아누스 영묘
디오클레티아누스 목욕장
바티칸 · 성 베드로 성당
마르쿠스 아우렐리우스 기념주
마르스 광장
네로 목욕장
하드리아누스 신전
도미티아누스 경기장
판테온
황제들의 포룸
카피톨리노 언덕
베누스와 로마 신전
트라야누스 목욕장
아우렐리아 가도
콜로세움
티투스 개선문
콘스탄티누스 개선문
팔라티노 언덕
클라우디우스 신전
아우렐리아누스 성벽
대경기장
아피아 가도
아벤티노 언덕
카라칼라 목욕장
오스티아 가도
옆 페이지 위쪽의 콘스탄티노폴리스 지도와 같은 축적

화를 사람들이 강하게 느끼도록 하는 효용성도 있었던 게 아닌가 싶다. 어쨌든 새 수도에는 건설 공사에 종사하는 기술자나 인부만이 아니라, 수도로서 기능을 발휘하는 데 빼놓을 수 없는 일에 종사하는 사람들도 정착할 필요가 있었기 때문이다. 얼핏 보면 새 수도 콘스탄티노폴리스는 옛 수도인 로마와 비슷했을 것이다. 콘스탄티누스 자신도 '새 로마'라고 말했다. 원로원까지 있었다. 하지만 그 원로원은 로마에 있는 것과는 성질이 전혀 달랐다.

지도층의 변모

'원로원'(senatus)도 로마 가도와 비슷해서, 원래 형태로는 다른 민족에도 존재하지만 발전하는 과정에서 로마 특유의 것으로 변해간 좋은 예다. 돌로 포장한 길은 페르시아 제국에도 이미 있었지만, 그것을 네트워크화하여 제국 전역에 피를 보내는 동맥으로 바꾼 것은 로마인이다. 장로회의는 스파르타와 유대에도 있었지만, 로마 원로원은 그것과는 전혀 다른 방향으로 발전했다.

수많은 부족의 연합체였던 왕정 시대의 로마에서 300명이나 되는 부족장을 모아서 왕에게 조언이나 권고를 하는 기관으로 설치한 것이 로마 '원로원'의 시작이다. 따라서 원로원은 로마가 건국된 기원전 753년부터 존재했다.

하지만 기원전 509년에 공화정으로 바뀐 뒤 원로원의 역할은 완전히 달라졌다. 왕정을 폐지하기 위해 움직인 사람이 유력한 원로원 의원이었기 때문에, 새로운 정치체제인 공화정에서는 원로원이 주역을 맡을 수밖에 없었다.

이제 원로원은 부족의 대표들이 모인 기관이 아니라 현대의 국회에 가까운 조직으로 변모한다. 다만 선거에서 선출된 사람들이 모인 기관은 아니다. 유력자나 유력한 가문에서 태어나야 한다는 조건은 있었지만, 30세에 이르면 귀족과 평민의 구별없이 원로원 의석을 얻게 되었다. 평민의 권익을 지키기 위해 존재한 호민관도 임기가 끝나면 원로원 의석을 얻은 것은 로마가 아테네처럼 귀족 대 평민이라는 양대 정당 체제가 아니라 반대파를 흡수하여 정국을 안정시키는 것을 우선했기 때문이다. 이에 따라 로마 원로원에는 유능한 인재를 모아두는 기관이라는 의미도 추가되었다. 국가 요직은 공화정 시대에는 문무 구별 없이 시민집회에서 선거로 결정되었지만, 입후보하는 사람은 원로원 의원이었다. 오늘날 국회에 의석을 가진 사람이 정부를 구성하는 의원내각제와 비슷하다.

게다가 원로원은 입법기관의 역할도 맡고 있었다. 입안된 법률은 원로원에서 채택되어야 비로소 국가 법률로 제정되었다.

원로원 의원은 무급이었다. 좋은 집안에서 태어났고 재력과 재능도 있는 사람이 그것을 사용하여 '공동체'를 위해 봉사하는 것은 의무로 여겨졌기 때문이다. 그래서 무보수로 국가 요직을 맡는 것을 '명예로운 경력'이라고 불렀다. 카르타고와 사투를 거듭한 포에니 전쟁에서 로마가 고대 최고의 명장으로 꼽히는 한니발에게 승리할 수 있었던 것은 선택받은 사람들이 최전선을 떠나지 않았기 때문이다. 병사는 1년마다 교대해도 그들만은 최전선을 굳게 지켰다. 그리고 그들의 태반이 승리를 보지 못하고 전사했다. 사령관급과 병사급이 전사한 비율의 차이는 경이롭기까지 하다. 하지만 무엇보다도 먼저 원로원이 그것을 당연하게 받아들였다. 공화정 시대의 로마는 정치와 군사만이 아니라 윤리적인 문제까지도 선택받은 사람들의 모임인 원로원이 주도했다.

하지만 어떤 조직도 경직화는 피할 수 없다. 포에니 전쟁에 이긴 뒤 지중해 세계의 패권자로 가는 길로 치닫게 된 로마에서는 원로원의 기득권 계급적인 성격이 점점 강화된다. 포에니 전쟁에서 승리를 체험한 것이 오히려 '마이너스'로 작용한 게 분명하다. 이 무렵에는 유권자인 로마 시민권 소유자의 수도 급증하여, 1년에 한 번씩 수도 로마에 모여 선거로 국가 요직을 결정하는 공화정의 근간이 기능부전 상태에 빠져 있는 것도 분명해졌다. 선거제도는 유권자층의 규모에 좌우될 수밖에 없다.

또한 통치 능력이라는 면에서도 600명(얼마 전에 300명이 600명으로 늘어났다)의 합의로 통치하는 체제는 계속 강대해지는 나라에는 부적당해졌다. 원로원 주도 체제는 이탈리아 반도를 통치하는 데에는 적당했지만, 이제 지중해를 둘러쌀 만큼 넓은 영토를 가진 로마에는 맞지 않게 되었다.

여기서 로마는 '루비콘'을 건넌다. 공화정에서 제정으로의 이행을 단행한 것이다. 원로원이 주도하는 시대에서 황제가 주도하는 시대로 넘어갔다는 뜻이기도 하다.

하지만 '공동체'라는 사고방식을 유지해온 로마가 제정이 되었다고 해서 황제의 사유물로 바뀐 것은 아니다. 로마는 여전히 시민과 원로원을 주권자로 하는 '국가'였고, 이들 주권자가 황제에게 권력 행사를 위임했을 뿐이기 때문이다. 초대 황제 아우구스투스에서 시작된 서기

1, 2, 3세기의 정치체제가 '원수정'(principatus)이라고 불리는 것은 로마 시민권 소유자 가운데 제일인자(princeps)가 통치의 최고 책임을 지는 정치체제였기 때문이다. 제일인자는 로마군 최고사령관도 겸하고 있었기 때문에 '황제'(임페라토르)라고도 불렸다.

황제가 제국 통치의 정점에 서는 정치체제로 바뀐 이상, '과두정치'라고도 불리는 소수지배체제를 특징으로 하는 원로원의 역할도 달라질 수밖에 없다. 어떤 의미에서는 왕정 시대처럼 통치의 최고 책임자에게 조언이나 권고를 하는 역할로 돌아갔다.

하지만 500년이나 계속된 공화정 시대에 정착한 역할이 제정으로 바뀌면서 완전히 폐지되는 사태는 일어나지 않았다. 원로원 주도 체제가 황제 주도 체제로 바뀌어도 '원로원'을 폐지하는 조치는 로마사 자체를 완전히 부정하는 결과로 이어졌기 때문이다. 루비콘을 건너 원로원 주도 체제에 반기를 든 율리우스 카이사르도 원로원의 '주도'에 반대했을 뿐 '원로원' 자체에 반대한 것은 아니었다. 로마인은 바꿀 필요가 없는 것은 바꾸지 않는다는 의미에서 참으로 보수적인 민족이었다.

제정으로 이행한 뒤 원로원의 역할은 다음과 같다.

첫째, 국가 요직에 내보낼 수 있는 인재를 키우고 모아두는 역할.

둘째, 입법기관의 역할. 황제는 자유롭게 법률을 결정할 수 있었지만 그것은 어디까지나 잠정조치법이고, 그것을 국가 정책으로 정착시키려면 원로원의 의결을 거칠 필요가 있었다. 따라서 원로원에서 결정한 법률인 국책도 'senatus consultum', 직역하면 '원로원 권고'라는 이름으로 공표되었다. 시장에서 가장 유통량이 많았던 세스테르티우스 동전은 원로원이 주조권을 갖고 있었는데, 그 동전 뒷면에는 S와 C 라는 글자가 새겨져 있다. 이것은 'senatus consultum'의 약자다.

황제들도 제국을 통치하려면 유능한 협력자가 필요했기 때문에, 인재를 육성하고 모아두는 기관인 원로원을 활용했다. 조상 대대로 원로원 계급 출신이어서 30세만 되면 의석을 얻을 수 있는 의원들만 속주 총독이나 군단장이나 재해대책위원장 등으로 활용한 것은 아니다. 사회적 지위가 낮은 계급으로 태어났기 때문에 실력의 세계인 군단에 들어가 성공한 사람이 황제의 추천을 받아 원로원 의원으로 정치 경험을 쌓은 뒤 다시 전선으로 돌아가는 것은 드문 예가 아니라 오히려 상례였다. 잔다리를 밟아 성공한 이런 사람도 원로원 의원을 지낸 이상, 전선으로 돌아간 뒤에는 군대 안에서 당연히 지위가 높아졌다.

로마 제국 지도층은 이런 식으로 민간 경력과 군대 경력 사이를 오가면서 '올라운드 플레이어'로 성장했다. 원로원은 그들을 육성하는 '교육장'으로 가장 적합한 곳이었다. 이 목적으로 활용된다는 것이 제정 치하에서 원로원의 존재 이유를 더욱 확실하게 해주었다.

물론 황제와 원로원 사이가 험악해진 경우도 적지 않다. 하지만 그것도 원로원이 제정 반대파가 아니라 제정에 대한 견제기관이었다는 것을 보여준다. 공화정 동조자였던 역사가 타키투스도 광대한 제국을 통치하려면 제정이 적합하다는 글을 쓸 정도였다. 원로원에서 연설이나 토론을 시작할 때는 'patres conscripti'라고 말하는 것이 관례로 되어 있었다. '파트레스'는 건국의 아버지들을 가리키니까 조상 대대로 원로원 의원이었던 사람을 말한다. 반면에 '콘스크립티'는 원로원 의석을 새로 얻은 사람을 말한다. 로마에서는 이들을 '호모 노부스',

즉 '신참자'라고 불렀다. 원로원은 신참자를 받아들여 항상 새로운 피를 수혈했다. 조직의 안정과 경직화라는 이율배반을 피하기 위해서였던 것은 물론이다.

공화정 시대만이 아니라 원수정 시대에도 존속한 원로원의 이 역할이 사라지는 첫걸음은 서기 260년대에 원로원 의원이 군단 사령관으로 전출하는 것을 금지한 갈리에누스 황제의 법률이었다.

현직 황제가 페르시아의 포로가 된 전대미문의 불상사는 당장 제국을 셋으로 분열시켰고, 이 중대 사태에 대처하느라 잠잘 겨를도 없던 갈리에누스 황제로서는 전능한 지도자보다 군사 전문가가 더 필요하다고 생각한 것도 무리는 아니다. 그리고 이 법률에서는 원로원 의원이 사령관급으로 전출하는 것만 금지했을 뿐, 군대로 나가는 것을 완전히 금지하지는 않았다. 하지만 원로원 의원쯤 되면 전출할 만한 자리는 사실상 한정된다. 제국 국경에 인접해 있어서 군사적으로 중요한 변경 속주의 총독 겸 사령관 자리밖에 없다. 따라서 갈리에누스가 제정한 법률은 민간 엘리트한테서 군사 경험을 쌓을 기회를 빼앗는 결과가 되었다.

그와 동시에 군단에서 잔다리를 밟아 출세한 사람한테서도 원로원에 들어가 정치 경험을 쌓을 기회를 빼앗게 되었다. 혼란의 3세기에 나타났다 사라진 군인 출신 황제들의 단명은 그들이 군사에는 전문가라도 정치에는 무지했기 때문이기도 하다. '올라운드 플레이어'로 성장하고 싶어도 기회가 주어지지 않으면 성장할 수 없는 법이다.

갈리에누스 황제의 이 법률을 더욱 철저하게 한 것이 디오클레티아누스의 국가 개조였다. 군사 경력과 정무 경력의 완전 분리 정책에 따라 원로원 의원은 안전보장이라는 가장 중요한 국사에서 완전히 배제당하게 된다. 물론 군대 경력만 쌓은 사람들이 원로원에 들어가는 것도 이제는 볼 수 없게 되었다.

또한 원로원의 존재 이유 가운데 하나인 입법기관 역할도 없는 것이나 다름없는 상태가 되었다. 황제의 생각은 원로원의 의결을 거치지 않고 칙령이라는 형태로 곧장 국가 정책이 되었다. 원수정 시대라면 '잠정조치법'이라고 번역해야 할 라틴어 낱말은 이제 '칙령'이라고 번역하는 편이 더 적절해졌다. 그리고 황제 혼자서 국법을 결정할 수 있다는 것은 황제가 부적당하다고 생각하는 법안은 황제 마음대로 폐기할 수 있다는 뜻이다. 법치라는 면에서도 로마는 확실히 중세화되고 있었다. 말하자면 '비'법치국가로 변해가고 있었다.

콘스탄티누스 황제는 디오클레티아누스 황제의 개혁 가운데 자기 치하에서도 쓸 수 있는 것은 모두 그대로 답습했는데, 원로원 대책도 그중 하나였다. 다만 콘스탄티노폴리스를 새 수도로 건설한 뒤에도 로마를 계속 수도로 남겨놓았듯이, 새 수도에서도 원로원 의원을 임명하고 그들을 위해 '쿠리아'라고 불리는 회의장도 지었지만 로마에 있는 '쿠리아'도 파괴하지는 않았다.

그런 과격한 행위에 호소할 필요도 없었다. 권력을 빼앗으면 역할도 사라지고, 역할이 있기 때문에 생겨나는 자부심도 저절로 사라져간다. 이제 네 마리의 말이 끄는 전차경주에서 하얀 손수건을 떨어뜨려 경주의 출발을 알리는 역할밖에 갖지 않게 된 로마 원로원은 그대로 방치해두면 된다.

또한 새 수도 콘스탄티노폴리스의 원로원도 명칭은 '원로원'이지만 실상은 전혀 달랐다. 콘스탄티누스 황제가 임명하는 의원은 실권이 없는 명예직일 뿐이었다. 이 '원로원'만큼 후기에 들어선 로마 제국을 상징하는 것도 없다. 로마 원로원은 공화정 시대만이 아니라 제정 시대에 들어선 뒤에도 로마인의 이념에 따라 구성되고 기능을 발휘했다는 점에서 로마 그 자체였기 때문이다. 로마사를 전문으로 연구하는 사람들이 디오클레티아누스 때 시작되어 콘스탄티누스 때 결정적이 된 이후의 로마 제국은 더 이상 로마가 아니라고 말하는 것은 그 때문이기도 하다.

군대의 변모

안전보장 체제의 변화도 로마 제국이 '이제 더는 로마가 아님'을 보여주는 예로 들 수 있다.

북방 야만족의 침략이 격화한 3세기부터, 이미 기마 전력을 주로 하는 야만족에 대항하기 위해 로마군도 전통을 버리고 중무장 보병에서 기병으로 주전력을 전환할 수밖에 없었다. 평원에 진을 치고 싸우는 회전 방식의 전투에서는 로마 군단병이 절대 우위를 자랑했지만, 언제 어디서 습격해올지 예측할 수 없는 야만족에 대해서는 기동성에서 뒤떨어지게 되었기 때문이다. 보병이 하루에 갈 수 있는 거리는 30킬로미터지만, 기병은 그 거리의 3배에서 5배까지도 갈 수 있었다.

이처럼 시대의 요구에 부응하기 위해 로마군 안에서 기마 전력의 중요성은 계속 높아졌지만, 그래도 디오클레티아누스 시대에는 '방위선'이라고 불린 국경의 방위력이 경시되지 않았다. 황제들의 직속 군단인 유격대의 중요성은 계속 높아졌지만, 그래도 방위선을 지키는 각 군단 기지는 여전히 기능을 발휘하고 있었다. 디오클레티아누스는 기지와 기지를 잇는 군용도로를 유지 보수하는 데 특히 열심이었다.

국경선을 지키는 군사력과 황제 직속 군사력의 비율이 완전히 역전된 것은 콘스탄티누스 시대였다.

'방위선'이라고 불린 국경선을 지키는 일은 이제 완전히 농사꾼의 '파트타임' 일이 되었다. 서기 2세기의 하드리아누스 황제 시대에도 '누메루스'라고 불린 파트타임 병사가 있었다. 하지만 그들은 방위선 밖에 지은 성채나 요새에서 적의 동태를 감시하는 파수꾼일 뿐, 적과 직접 싸우는 전투원은 아니었다. 전투원으로는 로마군의 주력인 군단병이 건재했다. 이 군단병을 보조하는 역할은 보조병이 맡고 있었으니까, 기지 근처에 사는 농민들에게 '누메루스'는 농한기에 현금을 손에 쥘 수 있는 좋은 일자리였다. 하드리아누스 황제가 이것을 체계화한 것은 기지 주변에 사는 농민의 생활을 안정시키기 위해서이기도 했다. 안전보장은 군사력만으로는 이룩할 수 없는 성질을 가지고 있다.

이렇게 생각하면, 콘스탄티누스 치하에서 국경 경비가 농사꾼의 '파트타임' 일이 된 것은 로마 제국 안전보장 시스템의 변화를 보여주는 한 사례임을 알 수 있다. 그것은 국경 방위 요원의 질적 저하를 의미했기 때문이다. 원수정 시대의 황제들은 제국 국경선에서 외적의 침입을 반드시 저지하는 안전보장 체제를 확립했지만, 이제 안전보장의 최고 책임자인 황제가 그것을 포기했다. 국경선이 뚫려도 황제가 이끄는 유격대가 쳐들어온 적을 무찌르는 쪽으로 안전보장에 대한 개념이 바뀐 것이다.

이 개념에 따른 제국 방위는, 콘스탄티누스 시대에는 황제 자신의 뛰어난 군사적 능력과 군대 조직을 갖춘 그의 직속부대의 전투 능력으로 만족할 만한 성과를 거두었다. 하지만 군사적 재능을 타고난 콘스탄티누스 시대에도 적은 국경선을 뚫고 들어와 분탕질을 하여 대부분 농민인 주민들에게 막대한 피해를 준 뒤에야 비로소 격파되었다.

국경 방위를 맡은 사람의 태반이 농사와 병역을 겸하게 되자, 우선 나타난 현상은 병사의 고령화였다. 실제로 20년의 병역을 마치고 만기 제대한 사람에 관한 기록이 이 시대에는 완전히 사라져버린다. 초대 황제 아우구스투스가 창설한 퇴직금제도는 고대에는 완전히 새로운 사고방식이었지만, 여기에 관한 기록도 보이지 않는 것으로 보아 퇴직금제도도 도중에 흐지부지된 게 아닐까. 고령화에다 보수마저 충분치 않으면 질이 떨어지는 것은 당연한 귀결이었다. 다만 국경을 지키는 주둔군에 비해 황제 직속의 유격대는 대우가 좋아서, 청년에서 장년에 이르는 남자들이 모여 있었다. 유격대의 '현역'은 45세까지로 정해져 있었고, 이 정예부대에는 아직 퇴직금 대신 농지를 주는 제도가 적용되고 있었다. 그래서 유격대에서 만기 제대한 병사는 국경 수비병이 되어 농사와 군무를 겸했을 거라는 설도 있다. 어쨌든 과거에는 제국 안전보장의 등뼈라고 불리고 방위선 사수를 '공동체'에 대한 자신들의 책무로 여겼던 긍지 높은 로마 군단병이 4세기에는 농사와 군무를 겸하는 파트타임 병사가 되어 있었다. 다시 100년 뒤에는 쳐들어온 야만족에게 제국이 마침내 멸망하지만, 국경선에서 적을 물리치는 안전보장 체제의 상징이었던 '방위선'은 실질적으로는 4세기에 이미 방기된 상태였다. 원수정 시대의 로마인이 생각하고 있던 방위선은 그 후의 로마사에서는 사라져버린다.

　방위를 어떻게 생각하느냐는 결국 주민 공동체인 국가를 어떻게 생각하느냐와 같다. 방위는 개인의 노력으로는 한계가 있는 일을 국가가 대신 책임지는 사업 가운데 으뜸가는 것이기 때문이다. 로마인은 제정 시대에도 '공동체'(res publica)라는 개념을 좋아했다. 제국 전체가 하나의 큰 집이고, 거기에 사는 사람들은 모두 커다란 '가족'(familia)의 일원이라고 생각했다. 나는 거기에 '운명 공동체'라는 말을 대응시켰지만, 로마인의 언어인 라틴어에는 그런 말이 없다. 그들은 그냥 '파밀리아'라고 불렀다.

　'방위선'의 방기는 집을 외부로부터 지키고 있던 울타리가 없어진 것과 마찬가지다. 콘스탄티누스 황제에 따르면, 적이 울타리를 넘어 침입하면 집 한가운데에 우뚝 솟아 있는 견고한 탑에서 병사가 출동하여, 언제 격퇴할지는 모르지만 어쨌든 격퇴한다는 것이다. 그동안 생긴 희생은 계산에 넣지 않는다.

　이래서는 '레스 푸블리카'의 이념도 설 자리를 잃는다. 거대한 '파밀리아'였던 로마 제국, 그런 의미에서는 공유물이었던 로마 제국이 황제의 사유물로 변했다. 방위할 대상은 이제 제국의 인민이 아니라 제국의 지배자인 황제였다. 이 면에서도 중세는 콘스탄티누스에서 시작되었다.

　로마 제국 후기에는 군사 담당자가 전문화됐듯이 행정 담당자도 전문화됐다. 바꿔 말하면 로마 제국도 관료대국이 된 것이다. 전제군주정에서는 군주에게 협력하여 행정을 담당하는 사람은 군주의 수족이면 된다. 제국 후기에는 무엇 때문인지 법률을 가르치는 학원이 늘어났다지만, 그것은 법률을 공부하여 변호사가 되기 위해서가 아니라, 법률 지식이 있으면 출세에 유리한 국가 공무원의 지위를 얻는 데 효과적이었기 때문이다. 황제의 칙령이 바로 국법이 된 시대였다. 전에는 각종 재판으로 활기를 띠었던 공회당도 이제는 장사꾼이 상담을 벌이는 곳으로나 쓰이게 되었다.

디오클레티아누스가 단행한 개혁 중에서도 행정과 세제에 관한 개혁은 콘스탄티누스가 거의 그대로 답습한 듯하다. 행정 개혁은 절대군주정에 적합했기 때문이고, 과세가 가능한 범위 안에서 국가사업을 벌이는 것이 아니라 국가가 필요로 하는 액수를 과세한다는 사고방식은 전제군주였던 콘스탄티누스에게도 편리했기 때문이다.

다만 이 시기 이후의 세제가 정확히 어떤 형태였는지는 전혀 알려져 있지 않다. 원수정 시대와 같은 일정한 세율이 없어지고 국정에 필요한 액수를 과세하게 된 결과, 세율 자체가 계속 바뀌었기 때문일 것이다. 제국 전역이 아니라 어느 지방에 한정된 기록은 이따금 남아 있지만, 눈을 의심할 만큼 세율이 높다. 제국 후기의 세제에 관한 연구가 거의 이루어지지 않은 상태에서는 그 기록이 사실인지 아닌지 판단하기 어렵다. 하지만 원수정 시대의 세율이 훨씬 낮았다고 말할 수는 있을 것이다.

하지만 콘스탄티누스는 통화에 관해서는 디오클레티아누스와 완전히 결별했다. 은화의 가치 저하가 멈출 줄 모르고 진행되는 상황이어서, 무언가 근본적인 조치를 취해야 했기 때문이다. 하지만 이 면에서 콘스탄티누스는 혁명을 강행했다 해도 좋다. 현대식으로 말하면 은본위제를 금본위제로 바꾸었기 때문이다.

빈부 격차

초대 황제 아우구스투스가 제정한 이래 300년이 넘도록 로마 제국은 데나리우스 은화를 기축 통화로 삼는 은본위제를 유지했다. 제국의 모든 물산이나 용역이 '데나리우스 은화'나 '세스테르티우스 동화'를 단위로 표시된 것이 그것을 보여준다.

아우레우스라고 불린 금화는 시장에 넘쳐나는 통화라고는 말하기 어려웠다. 순금이니까 오늘날의 금괴에 가깝다. 그리고 제국의 통화 제도를 확립한 아우구스투스는 1아우레우스(금화)=25데나리우스(은화)=100세스테르티우스(동화)=400아시스(작은 동전)라는 환산치를 고정시켰다. 원수정 시대의 로마 제국은 소재 가치와 액면 가치가 일치할 수 있는 경제력을 지니고 있었다. 하지만 그 경제력을 유지할 수 있었던 것은 1세기와 2세기 200년뿐이고, 3세기에 접어들면 확실히 경제력이 쇠퇴했다. 그 결과 통화에서도 소재 가치와 액면 가치의 차이가 계속 벌어졌다.

기원전 2세기에 포에니 전쟁이 끝난 뒤부터 서기 2세기까지 무려 400년 동안 로마의 화폐라면 우선 '데나리우스 은화'였다. 그리고 이 은화는 고대의 다른 나라들이 발행한 은화에 비해 절대적인 신용도를 가지고 있었다. 로마가 많은 물량을 수입한 동방 향신료의 원산지인 인도 동쪽에서 발굴되는 화폐가 대부분 '데나리우스 은화'라는 사실도 그것을 입증한다. 그런데 2세기 말에 오현제 시대가 끝날 무렵부터 신용도가 떨어지기 시작한다. 액면 가치와 소재 가치에 차이가 나기 시작한 것이다. 요컨대 화폐 가치가 떨어진 것인데, 이것이 더욱 가속화된 것이 '혼란의 3세기'였다. 로마 제국의 기축 통화인 '데나리우스 은화'의 소재 가치는 은 함유율이 5%까지 떨어져, 이름만 은화일 뿐 실제로는 은도금한 동전이 되어버렸다.

이 시대의 황제들도 수수방관하고 있었던 것은 아니다. 황제들은 대부분 야만족 침입이라는 눈앞의 위협에 대처하는 것만으로도 힘에 부쳤지만, 그래도 여러 번 개선하려고 애썼다. 하지만 은 함유율이 높은 '양화'를 주조해서 발행해도 시장에 나오자마자 자취를 감추어버렸고, 금 100%를 유지하고 있었던 아우레우스 금화와 마찬가지로 항아리에 담겨 어딘가에 꽁꽁 숨겨졌다. 오늘날의 골동품 화폐 시장에 나오는 아우레우스 금화나 데나리우스 은화는 아무리 봐도 사용한 흔적이 보이지 않는 경우가 많다. 가장 새로운 것도 1,700년은 지났을 터인데, 마치 어제 주조소에서 나온 것처럼 보인다. 그것을 손으로 집어들 때마다 3, 4세기에 살았던 로마인의 '장롱 저금'이 지금 내 손에 들어 있구나 하는 생각이 든다.

유통 화폐인데도 시장에 나오지 않고 저축되는 현상은 로마인이 자국의 화폐를 신용하지 않게 되었다는 뜻이다. 이 상태를 방치하는 것은 제국 경제의 쇠퇴를 방치하는 것과 마찬가지였다. 하지만 '데나리우스 은화'의 가치를 회복하기 위한 노력은 카라칼라 황제부터 디오클레티아누스 황제까지 100년 동안 모조리 실패했다. 콘스탄티누스는 이것을 보고, 은화에 집착하는 한 강력한 기축 통화를 부흥하려는 시책은 성공할 수 없다는 것을 깨달은 게 아닐까.

콘스탄티누스 황제는 로마의 전통이었던 '은본위제'를 버리고 '금본위제'로 바꾸었다. 물론 '금본위제'라는 말 자체는 로마 시대에 존재하지 않았지만, 지금까지는 시장에서 유통되는 화폐가 아니어서 금 함유율을 100%로 유지할 수 있었던 금화를 제국 통화제도의 기축으로 삼기로 결정한 것이다. 새로운 제국, 새로운 수도, 그리고 종교도 새롭게 바꿀 작정이었던 콘스탄티누스에게는 새로운 기축 통화라는 말도 귀에 상쾌하게 들렸을 것이다. 그 때문인지, 새 금화는 반짝반짝 빛나는 것을 의미하는 '아우레우스'(aureus)라고 불리지 않고 '솔리두스'(solidus)로 이름 지어졌다. 솔리두스는 견실이나 안정을 의미했다.

콘스탄티누스의 통화 개혁은 '데나리우스 은화'가 강한 통화였던 시대에 차지하고 있던 지위에 '솔리두스 금화'를 앉혔다는 데 특색이 있다. 과거의 은화가 금화로 바뀌면서, 통화제도 안정에 없어서는 안될 존재인 강한 기축 통화를 부흥시키는 데에는 성공했다.

다만 금화라도 널리 유통되는 것을 제일로 생각하는 '통화'인 이상 액면 가치가 너무 높으면 화폐 구실을 하지 못한다. 따라서 소형화하는 것은 당연했다. 표에도 나와 있듯이 무게가 4.5그램으로 줄어들었다. 이것도 나중에는 4그램 가까이까지 떨어진다. '솔리두스 금화'는 '아우레우스 금화'의 절반 무게로 정착한 것이다. 그리고 금 함유율도 100%를 계속 유지하지는 않았던 모양이다. 오늘날의 금붙이에도 24금과 18금의 차이가 있지만, 이 정도의 '불순물'은 섞여 있었던 것 같다. 불순물을 조금 넣는 편이 물리적으로는 오히려 강화된다. 무엇보다도 이것

로마 제국의 금화와 은화의 환산치 변천

	금화	은화	환산치
아우구스투스 (기원전 23년~)	아우레우스 7.8g(순금)	데나리우스 3.9g(순은)	1금화 = 25은화
네로 (서기 64년~)	아우레우스 7.3g(순금)	데나리우스 3.4g(은 함유율 93%)	
카라칼라 (서기 215년~)	아우레우스 6.5g(순금)	안토니누스 5.5g(은 함유율 50%)	위기의 3세기여서 일정하지 않음
갈리에누스 (서기 265년~)	아우레우스 6.0g(순금)	안토니누스 3g(은 함유율 5%)	
디오클레티아누스 (서기 295년~)	아우레우스 5.4g(순금)	아르젠테우스 3.4g(순은) (시장에 나오자마자 사라진 것으로 유명)	1금화 = 1,200은화
콘스탄티누스 (서기 325년~)	솔리두스 4.5g→4.0g (순금)	아르젠테우스 3.4g(은, 계속 감소)	1금화 = 4,500은화 (4세기 전반) = 30,000,000은화 (4세기 후반)

은 금괴가 아니라 시장에서 유통되는 것을 목적으로 하는 통화였다.

하지만 원수정 시대의 아우레우스 금화와 콘스탄티누스 이후의 솔리두스 금화, 그보다 1천 년 뒤에 태어나는 피렌체 공화국의 피오리노 금화와 베네치아 공화국의 두카토 금화를 손에 올려놓으면, 솔리두스 금화의 무게는 고대 로마보다 중세·르네상스 시대의 피렌체나 베네치아의 금화와 더 비슷하다. "콘스탄티누스 황제의 금본위제는 아우구스투스 황제가 확립한 은본위제보다 훨씬 긴 수명을 유지했다"고 주화를 전문으로 연구하는 사람들은 말하지만, 그것은 촉감만으로도 납득할 수 있다. 지폐가 나타날 때까지는 금화가 기축 통화의 지위를 계속 유지했기 때문이다. 오늘날에도 재산 가치를 보전하기 위해 금괴를 사는 사람은 있지만, 세공에 사용할 목적이 아니라면 은괴를 사는 사람은 없을 것이다. 콘스탄티누스는 통화제도 안정에 반드시 필요한 '강한 통화'를 확립하는 데에는 성공했다.

그러나 4세기의 로마 제국에서는 금본위제로 바뀐 것이 경제적으로나 사회적으로 깊고 큰 폐해를 가져오게 된다. 그것은 강한 통화로서 금화의 가치를 확립하는 데에는 성공했지만 은화나 동화는 '가치변동제'로 방치했기 때문이다. 그 결과는 어떻게 되었는가.

봉급을 금화로 받는 사람들이 있다고 하자. 그들이 생필품을 살 경우에는 금화를 은화나 동화로 바꿀 필요가 있다. 물건을 팔거나 여러 가지 서비스를 제공하고 그 대가로 은화나 동화를 받는다고 하자. 세금은 금화로 내도록 규정되어 있으니까, 그들이 세금을 낼 때는 환전상을 찾아가서 자기가 가지고 있는 은화나 동화를 금화로 바꾸어야 한다. 이런 메커니즘이 전자와 후자의 경제적 격차를 크게 벌려놓는 결과를 초래했다. 게다가 격차는 해가 갈수록 점점 더 크게 벌어졌다. 이것이 콘스탄티누스의 '금본위제' 전환이 가져온 가장 큰 폐해였다. 연구자들도 콘스탄티누스의 개혁은 중류 및 하류 계급을 직격했다고 말한다. 하지만 문제는 이것만으로 끝나지 않았다.

봉급을 가치가 안정된 금화로 받는 사람은 우선 군사 관계자다. 그 중에서도 특히 황제 직속 부대의 장병들이다. 국경을 지키면서 농사를 짓는 병사들은 파트타임이라도, 그들을 지휘하는 장교급은 전문가여야 한다. 그런 전문가에게도 봉급은 금화로 지급되었을 것이다.

군인과 마찬가지로 행정 관료들도 봉급을 금화로 지급받는 계층이었다. 다시 말해서 군사 관계자와 행정 관계자라는 국가 공무원이 가치가 떨어질 염려가 없는 금화로 봉급을 받는 혜택받은 사람들이 되었다는 뜻이다.

이들 이외에 군대나 관청에 물자를 납품하는 생산업자도 혜택받은 사람 축에 든다. 그들은 세금을 물건으로 납부하는 것이 허용되어 있었기 때문이다. 특히 군대에서는 군량과 기타 군수품 조달이 밀리면 일이 되지 않기 때문에, 데나리우스 은화가 은도금화된 3세기 후반부터 군수물자를 생산하는 업자는 나라에 내는 세금도 돈 대신 생산품으로 물납하는 것이 인정되었다.

이 사람들이 은화나 동화의 가치가 계속 떨어지고 있는 로마 사회에서 부유층을 형성한 반면, 공무원이 아닌 사람들은 계속 가난해졌다. 장병도 아니고 관료도 아니고 군수품 생산업자도 아닌 일반 업자나 민간인이 혜택받지 못한 계층을 형성하게 되었다. 아무리 열심히 일해도 이들이 받는 은화나 동화의 가치는 계속 떨어졌기 때문이다.

농지는 방치되거나 대규모 농장에 흡수되고, 상점은 문을 닫고, 수공업자는 차례로 군수산업으로 전업해간다. 이제 야만족에게 습격당하고 약탈당할 필요도 없었다. 금본위제가 야만족 대신 그들을 습격하여 약탈해주었기 때문이다. 여기서도 '공동체'의 이념은 과거의 것이 되어 있었다. 그 가운데 '솔리두스 금화'만 반짝반짝 빛나고 있었다. 인민 대다수가 피폐한 가운데 황제 혼자 눈부시게 빛나고 있듯이.

가정의 비극

하지만 눈부시게 빛나는 듯이 보인 콘스탄티누스는 무엇 때문인지

가정 내 유혈 사태와 관계가 깊었다.

우선 310년에는 아내의 아버지였던 선제 막시미아누스를 죽였다. 2년 뒤인 312년에는 아내의 오빠인 막센티우스를 무찔러 죽음으로 몰아넣었다. 325년에는 이복누이와 결혼시킨 정제 리키니우스를 전투에서 무찌른 뒤, 야만족과 반란 음모를 꾸몄다는 이유로 사형에 처했다. 이 세 가지 사건은 살해된 사람이 장인과 처남과 매제이기는 했지만 권력 투쟁의 상대이기도 했다. 아무리 근친 사이라 해도 권력을 건 투쟁에서는 경쟁자를 차례로 밀어내는 것이 당연하다.

하지만 326년에 일어난 사건만은 이 부류에 들어가지 않는다. 그 때문인지, 콘스탄티누스 쪽은 상대가 반란 음모를 꾸몄다거나 제위 찬탈자를 토벌한다는 등 전투에 호소할 때 효과적인 대의명분을 짜내지도 않았다. 이 사건에 대한 콘스탄티누스의 태도는 '침묵'뿐이다.

326년에 갑자기 '부제' 크리스푸스가 체포되어, 아드리아해 안쪽에 불쑥 튀어나온 이스트라 반도 끝에 있는 풀라의 감옥으로 극비리에 호송되었다. 그리고 밤낮으로 가혹하기 짝이 없는 고문과 심문이 되풀이되었다. 하지만 피고는 끝까지 무죄를 주장했다.

326년이라면 마지막으로 남은 경쟁자 리키니우스를 사형에 처하여 콘스탄티누스가 명실 공히 로마 제국의 유일한 '정제'가 된 이듬해다. 따라서 이 시기에 '부제'였던 크리스푸스는 로마 제국의 제2인자였다. 원수정 시대라면 고문 대상은 될 수 없다. 제위 후계자만이 아니라 원로원 의원도, 그리고 시민이라도 노예가 아니면 자백을 끌어내는 수단으로 고문하는 것은 금지되어 있었기 때문이다. 하지만 절대군주정 치하에서는 전제군주를 제외한 모든 사람이 어떤 의미에서는 평등해진다. 전제군주정은 '제일인자와 기타'로 이루어진 사회다. 따라서 '정제'의 맏아들이자 '부제'라 해도 정제가 반대하지 않는 한 원수정 시대의 노예보다 더 가혹한 고문을 받을 수 있었다.

죄상은 황후 파우스타와 불륜관계를 맺었다는 것이었다. 그런데 무엇 때문인지 크리스푸스가 체포되어 풀라의 옥중에서 고문에 시달리고 있는 동안에도 황궁에 있는 황후의 일상은 전혀 달라지지 않았다. 감옥으로 끌려가지도 않았고, 황궁 안에서 격리되지도 않았다. 하지만 풀라의 옥중에서 크리스푸스가 무죄를 외치면서 29세의 생애를 마쳤을 때, 황후에 대한 처우도 결정되었다.

황궁 안의 욕실은 황제와 그 가족의 전용으로 만들어져 있다. 카라칼라 목욕장에서 볼 수 있는 대규모 공중목욕장 같은 규모는 결코 아니다. 게다가 새 수도 콘스탄티노폴리스의 황궁은 건설되고 있는 중이었으니까 처형 장소는 시르미움이나 니코메디아의 황궁이었을 테고, 그렇다면 황제용 욕실도 원수정 시대에 유복한 사람이 지은 별장 정도의 규모였을 것이다. 욕조를 가득 채운 온탕이 어느덧 모락모락 김을 피워 올리는 열탕으로 변하고, 그 수증기가 욕실 안에 자욱해질 때까지는 그리 오랜 시간이 걸리지 않았을 것이다.

이변을 눈치채고, 언제나 욕실 안에 대기해 있는 여자 노예도 보이지 않는 것을 알아차린 황후는 밖으로 나가려 했다. 하지만 문은 굳게 닫힌 채였다. 황제 콘스탄티누스의 아내 파우스타는 목욕하다가 사망했다고 공표되었다.

어쩌면 황후와 그 의붓아들의 불륜은 사실이었을지도 모른다. 파우스타는 친오빠 막센티우스의 나이로 추측하면 이 무렵 마흔 살 안팎이었을 것으로 여겨진다. 정략결혼 상대인 콘스탄티누스와의 사이에는 세 아들이 태어났다. 다만 세 아들의 아버지인 남편은 권력 투쟁 때문이라고는 해도 황후의 아버지와 오빠를 죽였다. 그래도 모든 것을 가슴에 숨기고, 콘스탄티누스의 아내로서 20년 가까운 세월을 살았다. 파우스타보다 적어도 열 살은 젊은 크리스푸스가 그런 황후를 동정하여 살갑게 대했다면 어떻게 되었을까. 중년 여자의 사랑은 젊은 여자의 경우처럼 꿈에서 생겨나는 것이 아니라 절망에서 태어난다. 들키면 기다리는 것은 죽음뿐이라는 것을 알면서도.

크리스푸스도 자신의 미묘한 처지를 잘 알고 있었을 것이다. 콘스탄티누스의 친아들이긴 하지만, 생모는 황통을 이은 황녀가 아니었다. 콘스탄티누스가 그를 '부제'로 임명한 것은 막센티우스를 무찌르고 제국 서방의 제일인자가 된 직후인 317년이었다. 그해에 크리스푸스는 20세였지만, 콘스탄티누스가 크리스푸스의 생모와 이혼하고 재혼한 파우스타가 낳은 아들은 맏아들도 이제 겨우 한 살이었다. 유아 사망률이 높았던 시대, 콘스탄티누스로서는 20세가 된 크리스푸스를 제위 후계자라는 의미도 있는 '부제'로 임명할 이유가 충분히 있었다. 그리고 한때 여섯 명이나 난립한 정제와 부제 사이에 벌어진 권력 투쟁도 이 무렵에는 아직 결과가 나온 것은 아니었다. 가장 강력한 경쟁자인 리키니우스는 제국 동방에 군림해 있었다. 게다가 로마 황제의 최대 책무는 야만족의 침략에 대응하는 것이었지만, 여기에서도 잠시의 방심조차 허용되지 않는 상황은 여전했다.

이런 상황 아래에서는, 뛰어난 군사적 재능을 타고났고 병사들 사이에 인망도 높은 크리스푸스는 콘스탄티누스에게 참으로 편리한 인재였다. 라인강을 최전선으로 삼는 갈리아를 방위하는 것은 콘스탄티누스가 부제 시절에 맡고 있던 임무지만, 부제 임명과 동시에 크리스푸스의 임무가 되었고, 실제로 젊은 크리스푸스는 그 임무를 훌륭히 수행했다. 크리스푸스의 재능은 방위에만 발휘된 것이 아니다. 324년에 정제 리키니우스와 벌인 결전에서 해군 지휘를 맡은 크리스푸스는 27세의 젊은 나이에 전투의 향방을 좌우하는 해전에 승리하여 아버지 콘스탄티누스의 경쟁자 소탕전에 크게 이바지했다. 그런 크리스푸스가 계모와의 불륜을 의심받고 처형된 것은 그로부터 겨우 2년 뒤의 일이었다.

'겨우' 2년 뒤인 것은 사실이다. 하지만 유서 깊은 집안 출신의 파우스타가 낳은 세 아들은 이 해에 각각 10세, 9세, 6세가 되어 있었다. 유아 사망률이 높았던 이 시대에는 유아기만 무사히 넘기면 그다음은 저절로 자란다고 생각했다. 아버지 콘스탄티누스는 아직 50대 초반이었다. 건강에는 문제가 없었으니까 앞으로 20년은 더 살 수 있다고 생각했을 것이다.

그리고 겨우 2년 뒤라고는 하지만 이 2년에는 커다란 의미가 있었다. 무엇보다도 먼저 콘스탄티누스는 모든 권력 투쟁에 승리하여 로마 제국에서 유일한 최고 권력자가 되어 있었다. 오랫동안 계속된 권력 투쟁에서 살아남은 사람이 새로운 경쟁자로 변할 수 있는 존재에 신경을 곤두세우는 것은 당연하다. 콘스탄티누스와 크리스푸스의 나이 차이는 스물두 살밖에 되지 않았다.

둘째, 그런 콘스탄티누스에게 '부제'는 그의 오른팔이 아니라 그의 뒤를 이어 제위에 오를 후계자의 의미로 돌아와 있었다. 그렇다면 열 살 된 소년이라도 괜찮았다.

셋째, 의붓아들과 밀통한 죄를 뒤집어썼을 당시 파우스타 황후는 콘스탄티누스에게 자식을 새로 낳아줄 수 있는 나이는 지났을 것이다. 게다가 파우스타를 통해 황통을 이은 세 아들은 사망률이 높은 유아기를 무사히 넘겼다. 콘스탄티누스에게 크리스푸스가 쓸모없는 존재가 된 것과는 다른 이유로 파우스타도 쓸모없는 존재가 되어 있었다.

계모와 의붓아들 사이에 정말로 사랑이 싹텄을까. 아니면 둘 다 콘스탄티누스의 냉혹한 정략에 희생되었을까. 진상은 전혀 알려져 있지 않다. 동시대의 기록은 모두 기독교도가 쓴 것이고, 그들은 콘스탄티누스에게 감사하는 마음으로 '대제'라는 존칭을 붙인 사람들이다. 그들은 우러러 존경하는 대제의 모습에 어울리지 않는 사실에는 눈을 감았다. 그런 것은 보지도 않았고, 보려고도 하지 않았다. 그래서 오늘날까지도 진상은 알 수 없다. 하지만 딱 한 가지 분명한 사실이 있다. 그것은 크리스푸스가 감옥에서, 파우스타는 욕실에서 생애를 마친 직후에 콘스탄티누스와 파우스타 사이에 태어난 세 아들 가운데 10세인 맏이와 9세인 둘째가 '카이사르'로 임명되었다는 것이다. 세 아들 가운데 맏이인 콘스탄티누스 2세는 겨우 열 살인데도 갈리아 전역을 담당하는 총사령관에도 임명되었다. 콘스탄티누스의 새 왕조가 형태를 갖추어가고 있었다.

콘스탄티누스에게는 이혼당한 어머니를 둔 크리스푸스가 과거의 자신과 같은 처지에 있다는 것 따위는 고려할 가치가 없는 사소한 일이었는지도 모른다.

콘스탄티누스

콘스탄티누스 황제는 키가 크고 건장한 육체를 가졌다고 전해진다. 장병을 거느려도 그들보다 머리 하나가 올라올 만큼 키가 커서, 언제 어디서나 눈에 띄는 존재였다고 한다. 게다가 소박한 옷차림을 싫어해서, 화려한 옷을 걸칠 기회가 있으면 절대로 놓치지 않았다. 디오클레티아누스 황제가 입기 시작한 화려한 복장과 보석을 아로새긴 왕관, 원수정 시대에는 오리엔트의 군주와 제후들만 몸에 걸쳤던 그것을 누구보다도 좋아한 사람은 콘스탄티누스였을 것이다.

하지만 내 관심을 끈 것은 다른 사항이었다. 그것은 콘스탄티누스가 조상에도 화폐에 새겨진 옆얼굴에도 늙은 얼굴을 전혀 남기지 않았다는 것이다. 그가 역사의 무대에 등장한 것은 30대로 접어든 직후였고 죽은 것은 60대 중반이니까, 청년에서 장년을 거쳐 노년에 이르기까지 30년 동안 조상으로 조각되거나 화폐에 새겨질 자격을 갖고 있었다는 이야기가 된다. 그런데도 후세의 우리만이 아니라 동시대 사람들이 볼 수 있었던 콘스탄티누스의 얼굴도 기껏해야 30대 중반으로밖에 보이지 않는다. 물론 측근에 있던 사람들은 나이가 들어가는 콘스탄티누스를 보았겠지만, 내가 말하고자 하는 것은 그의 '공식 얼굴'이다. 또한 하드리아누스 황제 이후로는 황제들이 모두 턱수염을 길렀는데, 콘스탄티누스에 이르러 갑자기 하드리아누스 이전 시대로 돌아간 것처럼 수염을 깨끗이 깎는 습관을 부활시켰다. 참고로 남자는 수염을 깨끗이 밀면 훨씬 젊어 보인다.

그래서 생각나는 것은, 30대 중반도 되기 전에 로마에 제정을 펴는 데 성공했고 77세로 죽을 때까지 40년을 혼자 통치하면서 30대 중반의 얼굴만 남긴 초대 황제 아우구스투스다.

다만 아우구스투스의 경우에는 모든 수단을 동원하여 율리우스 카이사르의 양자이자 후계자라는 사실을 선전해야 한다는 확실한 이유가 있었다. 카이사르는 역사의 무대에 늦게 등장했기 때문에 조상에도 화폐에도 50대의 얼굴밖에 남기지 않았다. 카이사르가 암살된 뒤에 벌어진 권력 투쟁에서 아우구스투스가 살아남은 첫째 요인은 민중에게 인기가 높았던 카이사르가 양자로 삼고 후계자로 지명한 젊은이라는 사실 때문이다. 아우구스투스는 특히 사람들이 평소에 자주 쓰는 은화나 동화로 신격 카이사르의 아들인 자신을 선전했다.

하지만 콘스탄티누스의 경우는 다른 것 같다. 그가 30대 중반으로밖에 보이지 않는 얼굴만 남긴 것은 턱수염을 기른 장년의 얼굴로만 알려져 있는 디오클레티아누스와 자신의 차이를 강조하고 싶었기 때문이 아닐까. 4세기의 로마인에게는 1세기의 아우구스투스보다 20년 전까지 로마 제국 최고의 권력자였던 디오클레티아누스 황제가 생각날

확률이 훨씬 높았기 때문이다. 사람들이 조상이나 화폐에서 청년으로밖에 보이지 않는 콘스탄티누스를 보고 아우구스투스를 생각하기보다는 아직도 대량으로 유통되는 화폐에 새겨져 있어서 볼 기회가 많은 디오클레티아누스와 비교하여 콘스탄티누스의 젊음에 강한 인상을 받는다면 콘스탄티누스의 이미지 작전은 성공이었다.

제3부
콘스탄티누스와 기독교

제국의 수도 콘스탄티노폴리스를 성모 마리아와
아기 예수에게 바치는 콘스탄티누스 황제
(이스탄불, 소피아 성당의 모자이크)

콘스탄티누스가 로마사만이 아니라 세계사에서도 위인으로 꼽히는 이유는 뭐니뭐니해도 그가 기독교 진흥에 크게 이바지했기 때문이다. '대제'라는 뜻의 '마그누스'(Magnus)를 붙여 부르는 역사상 인물은 머리에 얼른 떠오르는 사람만 해도 세 사람이다. 알렉산드로스 대왕, 콘스탄티누스 대제, 그리고 샤를마뉴(샤를 대제)다.

기원전 4세기에 살았던 젊은 영웅 알렉산드로스를 빼면, 서기 4세기의 콘스탄티누스와 9세기 초의 샤를마뉴는 기독교와 관계가 깊다. 콘스탄티누스는 기독교를 공인한 사람이고, 로마 제국이 존재했던 시대에는 북방 야만족의 한 부족이었던 프랑크족의 왕 샤를은 서기 800년에 로마를 방문하여 로마 교황으로부터 신성로마제국 황제의 왕관을 받은 사람이다. 신성로마제국이란 로마 제국이 멸망한 뒤 암흑의 중세로 돌입한 채 빠져나오지 못하고 있는 유럽에 기독교를 기치로 내건 강대한 제국을 건설하려는 시도였다. 프랑크 왕 샤를에게 '대제'라는 뜻의 '마뉴'를 붙여서 부른 것은 샤를이야말로 당시 유럽의 기독교회에 희망의 별이었기 때문이다. 그것과 관계가 있는지 어떤지는 모르지만, 브뤼셀에 있는 EU(유럽 연합) 본부 건물은 '샤를마뉴'로 명명되었다.

신성로마제국은 결국 제국도 만들지 못하고 용해되어버리지만, 그 창시자라는 이유만으로 '대제'라고 불린다면 콘스탄티누스의 '대제'가 훨씬 자격이 있다. 콘스탄티누스가 기독교회에 그렇게 큰 공헌을 하지 않았다면 기독교가 그 후 그만큼 융성했을까 하는 의문에 대해 적지 않은 수의 역사가는 교회 내부의 끝없는 교리 논쟁으로 피폐해진 끝에 결국 지역 종교의 하나로 몰락했을 거라고 대답할 정도다.

콘스탄티누스와 기독교의 이런 관계를 기술할 때 연대순으로 추적하는 방법을 취하고 싶다. 빨리 결론을 얻는 데에는 적절치 않은 방법일지도 모르지만, 역사에서는 대상이 되는 문제가 중대할수록 연대순으로 사실을 추적해가는 것이 더 적절한 경우가 많다.

때를 기다린 시기

콘스탄티누스의 정확한 생년월일은 실제로는 아무도 모른다. 후세의 우리는 연구자들의 다양한 설을 참고하지만, 마지막에는 눈을 질끈 감고 '에라 모르겠다' 하는 심정으로 그 설들 가운데 하나를 채택하는 결정을 내린다. 여기서 275년생이라는 설을 택한 것도 그런 부류에 속한다고 미리 말해두겠다. 발칸 지방의 빈농 출신으로 수많은 백인대장 가운데 하나에 불과했던 시절의 콘스탄티우스와 선술집 딸 헬레나 사이에 태어난 아들이 '콘스탄티우스 주니어'라는 의미도 있는 '콘스탄티누스'였기 때문이다. 이 시대에는 디오클레티아누스를 비롯한 모든 황제의 생년월일이 불확실했고, 나중에 '대제'를 붙여서 부르게 되는 콘스탄티누스도 예외는 아니었다.

출생지는 오늘날에는 불가리아와의 국경과 가깝지만 세르비아·몬테네그로에 속하는 '니시'로 되어 있다. 로마 시대에는 '나이수스'라고 불렸고, 도나우강과 가까운 시르미움에서 싱기두눔(오늘날 세르비아·몬테네그로의 수도 베오그라드)과 세르디카(오늘날 불가리아의 수도 소피아), 하드리아노폴리스(오늘날 터키의 에디르네)를 지나고 비잔티움(이제 곧 콘스탄티노폴리스가 되고, 1453년부터는 터키령 이스탄불)을 거쳐 소아시아에 이르는 로마 가도, 로마 제국의 서방과 동방을 잇는 그 간선도로 연변에 발달한 도시였다. 따라서 군대 행군로도 되었기 때문에, 백인대장이 선술집 딸한테 반할 확률도 높았다.

나이수스에서 태어난 것도 아버지의 근무지가 자주 바뀌는 바람에 어머니가 친정에서 해산할 수밖에 없었기 때문일 것이다. 또한 유년기도 같은 이유로 나이수스에서 보낸 게 아닌가 여겨진다. 그래도 아버지 콘스탄티우스는 성실한 남자였는지, 여기저기에서 여자를 사귀어 그때마다 자식을 낳지는 않았던 모양이다. 콘스탄티누스는 부모의 애정이 부족하지는 않은 상태로 유년기를 보냈다. 그가 외아들이었던 것만은 확실하다.

그의 아버지 콘스탄티우스는 성실한데다 군사적 재능도 타고났기 때문에, 외아들의 성장과 아버지의 출세는 병행하여 진행되었다.

디오클레티아누스가 동방, 막시미아누스가 서방을 맡는 형태로 제국 방위를 분담하는 '양두정치'가 시작된 것은 서기 285년이었다. 막시미아누스 휘하의 장수였던 콘스탄티우스의 근무지도 이때부터 갈리아를 중심으로 하는 제국 서방으로 정착된다. 막시미아누스 황제의 본거지는 라인강 방위선으로 직행할 수 있는 트리어에 있었으니까, 황제 휘하의 장수들도 처자식을 그곳으로 불러들였을 것이다. 그렇다면 열 살 이후의 콘스탄티누스는 모젤강 상류, 오늘날 독일 서쪽 끝에서 군마가 울고 병사들이 오가는 가운데 소년기를 보냈다는 이야기가 된다. 하지만 이런 생활도 18세를 경계로 완전히 바뀌었다.

'사두정치'가 출범한 것은 서기 293년이었다. 사두정치는 동방과 서방의 두 정제가 제각기 부제를 두어 광대한 제국의 방위를 네 사람이 분담하자는 생각으로 만들어진 체제인데, '정제' 막시미아누스와 협력하여 제국 서방의 안전 보장을 담당할 '부제'로 콘스탄티누스의 아버지 콘스탄티우스가 임명된 것이다. 다만 '사두정치'의 창안자인 동방의 정제 디오클레티아누스는 부제에 취임하려면 정제의 딸과 결혼해야 한다는 조건을 내걸었다.

제국 동방의 '부제'로 임명된 갈레리우스는 '정제' 디오클레티아누스의 딸 발레리아와 결혼한다. 이미 아내가 있었던 콘스탄티우스도 정제 막시미아누스의 의붓딸 테오도라와 결혼하기 위해 콘스탄티누스의 생모인 헬레나와 이혼했다.

정제 막시미아누스가 이탈리아 밀라노로 수도를 옮겼기 때문에 부제 콘스탄티우스는 트리어에 계속 머물게 된다. 라인강 방위선으로 직행할 수 있는 트리어(로마 시대의 이름은 아우구스타 트레베로룸)를 본거지로 삼은 것으로 보아, 갈리아 전역을 야만족의 침략에서 지키는 것이 부제 콘스탄티우스의 첫째 임무였던 것은 분명하다. 하지만 콘스탄티누스는 병역을 시작할 수 있는 자격 연령인 17세가 지났는데도 아버지 밑에서 군사 체험을 쌓는 것이 허용되지 않았다. 정제의 딸로 황통을 이은 테오도라가 황후 자리에 앉았기 때문에, 트리어에는 이혼당한 헬레나가 있을 곳이 없어졌다. 또한 새 결혼은 새 자식의 탄생과 이어진다. 전처의 아들 콘스탄티누스도 트리어에서 계속 살 수 없게 된 것은 마찬가지였다.

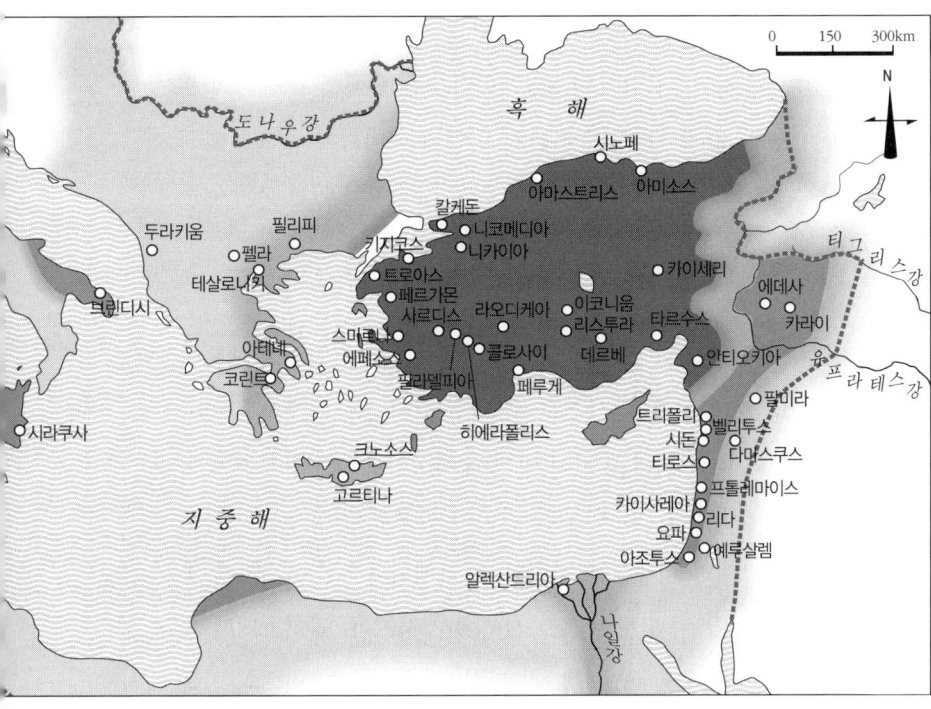

로마 제국의 기독교도 분포 추측도(서기 3세기 말, 재게재)

 갈 곳이 없어진 어머니와 아들을 거두어준 사람이 동방의 정제 디오클레티아누스였다. 전처와 아들을 가까이에 놓아둘 수 없게 된 콘스탄티우스가 부탁했을 것이다. 아버지가 재혼하자마자 아내와 아들을 잊어버렸다는 것을 보여주는 자료는 없다.

 디오클레티아누스가 수도로 삼은 곳은 소아시아 서쪽 끝에 있는 항구도시 니코메디아다. 콘스탄티누스는 이 니코메디아에서 18세부터 30세까지 12년을 보내게 된다. 나이도 병역 자격 연령을 지났으니까, 제국 동방의 방위를 책임지고 있는 디오클레티아누스가 이 젊은이를 놀게 할 리는 없었다. 역사 자료는 남아 있지 않지만 이집트 전투에도 참가시켰을 테고, 부제 갈레리우스가 총지휘를 맡아 두 번에 걸쳐 치

제3부 콘스탄티누스와 기독교 309

른 페르시아 왕국과의 전투에도 참가시켰을 것이다. 콘스탄티누스는 이렇게 아버지 슬하가 아니라 디오클레티아누스 밑에서 군사 경험을 쌓았다. 18세부터 30세까지라면 훗날의 비약에 대비하여 충전을 하기에는 가장 적절한 시기이기도 했다. 참고로, 젊은이와 그를 거두어준 황제 사이에는 서른 살의 나이 차이가 있었다.

청년 시절의 콘스탄티누스가 디오클레티아누스 밑에 있었기 때문에 경험한 것이 또 하나 있었다. 그것은 이 최고 권력자가 다그치듯 잇따라 내놓은 칙령에 따라 전과는 전혀 달리 체계적이고 철저하게 이루어진 기독교도 탄압이었다. 303년부터 연이어 발표된 칙령으로 기독교회와 신도들은 박해의 태풍에 휘말렸다. 니코메디아는 소아시아에 있다. 지도를 보아도 알 수 있듯이, 소아시아에서 시리아·팔레스티나 지방에 걸친 일대가 기독교 세력이 가장 강한 곳이었다. 이 일대의 기독교 세력은 국가 속의 국가를 형성하고 있다는 말까지 들을 정도였다. 탄압과 박해가 이 일대, 즉 디오클레티아누스의 무릎 밑에서 가장 엄격하게 실시된 것도 제국 어디보다 이 신흥 종교의 세력이 강했기 때문이다. 어쨌든 니코메디아 주교 관저는 광장을 사이에 두고 황궁 맞은편에 있었다. 이 시기의 탄압과 박해를 28세의 콘스탄티누스가 어떤 눈으로 보았는지는 알려져 있지 않다.

정식 무대로

12년 동안 엎드려서 때를 기다린 콘스탄티누스의 운명을 결정한 것은, 간접적이기는 했지만 이번에도 디오클레티아누스였다. 305년에 디오클레티아누스는 치세가 20년에 이르렀다는 이유로 퇴위하겠다는 뜻을 밝혔고, 뜻만 밝힌 것이 아니라 당장 실행에 옮겼다. 서방 정제 막시미아누스도 동시에 퇴위했기 때문에 '사두정치'는 제2차로 넘어가게 된다. 두 정제가 퇴위한 뒤를 이어 두 부제가 각각 정제로 승격한다. 서방 부제였던 콘스탄티누스의 아버지도 서방 정제에 취임했다. 그것을 안 콘스탄티누스는 디오클레티아누스에게 아버지 곁으로 가게 해달라고 청하여 허락을 받았다. 의젓하게 성장한 모습으로 나타난 아들을 아버지는 기꺼이 맞아들였다고 한다.

305년에 친숙한 오리엔트를 떠나 유럽에 가기로 한 콘스탄티누스의 결단은 옳았을 뿐만 아니라 운 좋은 선택이었다. 그로부터 불과 1년 뒤에 아버지가 죽은 것은 예상 밖이었을 게 분명하지만, 그때까지 1년 동안 아버지 밑에서 전투에 참가하고 실적을 쌓아서, 정제 콘스탄티우스가 죽었을 때는 아버지 휘하 장병들의 마음을 완전히 사로잡고 있었기 때문이다. 무능한 지휘관을 만나면 자신들이 개죽음을 당한다는 것을 병사들은 알고 있다. 30세에 아버지 곁으로 돌아온 콘스탄티누스는 제국 서방의 방위를 맡은 장병들에게 단순히 정제의 아들일 뿐만 아니라 용감하고 유능한 사령관이기도 하다는 것을 인정받고 있었다.

그래서 콘스탄티우스가 급사하자 장병들은 그 후계자로 주저 없이 콘스탄티누스를 옹립했다. 만약 니코메디아 황궁에서 그대로 살고 있었다면 콘스탄티누스의 비약은 이루어지지 않았을 것이다. 그가 아버지 쪽에서는 황통을 이어받았지만 어머니 쪽에서는 이어받지 않았다는 것을 잊어서는 안된다. 이런 점이 무시할 수 없는 의미를 갖게 된 상황에서는 실력으로 승부하는 길밖에 없었다. 그리고 콘스탄티누스는 그 길을 냉철할 만큼 교묘하게 나아간다. 30대에 갓 접어든 젊은 나이에 제국 서방의 '부제' 자리를 꿰찬 것이다. 다음 목표는 서방 '정제'인 세베루스를 자결로 몰아넣은 뒤 이탈리아와 북아프리카의 지배자가 된 막센티우스를 타도하는 것이었다.

308년 가을, 도나우강 연안의 최전선 기지인 카르눈툼(오늘날 오스트리아의 페트로넬)에 3년 전 퇴위한 선제 디오클레티아누스와 막시미아누스, 그리고 현재의 정제 갈레리우스가 모여서 회담을 열고 콘스탄티누스를 '부제'로 정식 승인했다. 아버지가 죽은 직후에 아버지 휘하 장병들은 그를 '부제'가 아니라 '정제'로 옹립했다. "콘스탄티누스를 아우구스투스로!"가 그때 장병들이 지른 환성이었다. 따라서 콘스탄티누스가 마음만 먹었다면 카르눈툼의 '수뇌 회담'에서 내려진 결정에 항의할 수도 있었다. 하지만 콘스탄티누스는 정제에서 부제로의 '격하'를 그대로 받아들였다. 장병의 옹립이 남발되었기 때문에 황제가 항상 단명으로 끝난 3세기의 폐해를 피하기 위해 디오클레티아누스는 '사두정치'를 창안하고 실행했다. 퇴위하기는 했지만 아직 영향력을 가지고 있는 이 선제가 콘스탄티누스를 '부제'도 거치지 않고 '정제'로 옹립한 장병들의 결정을 간단히 승인할 리는 없었다. 따라서 지금은 단번에 올라갈 것이 아니라 한 걸음씩 전진해야 한다고 미래의 '대제'인 33세의 젊은이는 생각했을 것이다. 한 걸음씩 전진한다는 것은 궁극적인 목적을 달성하기 위해 현재 시점에서 가능한 수단은 모두 동원한다는 뜻이기도 했다.

'부제'에 정식 취임한 308년과 '정제'로 가는 길을 가로막은 최대의 장애물 막센티우스와 결전을 벌인 312년 사이에는 4년의 세월이 가로놓여 있다. 이 4년 동안 콘스탄티누스는 기독교도가 보기에는 이해할 수 없지만 나처럼 기독교도가 아닌 사람이 보면 전혀 이상하지 않은 일을 몇 가지 시도했다.

그중 하나는 자신의 혈통을 더듬어 올라가면 클라우디우스 황제와 연결된다고 공언한 것이다. 북방 야만족의 한 부족인 고트족을 정복한 자라는 의미에서 '고티쿠스'라는 존칭이 붙은 클라우디우스는 로마 제국이 혼란에 빠진 3세기 후반에 268년에서 270년까지 제위에 앉아 있었던 인물이다. 3세기 후반에는 고대에 일리리아 지방이라고 불린 발칸 지방 북부 출신도 로마 제국 황제가 되는 일이 드물지 않았지만, 군인 출신 황제인 클라우디우스 고티쿠스는 이 '발칸 그룹'의 선봉에 선 사람이기도 했다. 그런데도 다른 군인 출신 황제들과는 달리 겨우 1년 반의 치세 뒤에 죽은 것은 장병들이 쿠데타를 일으켰기 때문도 아니고 잠을 자다가 측근에게 목이 잘린 것도 아니었다. 당시 유행한 역병에 걸려 죽었을 뿐이다. 이 점에서도 콘스탄티누스가 자기 조상으로 삼는 데에는 문제가 없었다.

두 번째 시도는 태양신에 대한 신앙을 공공연히 밝힌 것이다. 태양신은 클라우디우스 고티쿠스의 뒤를 이어 제위에 올랐지만 측근의 배신으로 살해된 아우렐리아누스 황제가 믿은 것으로 알려져 있다. 하지만 이 황제는 살해될 때까지 5년 동안 나라를 다스리면서, 현직 황제가 페르시아 왕의 포로가 되는 전대미문의 불상사에 충격을 받아 셋으로 쪼개져버린 제국을 5년 만에 재통일한 공로자이기도 했다. 이 공적

'불패의 태양'이라고 새겨진 주화

덕분에 죽은 뒤에도 장병들의 존경이 수그러들지 않았다. 그리고 로마 제국에서는 황제도 개인적으로 무엇을 믿는지는 개인의 자유였다. 하지만 로마 황제는 최고제사장을 겸하고 있었기 때문에, 국가의 공식 제사 때는 로마의 전통적 신들을 모실 의무가 있다. 아우렐리아누스 황제는 물론 콘스탄티누스도 최고제사장(pontifex maximus) 자리를 포기하지 않았다.

하지만 이 시기의 콘스탄티누스가 아우렐리아누스 황제의 태양신 신앙을 부흥시킨 것은 분명했다. '불패의 태양'(soli invictus)이라고 새긴 화폐도 발행했다. 태양신 축제일은 나중에 일요일이 되지만, 이 날은 재판을 쉬기로 결정하기도 했다. 유대교나 기독교 같은 '일신교'는 개인의 신앙과 국가의 종교가 달라도 태연한 로마인과 로마 황제들을 '싱크레티즘'(제신혼재주의)이라고 비판했다. 이 시기의 콘스탄티누스는 그야말로 여러 신이 뒤섞여 있는 '제신혼재주의'(諸神混在主義)였다.

이 시기의 콘스탄티누스가 클라우디우스 고티쿠스 황제를 자신의 조상이라고 말한 것이나 널리 알려져 있는 아우렐리아누스 황제의 태양신 신앙을 부흥시킨 것은 부하 장병들의 마음을 사로잡기 위한 수단이 아니었을까. 4세기 로마군의 주력은 발칸 출신이었고, 클라우디우스 고티쿠스와 아우렐리아누스는 발칸 출신의 군인 황제들 중에서도 걸물로 여겨지고 있었다. 같은 발칸 출신인 콘스탄티누스는 이 무렵 '부제'에서 '정제'로 가는 길에 막 발을 들여놓고 있었다. 그것은 궁극적 목표인 단독 황제가 되는 단계에서 두 번째에 해당하는 단계였다. 이 시점에서 그에게 가장 중요한 과제는 그 목표를 이루려면 반드시 필요한 장병들의 지지를 얻는 것이었다. 그 지지를 확실히 얻을 수만 있다면 피 한 방울 섞이지 않은 사람을 조상이라고 부르거나 태양신을 믿는다고 공언하는 것쯤은 간단했을 것이다. 결전까지 4년 동안은 휘하 병력을 준비하는 데 소비했을 게 분명하다. 그 '준비'는 무기나 군사훈련만이 아니었다.

'밀라노 칙령'

그리고 운명의 312년이 찾아온다. 서기 312년은 콘스탄티누스에게도 로마 제국에도 그 후의 운명을 결정하는 해가 되었다.

이 해에 '밀비우스 다리 전투'라는 이름으로 알려진 결전에서 승리를 거둔 것은 콘스탄티누스였다.
그리고 이듬해인 313년, 이제 제국 서방의 '정제'로 올라선 콘스탄티누스와 동방의 정제인 리키니우스가 밀라노에서 만나 수뇌 회담의 '코뮈니케' 같은 느낌으로 발표한 것이 그 유명한 '밀라노 칙령'이다.

이로써 로마 제국은 아직도 온갖 신이 뒤섞여 있는 '제신혼재' 상태이긴 했지만, 기독교를 종교의 하나로서 공식적으로 인정하게 되었다. 기독교를 믿는 사람에게는 획기적인 사건이었을 것이다.

다만 이 '밀라노 칙령'에는 다음과 같은 내용도 명기되어 있다.
〈오늘부터 기독교든 다른 어떤 종교든 관계없이 각자 원하는 종교를 믿고 거기에 수반되는 제의에 참가할 자유를 완전히 인정받는다. 그것이 어떤 신이든, 그 지고의 존재가 은혜와 자애로써 제국에 사는 모든 사람을 화해와 융화로 이끌어주기를 바라면서.〉
마치 18세기에 나타날 계몽주의 시대의 인권 선언을 선취한 느낌이지만, 그 계몽주의 시대에서 다시 300년이 지난 21세기가 되어도 그것을 읽을 때마다 감개가 새로운 것은 유감스러운 일이다. 종교를 기치로 내걸고 싸움을 그치지 않는 사람들에게 읽게 하고 싶다. 게다가 '밀라노 칙령'은 제국의 각 지방에서 실제로 행정을 담당하는 지방장관에게 말하는 부분에서 그 주된 취지를 다시 한번 되풀이하고 있다.
〈기독교도에게 인정된 이 완전한 신앙의 자유는 다른 신을 믿는 자에게도 똑같이 인정되는 것은 말할 나위도 없다. 우리가 완전한 신앙의 자유를 인정하기로 결정한 것은 그것이 제국의 평화를 유지하는 데 효과적이라고 판단했기 때문이고, 어떤 신이나 어떤 종교도 그 명예와 존엄성이 훼손당해서는 안 된다고 생각하기 때문이다.〉
정말로 불평할 수 없는 자유로운 정신의 승화다. 이 정신으로 현대까지 왔다면, 민족이나 국가 사이에 전쟁이 일어나도 종교를 기치로 내걸지는 않았을 것이다. 종교를 대의명분으로 삼지 않으면, 싸움은 인간끼리의 문제가 되고 단순한 이해관계의 충돌에 불과해진다. 따라서 싸우면 손해라는 것을 깨달으면 싸움은 저절로 수습된다. 종교를 기치로 내세우면 문제가 항상 복잡해진다.

그래서 '밀라노 칙령'의 문면만 보면, 로마 제국의 방향타를 크게 꺾지는 않았다. 기독교를 공인하기는 했지만 국교로 삼은 것은 아니었기 때문이다. 그런데 문제는 이 칙령을 공표한 뒤 콘스탄티누스가 보인 언행에 있었다. 마치 칙령의 문면은 표면상의 방침일 뿐이고 본심은 따로 있다고 생각이 든다. 그렇게밖에는 생각할 수 없는 언행이었다. 그것은 디오클레티아누스의 탄압으로 몰수당한 교회 재산의 반환을 명령한 칙령의 마지막 부분에 감추어져 있었다. 그 문면은 다음과 같다.

〈몰수된 뒤 경매에 부쳐진 교회 재산을 사들여 소유하고 있는 자에게는 그것을 반환할 때 국가로부터 정당한 값으로 보상이 이루어진다는 것도 여기에 명기한다.〉

3세기 후반에 나타났다 사라진 많은 황제 중에는 기독교를 탄압한 황제도 있었지만, 탄압하지 않은 황제가 더 많았다. 후자의 치세에서는 탄압 당시에 몰수된 재산을 기독교회 관계자에게 반환하는 것이 보통이었다. 하지만 그 경우에도 경매에 부쳐진 몰수 재산을 소유하고 있는 사람에게 국가가 보상을 해주지는 않았다. 그런데 '밀라노 칙령'은 달랐다. 황제, 즉 국가가 보상을 약속한 것이다. 그래서 경매에서 몰수 재산을 구입한 현재 소유자도 반환 명령에 기꺼이 따를 수 있었다.

한편 기독교회 관계자도 이 부분에 감추어진 중대한 의미를 알아차렸을 게 분명하다. 그것은 교회 재산이 기독교회에 갖는 중요성을 적확하게 이해해야만 비로소 펼 수 있는 정책이었다.

일신교에서는 교조(敎祖)의 언행이 가장 중요한 교리가 된다. 그 교리는 그것을 해석하고 의미를 설명하는 사람을 통해 비로소 일반 신자와 연결된다. 교리가 존재하지 않는 다신교에는 전업 제관(祭官)이나 성직자가 필요없는 반면, 일신교에는 성직자 계급이 필수불가결한 것은 그 때문이다.

교회 재산의 필요성은 우선 그 성직자들을 부양하고 유지하는 데 있다. 두 번째 필요성은 물론 불우한 사람들에 대한 자선 사업이다. 기독교가 침투하기 전의 로마인도 불우한 사람에 대한 자선 행위를 '카리타스'(caritas)라고 불렀는데, 오늘날에도 기독교 관계자들의 이런 비영리 자선 사업을 '카리타스'라고 부른다.

요컨대 기독교회의 재산은 교회 활동을 좌우하는 중요하고 필수불가결한 요소였다. 콘스탄티누스는 몰수된 교회 재산에 대해 단순히 반환 명령만 내린 것이 아니라 국가의 보상을 약속했다. 그런 콘스탄티누스에게 기독교도들의 마음이 기운 것은 당연했다.

'밀라노 칙령'은 어디까지나 서방 정제 콘스탄티누스와 동방 정제 리키니우스의 연명으로 되어 있다. 그런데 기독교 역사만이 아니라 세계사에서도 획기적인 이 칙령이 콘스탄티누스 한 사람의 작품처럼 여겨지고 있는 것은 콘스탄티누스가 리키니우스보다 훨씬 철저하게 칙령을 실시했기 때문이기도 하다. 그의 세력권인 제국 서방에는 기독교 세력이 별로 침투하지 않아서 국가가 보상해야 할 금액이 적었던 데에도 이유가 있었을 것이다. 앞의 지도를 보면 알 수 있듯이 4세기 초 로마 제국에서 기독교 세력의 침투도는 동방이 훨씬 높고 서방은 낮았다. 서방에서 가장 침투도가 높은 곳은 북아프리카의 카르타고를 중심으로 한 일대였고, 콘스탄티누스의 국가 보상도 이 일대에 집중되어 있었다.

따라서 리키니우스 황제가 콘스탄티누스만큼 열성적으로 이 문제에 매달렸다면 국가 보상액은 제국 동방에서 훨씬 높아졌겠지만, 리키니우스가 기독교회 재산을 돌려주는 데 열심이었다는 증거는 없다. 리키니우스 황제에게 기독교 문제는 종교 문제에 머무른 반면, 그와는 반대로 열심이었던 콘스탄티누스에게 기독교는 종교 문제를 넘어선 곳에 펼쳐져 있는 또 다른 것이었다. 분명히 말하면 기독교는 그에게 '지배'의 문제였다. 바로 그것이 리키니우스와 콘스탄티누스의 차이였다. 로마 제국의 단독 황제가 되기 위한 단계를 하나씩 착실하게 올라가고 있던 시기의 콘스탄티누스는 기독교 문제에 대해서도 하나씩 착실하게 실적을 쌓아올리는 방식을 택했다. 어떤 의미에서 그것은 장래에 대한 포석이었고, 다른 의미에서는 아직 자신의 지배 아래 들어오지 않은 제국 동방의 기독교도에게 멀리 떨어진 서방에서 보내는 메시지였다. 그래서 그는 유일하게 남아 있는 경쟁자 리키니우스를 타도하여 로마 제국의 단독 황제가 되는 324년을 기다리지 않고 시책을 차례로 실행에 옮긴 게 아닐까.

기독교 진흥책

콘스탄티누스는 '밀라노 칙령'을 발표하자마자 기독교와 관련된 정책 제2탄을 내놓았다. 이것도 로마 제국의 기독교 세력 진흥에 중대한 진전을 가져오는 시책이 된다. 그것은 황제의 사유재산을 기독교회에 기증한 것이었다. 제정으로 이행한 지 300년이 지난 이 시대, 자작농의 쇠퇴로 그 땅을 흡수한 황제 소유의 농경지는 그야말로 방대해져 있었다. 말하자면 로마 황제는 로마 제국 최대의 지주였다.

하지만 황제의 재산을 기독교회에 기부하는 행위는 '밀라노 칙령'에 완전히 위배된다. '칙령'에 따르면 기독교는 다른 종교와 마찬가지로 신앙과 종교 활동의 자유를 공인받았을 뿐 로마 제국의 국교가 된 것은 아니다. 또한 황제의 재산이라 해도 그것은 로마 제국의 제위에 올랐기 때문에 사용할 권리를 얻었을 뿐, 개인이 마음대로 쓸 수 있는 사유재산은 아니다. 따라서 초대 황제 아우구스투스 이래 황제의 재산은 다음 황제에게 상속되었다. 바꿔 말하면 로마 황제라는 지위에 딸린 재산일 뿐 황제 개인의 사유재산은 아니다. 황제의 재산으로 특정 종교를 부흥시키는 데 열을 올린 황제로는 3세기 전반의 엘라가발루스 황제가 있었지만, 직권 남용이라는 이유로 비난을 받았다. 아니, 비난을 받은 것으로 끝나지 않고 결국 암살당했다.

따라서 콘스탄티누스 황제가 황제 재산을 기독교회에 기부한 행위는 '밀라노 칙령'에 위배될 뿐만 아니라 로마 제국 황제라는 공인으로서도 잘못된 처신이었다. 하지만 이제 그는 사실상의 최고 권력자다. 그가 겉으로 내세운 원칙과 다른 행동을 해도, 4세기의 비기독교도에게는 그것을 지적할 힘도 없고 기개도 없었다.

그리고 신에게 기도를 드리는 곳인 교회가 기능을 발휘하게 하려면 돈이 든다. 신에게 기도만 드리고 있으면 되는 것은 아니다. 기도와는 관계없이 미사를 비롯한 종교 의식과 빈민 구제를 비롯한 여러 가지

활동을 하려면 돈이 필요하다. 일반 신도의 기부로 충당하는 것이 이상적이지만, 확고한 경제 기반을 제공해주는 사람이 있으면 종교적 환경을 만드는 데에는 더 이상적이다. 그 경제 기반은 교회 주변에 펼쳐진 농경지와 거기에서 사육되는 가축이고, 상품을 생산하는 공장과 그 상품을 파는 상점이었다.

교회는 종교 조직이기는 하지만, 아니 어쩌면 종교 조직이기 때문에 재산이 그렇게 중요한 역할을 맡고 있다. 이것을 이해하지 못하면, 황제의 재산을 교회에 기증한 콘스탄티누스의 행위가 당시 기독교 관계자에게 왜 그렇게 강하고 깊은 인상을 주었는지도 이해할 수 없다. 그것을 알아야만 비로소 기독교도들이 왜 콘스탄티누스에게 '대제'라는 존칭을 붙여 부르게 되었는지도 이해할 수 있을 것이다.

콘스탄티누스의 이 기부 행위가 얼마나 오랫동안 기독교 관계자들 사이에 기억되고 있었는지를 보여주는 좋은 증거가 있다. '콘스탄티누스의 기증장'이라고 불리는 그것은 중세에 오랫동안 유럽의 왕과 제후를 속박하게 된다. 이 문서에는 콘스탄티누스 황제가 유럽 전체를 로마 교황에게 기증한 것으로 기록되어 있기 때문이다. 이것을 명분으로 내세운 가톨릭교회는 유럽의 왕과 제후들에게, 너희 영토는 실제로는 콘스탄티누스 대제의 기증으로 기독교회의 재산이 된 토지이고 너희는 교회로부터 통치를 위탁받았을 뿐이니까, 진짜 소유자인 기독교회의 뜻에 어긋나는 행동을 하면 로마 교황은 위탁권을 당장 빼앗을 권리가 있다고 말했다.

그런데 1440년에 그것이 가짜 문서라는 사실이 입증되었다. 그리스어와 라틴어에 능통한 사람을 르네상스 시대에는 '인문주의자'라고 불렸는데, 그 가운데 한 사람인 이탈리아의 로렌초 발라가 구문 전체를 면밀히 고증한 결과, 이것은 콘스탄티누스가 살았던 4세기에 쓰인 문장이 아니라 10세기나 11세기에 기독교회 내부의 누군가가 썼다는 것을 밝혀냈다. 이리하여 세속의 군주들도 중세 1천 년 동안 그들을 속박해온 구속에서 마침내 해방되었다. 하지만 르네상스 정신의 좋은 예로 여겨지는 이 사건은 우리에게 또 다른 것도 가르쳐준다. 이런 가짜 문서가 만들어졌다는 것 자체가 4세기에 황제의 재산을 기독교회에 기증한 콘스탄티누스의 행위가 지닌 의미의 중대성을 무엇보다 잘 실증한다는 것이다. 참고로 가짜 문서의 진품이라는 말은 이상한 표현이지만, '콘스탄티누스의 기증장'이란 가짜 문서의 원문은 지금도 파리의 국립도서관에 소장되어 있다.

'밀라노 칙령' 이후 콘스탄티누스는 이처럼 겉으로 내세우는 원칙과 실제 본심을 목적에 따라 교묘하게 구분하여 사용했다. 그것은 몰수 재산에 대한 국가 보상과 황제 재산의 기증으로 이어졌지만, 또 한 가지 중대한 시책이 남아 있다. 여기서 중대하다는 것은 후대에 이르기까지 강한 영향을 주었다는 뜻이다. 그것은 성직자 계급의 독립을 황제가 강력하게 지원하는 시책이었다.

이것도 칙령 형태로 실시되었는데, 구체적으로는 기독교의 신에게 평생을 바치기로 결심한 사람에게 국가의 공직에서부터 지방자치단체의 관리와 군무에 이르기까지 어떤 공무도 맡지 않을 권리를 인정한다는 내용이었다. 즉 '성직자'는 앞으로 성스러운 직무에만 전념하면 된다는 것이다. 이로써 성직자 계급의 독립도 로마 황제라는 최고 권력자에게 공식적으로 인정받은 셈이 되었다.

기독교 성직자를 이탈리아어로는 '클레로'(clero)라고 한다. 어원인 라틴어 낱말은 '클레루스'(clerus)지만, 이것은 제국 후기에 쓰이게 된 말이고 언어학에서는 '후기 라틴어'로 분류된다. 공화정 시대부터 제정 시대까지 무려 1천 년이 넘는 세월 동안 로마인의 언어인 라틴어에는 '제관'(sacerdos)이라는 낱말은 있어도 '성직자'(clerus)는 없었다. 제의를 주관하는 사람은 있어도, 신의 뜻을 인간에게 전달하는 일을 업으로 삼는 종교 전문직은 존재하지 않았기 때문이다. 실체가 존재하지 않으면 그것을 표현하는 낱말이 있을 필요도 없다. '성직자'라는 낱말이 로마 사회에서 쓰이기 시작했다는 사실도 콘스탄티누스가 창시한 제국이 이전의 로마 제국과는 전혀 다른 것을 지향하고 있음을 보여주었다.

콘스탄티누스는 성직자의 공무를 면제해준 이유를 이렇게 말하고 있다.

"성직자는 번거롭게 다른 임무에 신경쓰지 않고 오로지 성스러운 임무에만 전념해야 한다. 그것이 국가에 헤아릴 수 없이 큰 이바지가 된다."

이 시책이 4세기의 기독교 성직자들에게 대환영을 받은 것은 당연하다. 콘스탄티누스 시대에는 기독교도의 신앙의 자유는 공인되어 있었지만 다른 종교도 아직 존재하고 있었다. 특히 국가 종교로서 로마의 전통적인 신들이 아직 존재하고 있었다. 그 시대에 공무를 맡으면 공직자로서 공식 제의에 참석할 기회가 많았다. 기독교의 유일신한테만 기도를 드리기로 결심한 신도에게는 로마의 전통적 신에게 바쳐지는 제의에 참석하는 것 자체가 고통이었을 것이다. 특히 양에 비유되는 일반 신도가 아니라 목자로서 그 양들을 인도하는 임무를 맡은 성직자는 더욱 괴로웠을 것이다. 기독교는 그 모태인 유대교와 마찬가지로 '많은' 신이 아니라 '하나뿐'인 신을 섬기고, 그 유일신 이외에는 어떤 신도 인정하기를 거부하는 데 존재 이유가 있는 일신교였기 때문이다.

따라서 "번거롭게 다른 '임무'에 신경쓰지 않고"라는 콘스탄티누스의 말은 "번거롭게 다른 '신들'에게 신경쓰지 않고"라는 뜻이었다. '목자'들이 이 시책을 기뻐하며 고맙게 받아들인 것도 당연하다.

콘스탄티누스 자신은 로마 황제로서 로마 종교의 수장인 '최고제사장'도 겸하고 있었기 때문에, 공식 제의에는 참석하는 정도가 아니라 앞장서서 제의를 거행할 의무가 있었다. 하지만 그는 본심이야 어떻든 간에 기독교도는 아니었다. 세례도 받지 않았다.

정책이나 시책은 입안한 사람이 예상치도 못한 효과를 낳는 경우가 적지 않다. 기독교 성직자의 공무를 면제해준 이 칙령도 콘스탄티누스가 예상치 못했던 파급 효과를 낳게 된다. 그것은 로마 사회의 중간층에 속하는 사람들, 그중에서도 특히 지적 수준이 높은 사람들을 기독교회가 끌어들이게 된 것이었다.

4세기의 로마 사회에서는 황제들이 차례로 내놓은 정책이 중간층을 직격하여, 원수정 시대에는 사회의 등뼈였던 중류계급이 궤멸된 것과 다름없는 상태에 빠져 있었다.

디오클레티아누스 황제의 세제 개혁은 간접세를 주체로 한 세제를 직접세를 주체로 하는 세제로 바꾼 결과, 특히 중간층이 무거운 세금에 허덕이게 되었다.

이 세제는 콘스탄티누스가 그대로 물려받았지만, 콘스탄티누스 황제는 종래의 은본위제를 금본위제로 바꾸었다. 이 개혁으로 로마 사회는 봉급을 소재 가치가 안정되어 있는 금화로 받는 사람과 가치변동제로 방치된 은화로 받는 사람으로 양분되었다. 금화로 봉급을 받는 국가 공무원이나 군사 관계자를 제외한 기타 중간층에 속하는 사람들은 후자로 구분되어버렸다.

그렇다면 국가 행정사무나 병역을 지원하면 되지 않느냐고 하겠지만, 행정기구 확대로 증원된 공무원들 가운데 금화로 봉급을 받을 수 있는 직종은 얼마 안된다. 또한 군대도 발칸 출신이 어깨에 힘을 주고 있는 상황에서는 지원할 마음이 내키지 않는다고 생각하는 사람도 있었을 것이다.

하지만 성직자가 되려면 신앙의 유무도 무시할 수 없었을 거라고 말하는 사람에게는 다음 두 가지 현실을 제시하고 싶다.

첫째, 세력과 권위가 함께 떨어진 당시 로마 제국의 현실을 보고, 로마인들은 로마를 지켜온 신들이 우리를 버렸다고 한탄했다. 이런 시대에 기독교에 귀의할 마음까지는 나지 않는다 해도 로마의 전통적 신들에 대한 믿음이 줄어든 것은 무리가 아니다. 그리고 일신교의 폐해는 그보다 1천 년 뒤에야 비로소 분명해졌고, 다신교가 지배적이었던 고대에는 사람들의 생각이 아직 거기까지 미치지 못했다. 이들에게 기독교 성직자가 되는 것은 별다른 저항을 느끼지 않고 넘을 수 있는 선이 아니었을까.

둘째, 현실 생활이 곤궁했기 때문이다. 사람은 다른 방책이 없는 궁지에 빠지면 신앙심 따위는 둘째 문제다. 실제로 먹고살기 위해 기독교로 개종하는 사람이 많았다. 게다가 콘스탄티누스의 열성적인 진흥으로 개종자는 계속 늘어났다.

이 현상은 로마 사회의 중상류층에 속하는, 지방자치단체 의원인 '데쿠리오네스'(decuriones)한테까지 퍼져갔다. 다만 이들이 성직자로 전업한 동기가 경제적 필요성뿐이라고 단정할 수는 없다. 모든 직업이 세습되도록 규정된 뒤로는 그들도 지방의회 의석에 묶여 있었지만, 후기 로마 제국에서 지방의회 의원이라는 지위만큼 일하는 보람도 없고 경제적으로 무거운 부담만 진 지위도 없었다. 중앙집권화로 치달은 로마 제국 후기에 지방자치단체는 과거에 누리던 권리를 모두 빼앗겼고, 원수정 시대에는 제국의 '세포'였던 '무니키피아'(지방자치단체)와 '콜로니아'(식민도시)도 단순한 지방행정구역으로 영락했다. 그래도 지방의회 의원의 아들로 태어난 사람은 직업 선택의 자유도 없이 아버지의 직업을 세습해야 한다. 게다가 부유층으로 간주되어 무거운 세금이 부과되고, 그 세금은 금화로 바꾸어 내야 한다. 환전할 때마다 재산은 줄어든다.

성직자가 되기만 하면 이런 불리함은 모두 사라진다. 무엇보다도 콘스탄티누스가 성직자의 세금을 전액 면제해준 것이 크게 작용했다. 게다가 생활비도 교회가 대준다. 그래서 교회에도 재산이 필요했지만.

결혼 금지가 속인이 성직자로 전업하는 데 장애가 되지 않았을까 하고 말하는 사람도 있겠지만, 기독교 성직자에게 독신 의무가 부과된 것은 중세에 접어든 뒤였다. 예수 그리스도를 따른 12사도는 대부분 유부남이었고, 초기 기독교회의 주교들도 대부분 아내가 있었다. 이 면에서도 전직하는 데 별로 지장이 없었다는 이야기가 된다.

이 무렵 콘스탄티누스 황제는 고대에는 여러 가지로 불리했던 독신자의 지위를 개선하기 위한 칙령을 내놓았는데, 이것을 성직자 계급 조성책으로 해석하는 연구자가 많다. 하지만 뒤집어보면 계속 늘어나는 민간인의 성직자 전업에 제동을 거는 목적도 있었던 게 아닐까. 콘스탄티누스가 살아 있을 때 벌써 성직자 계급에 대한 인원 규제가 실시되었기 때문이다. 주교든 사제든 결원이 생기지 않으면 신입을 허가하지 않게 되었다.

이것이 유세비우스 주교가 그의 저서인 『교회사』에서 "신앙보다 이익을 얻기 위해 입문하는 자가 많았다"고 씁쓸하게 개탄한 현실이다. 하지만 기독교회 쪽도 이 세속적이고 인간적인 현상으로 이익을 얻고 있었다. 그것은 성직자 계급의 질적 향상이었다. 전에는 하층민이 태반을 차지했던 주교와 사제들의 지적 수준이 훨씬 높아졌다. 이것은 콘스탄티누스라는 보기 드문 후원자를 얻어 로마 제국의 중추로 침투하고 있던 기독교회에 언어 구사 능력이라는 유용한 무기를 주게 되었다. 성서에도 나와 있지 않은가. 태초에 말이 있었다고.

서기 324년, 마지막으로 남은 경쟁자 리키니우스를 타도하는 데 성공한 콘스탄티누스는 그해부터 337년까지 13년 동안 유일한 최고 권력자로서 로마 제국에 군림하게 된다. 그것은 지금까지 제국 서방에서 쓴 기독교 진흥책을 앞으로는 동방에서도 실시할 수 있다는 뜻이었다. 기독교 세력은 원래 제국 동방에서 강성했다. 소아시아에서 시리아·팔레스티나에 걸친 제국 동방의 기독교회가 콘스탄티누스를 12사도에 이어지는 존재로 숭배한 것도 당연하다. 이리하여 로마 제국은 점점 기독교 제국의 느낌이 강해져가지만, 그 제1탄이 리키니우스를 타도한 직후에 시작된 새 수도 콘스탄티노폴리스의 건설이었다.

새 수도에 사람을 모으기 위해 콘스탄티누스는 이미 앞에서 서술한 많은 진흥책을 실시했지만, 거기에 덧붙여 이 시기에 처음 실시된 시책으로는 이집트에서 생산되는 밀을 모두 새 수도 전용으로 바꾼 것을 들 수 있다. 전에는 제국의 수도 로마와 본국 이탈리아의 수요량을 확보하기 위해 이집트산 밀을 가득 실은 수송선은 대부분 지중해를 서쪽으로 항해했다. 그런데 지금은 지중해를 항해하는 것은 같지만 북쪽을 향해 돛을 펴게 되었다. 콘스탄티누스는 새 수도 콘스탄티노폴리스에 살기로 결심한 사람들 가운데 하층계급에 대한 복지 대책으로 일찍이 로마와 다른 도시에서 실시된 밀 무상 배급을 부활시켰다. 새 수도 콘스탄티노폴리스에서는 밀을 공짜로 배급받는 사람의 수가 8만 명에 이르렀다고 한다. 초대 황제 아우구스투스 시대의 로마에서는 20만 명이었으니까, 새 수도의 규모는 옛 수도 로마의 40%였을까. 제국 전역의 밀 생산량에 대한 이집트산 밀의 비율도 그 정도가 된다. 어쨌든 콘스탄티누스가 새 수도에 기울인 열의는 여기에도 드러나 있었다. 그런데 열의를 기울이면 그 대상과 깊은 관계를 갖게 된다. 기독교 진흥에 열성적으로 몰두하고 있던 콘스탄티누스가 기독교 교리 문제에도 깊이 관여하게 된 것은 당연한 귀결이기도 했다.

니케아 공의회

"니케아에서 열린 공의회에서 주교들에게 둘러싸여 중앙에 서 있는 콘스탄티누스 황제의 모습만큼 중세가 시작된 것을 보여주는 명확하고 구체적인 상징은 없었다."

로마 제국 후기의 역사를 전문으로 연구한 영국인 학자는 그렇게 썼다. 소아시아 서쪽 끝에 있는 니케아에 주교들을 모아서 공의회를 연 것은 서기 325년이었다. 로마 제국이 종말을 맞기 150년 전이다.

전에도 주교들은 종종 모였지만, 그것은 황제가 초빙했기 때문은 아니었다. 니케아 공의회는 로마 황제의 공식 초청으로 열린 최초의 공의회다. 왜 콘스탄티누스는 전례없는 그런 일을 단행했을까. 몇 번이나 되풀이 말하지만, 당시 기독교의 처지는 최고 권력자의 열성적인 후원이 있더라도 여러 종교 가운데 하나일 뿐이었다.

패권 국가라는 말을 들으면 초강대국이 그 패권 아래 있는 나라들에 대해 제멋대로 굴고 강요와 강압을 일삼는다고 생각하는 사람이 많다. 하지만 패권 국가든 패권자든, 패권을 손에 넣은 이상은 의무가 따른다. 첫째는 패권 아래 있는 나라나 사람을 보호할 의무이고, 둘째는 패권 아래 있는 나라나 민족 사이의 이해관계를 조정해야 할 의무다. 인간 세계의 다툼에는 당사자에게 맡겨두면 좀처럼 해결되지 않는 문제가 많고, 따라서 당사자를 납득시킬 만한 권위와 권력을 가진 제3자가 조정해주는 편이 문제 해결에 효과적인 경우가 많기 때문이다.

그러면 콘스탄티누스가 니케아에 주교들을 초빙해서 해결해야 할 문제는 무엇이었을까.

그것은 7~8년 전에 불을 뿜은 아리우스파와 아타나시우스파의 교리 논쟁이었다. 콘스탄티누스는 심복인 호시우스 주교를 파견하여 조정하려고 애썼지만 전혀 해결되지 않은 상태였다.

교리를 둘러싼 성직자들 사이의 논쟁이라면 황제가 개입할 문제는 아니라고 방치해두어도 상관없을 텐데, 콘스탄티누스는 방치하지 않고 개입한다. 방치하면 그가 진흥하려고 그렇게 애썼고 지금도 애쓰고 있는 기독교회가 분열해버리기 때문이다. 일단 분열을 허락하면, 분열은 차례로 분열을 낳아 결국에는 자멸을 향해 굴러 떨어질 수밖에 없다.

하지만 콘스탄티누스는 세속 권력의 정점에 있다. 그런 사람에게 종교계의 분열과 자멸은 관할 밖이 아니냐고 보통은 생각하겠지만, 그는 그렇게 생각지 않았다.

왜 그렇게 생각지 않았을까. 이 의문에 대해서는 간단히 대답할 수 없다. 그 대답은 콘스탄티누스가 왜 그렇게 열성적으로 기독교 진흥에 몰두했느냐에 대한 대답과 같아지기 때문이다.

니카이아라고 부르든 니케아라고 발음하든, 이 공의회는 역사상 참으로 중요한 의미를 갖는다. 기독교 역사에서 이것이 중요성을 갖는 것은 당연하지만, 기독교가 세계 3대 종교의 하나인 이상 세계사에서도 중요한 사건이 된다. 니케아 공의회에서 결정된 '형태'의 기독교가 오늘날에 이르기까지 세계 3대 종교의 하나인 '기독교'가 되었기 때문이다.

따라서 근대와 현대로 한정해도 이 공의회에 관한 연구와 고찰은 별만큼 많다 해도 좋을 정도다. 다만 내가 쓰고 있는 것은 기독교회사가 아니라 로마사이기 때문에, 여기서는 요약하는 데 그치기로 하겠다. 어쨌든 콘스탄티누스는 기독교를 편든 덕분에 역대 황제들이 개입하지 않은 '교리' 문제에 관여할 수밖에 없는 처지가 되었다.

다신교는 인간을 수호해주는 신을 모시는 것이 본래의 성질이다. 따라서 '신의 계시가 가져온 진리'를 뜻하는 '교리'(dogma)가 없어도 전혀 지장이 없다. 하지만 인간이 살아가야 할 길을 지시하는 것을 목적으로 삼는 일신교에서는 교리가 있는 것 자체가 그 종교의 존재 이유가 된다. 그리고 교리가 이렇게 중요하면 그 교리에 대해 다양한 해석이 생겨나는 것도 당연한 현상이다. 그 해석 차이를 조정하지 않고 방치하면 종교 조직은 공중분해되고 만다. 해석 차이를 조정하여 공중분해를 막는 것이 주교들을 모아서 공의회를 여는 목적이었다.

그러면 이 공의회는 누구에게 소집권이 있을까.

로마 황제는 '최고제사장'을 겸하고 있었으니까, 소집권은 황제에게 있었다. 그 후에는 주교 가운데 가장 유력한 로마 주교가 그 자리에 앉게 되어 오늘에 이르렀고, 이렇게 되면 공의회 소집권은 교황이 갖게 된다. 이 사실이 보여주듯, 교회사에서 공의회의 중요성은 줄어들지 않았다. 어쨌든 '교리'를 해석하는 것은 살아 있는 사람이니까, 해석하는 사람의 수만큼 다양한 해석이 존재한다 해도 이상하지 않다. 게다가 '도그마'는 시대에 따라 해석이 달라지는 골치 아픈 성질까지도 지니고 있다.

니케아 공의회로 돌아가면, 콘스탄티누스가 공의회를 개최하여 수습에 나서야 할 만큼 복잡해진 논점을 한마디로 말하면 신과 그의 아들 예수는 '동위'(同位)냐 아니냐 하는 것이었다.

이집트 알렉산드리아의 사제인 아리우스가 신과 예수는 동위가 아니라는 설을 주장한 것이 논쟁의 발단이었다. 아리우스에 따르면 신은 철학에서 말하는 '모나드'에 해당하고, 실재를 구성하는 궁극적인 심적·물적 요소니까 불가지(不可知)한 존재지만, 그렇지 않은 예수 그리스도는 인간과 동위는 아니지만 신과도 동위가 아니라는 것이었다. 다시 말하면 신은 궁극적이고 영원한 요소이기 때문에 알 수 없는 존재인 반면, 지상에 태어나서 살고 십자가에서 죽은 예수는 이런 의미에서는 신일 수 없다는 것이다.

나에게는 상당히 흥미로운 사고방식이지만, 이 아리우스의 주장은 그때까지 기독교회가 가르친 '삼위일체'설, 즉 신과 그 아들 예수와 성령은 동위이기 때문에 일체이기도 하다는 설에서 보면 이단이 된다. 그래서 아리우스는 상사이자 삼위일체파인 아타나시우스 주교에게 파문당하고, 소속되어 있던 알렉산드리아 주교구에서 추방되고 말았다.

그런데 쫓겨난 아리우스가 가는 곳마다 그에게 공감하는 사람들이 생겨났다. 팔레스티나 지방의 주요 도시인 카이사레아의 주교 유세비우스도 그중 한 사람이었다. 나중에 『교회사』와 『콘스탄티누스의 생애』를 저술한 이 사람은 곧 삼위일체파로 전향했지만, 애초에는 아리우스의 지지자였다. 하지만 가장 정평있는 지지자는 당시 신자들에게 가장 강한 영향력을 갖고 있었다는 니코메디아의 주교 유세비우스였을 것이다. 제국 동방의 주교구 중에서 유력했던 곳이 이집트의 알렉산드리아와 시리아의 안티오키아, 그리고 이 니코메디아였다. 알렉산드리아 주교와 니코메디아 주교의 의견이 다르다는 것은 제국 동방의 기독교 세력이 아리우스파와 아타나시우스파로 양분되는 것을 의미했다. 이제 교리를 둘러싼 논쟁으로 그치지 않고 교회가 분열할 위기에 이르렀다. 이 두 파를 니케아에 초빙하여 교리의 해석 차이에서 생긴 대립을 해소하려고 애쓰는 것은 콘스탄티누스가 피할 수 없는 일이

로마 제국의 동방

되었다.

　소아시아의 도시 니케아에 모인 주교는 거의 300명에 이르렀다고 한다. 그 가운데 제국 서방에서 온 주교는 열 명도 채 안되고, 나머지는 모두 동방에 교구를 둔 주교들이었다. 이것만 보아도 제국 서방과 동방의 기독교 세력이 얼마나 차이가 있었는지 짐작할 수 있고, 또한 니케아 공의회에 참석한 주교의 태반이 그리스계였다는 것도 알 수 있다. 그 때문인지, 황제 앞인 것도 아랑곳하지 않고 토론은 분규에 분규를 거듭하여 좀처럼 수습될 기미를 보이지 않았다. 그리스인은 일찍이 로마인을 질리게 했을 만큼 토론을 좋아한다.

　결국 의장 역할을 맡은 콘스탄티누스가 어떤 보증을 약속했는지, 아니면 단순히 황제의 권력을 발동했는지는 모르지만, 어쨌든 '공동 코뮈니케'를 공표하는 단계까지는 끌고 갔다. 하지만 그것은 '삼위일체'

설을 재확인한 것이었다. 그 후 콘스탄티누스 황제의 언행으로 미루어 보아 그는 아리우스의 생각에 공감한 게 아닌가 싶지만, 그때까지 기독교회의 정통적 사고방식으로 여겨진 '삼위일체'설을 물리치면 대지진처럼 기독교도들에게 동요를 일으킬 게 뻔했다. 콘스탄티누스 황제는 무엇보다 기독교회 조직의 통일을 중시했을 것이다.

하지만 끝까지 공동 코뮈니케에 서명을 거부한 것이 아리우스와 그에게 동조한 두 명의 성직자였다. 콘스탄티누스 황제는 이 세 사람을 오리엔트에서 멀리 떨어진 라인강변으로 추방했다. 하지만 몇 년 뒤에는 추방령을 해제했다. 이것이 보여주듯, 기독교회는 325년의 니케아 공의회에서 삼위일체설 아래 굳게 단결한 것은 아니었다. 그 후에도 몇 번이나 우여곡절을 겪는다. 특히 아리우스파는 나중에 북방 야만족에게 기독교를 전도하는 데에도 성공했기 때문에, 두 교리의 싸움은 몇 세기 동안이나 승부가 나지 않았다.

하지만 최종적으로는 '삼위일체'설로 통합되어 오늘에 이르고 있다. 예수 그리스도는 십자가에서 죽었지만 사흘 뒤에 부활하여 하늘로 올라갔기 때문에 '불가지'한 존재인 '신'이 되었다는 것이다. 따라서 예수 그리스도의 것이라고 과학적으로 실증되는 유골이라도 발굴되면, 가장 궁지에 빠지는 것은 성부와 성자와 성령의 '삼위일체'설로 통일성을 유지해온 기독교회일 것이다. '부활'이 사라져, 삼위일체설이라는 기독교의 근간이 무너져버릴 것이기 때문이다.

논리적으로 보면 신과 예수 그리스도는 동위가 아니라는 아리우스설이 더 설득력이 있다. 또한 십자가에서 죽었어도 인간에 대해 깊은 진실의 길을 가르쳐준 인간 예수로 충분하지 않은가 하고 생각할 수도 있다.

하지만 기독교도가 아닌 나도 삼위일체설을 선택한 기독교 성직자들의 생각을 이해할 수 있다. 인간은 진실에 이르는 길을 들은 것만으로는 진심으로 만족하지 못하고, 그에 따른 구원까지 바라는 생물이기 때문이다. 진실에 이르는 길을 가르친 사람이라면 소크라테스가 있다. 예수가 단순히 십자가에서 죽는 것으로 끝났다면, 자신의 생각을 위해 목숨을 버렸다는 점에서 스스로 독배를 마시고 죽은 소크라테스와 동격이 된다. 하지만 십자가에서 죽은 인간 예수는 그 후 부활하여 하늘로 올라감으로써 구원을 체현하게 되었다. 부활과 승천을 통해 '불가지'(不可知)한 존재가 된 예수는 여기에 이르러 비로소 구원의 상징이 되었다. 인간에게 자신도 구원받을 수 있다는 희망을 주는 존재가 된 것이다. 그런데 소크라테스는 구원까지는 주지 않았다. 그는 시종일관 '가지'(可知)한 인간이었기 때문이다.

이 소크라테스의 생각을 전해주는 플라톤의 『대화』와 신약성서는 둘 다 베스트셀러지만, 지난 2천 년 동안 팔린 부수는 비교도 되지 않을 것이다. 그 차이는 진실에 이르는 길을 말해주는 책과 구원받을 수 있다는 희망을 주는 책이 일반 선남선녀들에게 갖는 수요의 차이를 보여준다.

따라서 4세기에 아리우스의 설보다 '삼위일체'설을 선택한 기독교회의 판단은 사실이냐 아니냐보다 믿느냐 안 믿느냐에 기반을 두는 종교 조직으로서는 참으로 적절했다고 생각할 수밖에 없다. '삼위일체'설을 채택했기 때문에 세계 종교로 가는 길이 열렸다는 생각마저 든다. 그리고 이것을 결정한 것이 콘스탄티누스가 주도한 니케아 공의회였다.

누가 한 말인지는 잊었지만, 이런 말을 한 사람이 있었다.

"로마인은 세 번 세계를 지배했다. 처음에는 군단으로, 다음에는 법률로, 마지막에는 기독교로."

이 말이 옳다고 생각한다. 군사력과 로마법은 누구에게나 명백한 역사적 사실이지만, 기독교도 로마인의 손이 닿은 뒤에는 '국제 경쟁력'을 가질 수 있게 되었기 때문이다. 예수 그리스도와 12사도는 로마 시민이 아니라 로마인의 지배를 받는 속주민이었다. 하지만 카라칼라 황제가 로마 시민과 속주민의 격차를 철폐한 뒤에는 과거의 '속주민'도 '로마 시민'이 되었다. 니케아 공의회에 참석한 콘스탄티누스 황제와 주교들도 그런 의미에서는 모두 '로마인'이었다. 그 '로마인'들이 신의 아들 예수도 신이라는 '삼위일체'설을 채택하고, 그에 따라 죽은 뒤에 구원을 받는다는 개념까지 확립했다. 우리가 알고 있는 기독교로 변모한 것이다. 설령 그것이 예수 그리스도가 바란 것과는 다른 모습이었다 해도.

그런데 콘스탄티누스는 왜 이렇게까지 기독교회 진흥에 열심이었을까.

기독교 쪽에서는 기독교에 귀의하는 것을 그리스도가 설파하는 참된 가르침에 눈을 떴다고 표현한다. 이 표현법을 흉내내면, 디오클레티아누스가 기독교를 철저히 탄압하고 반대로 콘스탄티누스 황제는 기독교를 진흥하려고 애쓴 4세기 초에 그리스도의 가르침에 눈을 뜬 사람이 제국 전체 인구에서 차지하는 비율은 5% 안팎이었다는 것이 지금까지 연구자들이 내놓은 추정치다. 20명 가운데 한 명이 기독교도였다는 것은 대도시에 국한된 수치이고, 로마 제국 전역으로 범위를 넓히면 이 비율은 뚝 떨어진다고 말하는 연구자도 있다. 게다가 그 대도시는 소아시아의 니코메디아, 시리아의 안티오키아, 이집트의 알렉산드리아 같은 제국 동방의 도시뿐이고, 같은 대도시라도 기독교 쪽이 이교의 메카로 생각한 로마에서는 5%를 기록하기가 어려웠던 모양이다.

기독교 쪽에서는 자기들과 다른 신앙을 가진 사람들을 뭉뚱그려 '이교도'라고 불렀다. 그들은 일신교도니까 당연하다. '이교도'는 라틴어의 '파가누스'(paganus)를 번역한 말이다. '파가누스'는 '촌락'을 뜻하는 '파구스'(pagus)에 사는 사람, 즉 '촌사람'을 의미했다는 것이 연구자들의 의견이다. 이것은 4세기 당시 기독교도는 도시에 많고 시골에는 적었다는 설의 근거가 될 수 있다.

왜 도시에는 많고 시골에는 적었을까. 우선 도시에서는 진취적인 풍조가 성장하기 쉽지만, 시골은 언제나 보수적이라는 이유를 들 수 있을 것이다. 이것은 동서고금을 막론하고 변하지 않는 경향이다. 또 다른 요인은 3세기부터 시작된 로마 제국 특유의 현상이지만, 야만족의 침입으로 말미암아 지방 과소화와 도시 과밀화가 진행되었다는 것이다. 이것이 기독교 세력 증대로 이어졌다는 생각에 관해서는 제12권 마지막의 「로마 제국과 기독교」에서 상세히 기술했기 때문에 여기서는 되풀이하지 않겠다. 하지만 어쨌든 이 책에서 다룬 3세기부터 4세기에 걸친 시대에 '예수 그리스도가 설파하는 참된 가르침에 눈을 뜬 사람'이 로마 제국 전체 인구에서 차지하는 비율을 보면, 기독교도가 '절대 소수'였던 것은 틀림없는 사실이다.

그러면 '절대 소수'에 불과한 기독교도에 대해 디오클레티아누스 황제는 왜 그렇게 철저한 탄압을 강행한 것일까.

어떤 대가를 치르더라도 부흥시키겠다고 디오클레티아누스가 결심한 것은 로마 제국의 방위였다. 구체적으로는 제국의 방위선을 돌파한 야만족이 제국 안으로 깊숙이 침입하여 약탈과 방화와 살육을 자행하는 상태에서 제국 안에 사는 사람들을 해방시켜주는 것이었다. 그러려면 제위를 안정시켜 지도자 계층이 일치 협력하는 체제를 회복하는 것도 중요하지만, 제국에 사는 일반인까지도 자기네 '공동체'를 지키겠다는 일념으로 단결해야 한다. 야만족은 우리의 적이라고 단정하는 것이야말로 진정한 의미에서 국가 안전보장의 '주춧돌'이다.

그런데 일신교도, 그중에서도 특히 이민족에게 그리스도의 가르침을 펴는 데 열심이었던 기독교도는 자기와 같은 사회에 사는 사람보다 자기와 같은 신을 믿는 사람을 더 중요하게 여기는 경향이 강하다. 바꿔 말하면, 함께 자라고 가까이에 사는 소꿉동무보다 일시적인 방문객이라도 신앙을 공유할 수 있는 사람을 더 소중히 여기는 것과 비슷하다. 이렇게 되면 로마 제국에 사는 기독교도에게는 제국 안에 사는 동포보다 그리스도의 가르침을 공유하는 야만족이 더 가까운 동포가 된다. 동포에는 같은 겨레붙이라는 뜻 이외에 형제자매라는 뜻도 있다. 그리고 기독교 세계에서 형제나 자매는 피를 나누지 않아도 '가르침'으로 연결되어 있다는 의미에서 아주 중요한 관계를 나타내는 말이었다.

디오클레티아누스가 우려한 것은 기독교도의 실제 수효가 아니었다. 그보다는 기독교가 보급되어 제국의 방위선이 용해되어버리는 것을 더 우려했다. '적'이 확실하지 않게 되면 누구를 막아야 할지 불명

확해지고, 따라서 '방위'도 기능을 발휘할 수 없게 된다. 이런 의미에서 디오클레티아누스 황제는 원수정 시대 황제들의 기독교관을 이어받고 있었다. 이 사람을 로마 제국의 마지막 황제로 보는 연구자도 적지 않은데, 그 견해는 바로 이 점에 근거를 두고 있다.

한편 중간에 권력 투쟁 기간을 두기는 했지만 사실상 디오클레티아누스의 뒤를 이은 콘스탄티누스는 기독교를 공인했을 뿐만 아니라 기독교 진흥에 열심히 몰두한 최초의 로마 황제가 된다. 하지만 콘스탄티누스 시대에 기독교 세력이 제국 안에서 '절대 소수'인 상태가 바뀐 것은 아니다. 바뀌기는커녕 디오클레티아누스의 철저한 탄압을 받은 뒤여서 더욱 소수가 되어 있었을 것이다. 그런데도 콘스탄티누스는 선임자의 정책을 180도 전환했다. 무엇 때문일까.

연구자들은 콘스탄티누스가 남긴 문서나 편지를 글자 하나까지 면밀히 검토하여, 그가 '밀라노 칙령' 이전에도 기독교 신앙에 친근감을 느끼고 있었는지 어떤지를 탐색하는 데 열심이다. 또한 기독교에 대한 선전포고였던 디오클레티아누스 황제의 칙령이 효력을 발휘하고 있던 시기에 콘스탄티누스의 아버지인 콘스탄티우스가 다스린 제국 서방에서는 기독교에 대한 탄압이 거의 이루어지지 않았다는 사실을 들어, 콘스탄티누스의 집안은 아버지 시대부터 기독교를 관용했고, 콘스탄티누스의 기독교 편향 정책은 그 연장선상에 있는 당연한 귀결이었다고 주장한다. 요컨대 콘스탄티누스가 기독교를 편든 것은 그 자신이 기독교를 믿고 있었기 때문이라는 것이다.

실제로 콘스탄티누스는 단독 황제가 된 324년 이후 건설하기 시작한 새 수도 콘스탄티노폴리스에 기독교 교회는 지어도 로마 신들을 모시는 신전은 짓지 않았고, 다신교의 메카라는 느낌이 강한 로마에도 성 베드로 대성당을 비롯하여 오늘날까지 남아 있는 주요한 교회들을 지었다. 기독교의 성지인 예루살렘에 기독교도에게는 다른 어떤 성소보다 중요한 성분묘(聖墳墓) 교회를 세운 것도 콘스탄티누스였다.

하지만 콘스탄티누스는 이렇게 친기독교적 행위를 당당하게 하면서도 한편으로는 전통적인 로마 황제로 처신한 사람이기도 하다. 화폐 앞면에는 그의 옆얼굴을 새겼지만, 뒷면에는 역대 황제들과 마찬가지로 로마의 신들을 새겼다. 로마의 신들에게 바치는 공식 제의도 금지하지 않았다. 나중에 그의 아들이 공식 제의를 금지하는 칙령을 내리면서, 이것은 아버지의 유지(遺志)라고 말한다. 하지만 뒷받침할 증거가 없는 '유지'만큼 믿을 수 없는 사료도 없다. 요컨대 콘스탄티누스 황제는 기독교를 도와주고 편들면서도 '밀라노 칙령'에서 선언했듯이 모든 종교를 존중했다. 그가 통치한 시대의 로마 제국은 어떤 의미에서 로마 제국 자체라 해도 좋은 '제신혼재' 상태에 있었다.

그의 편지를 읽으면, 이래서는 반대파도 비판하기가 어려웠을 거라는 인상을 받는다. 방어벽을 단단히 치고 있는 정치적인 문면이라서, 거기에서 기독교에 대한 신앙을 읽어내는 것은 불가능하다. 그는 양손에 쥔 칼을 교묘하게 다루는 능숙한 쌍칼잡이였을 것이다.

그의 아버지 콘스탄티우스도 기독교 탄압에 소극적이었다지만, 그것은 단지 제국 서방의 기독교 세력이 약했기 때문이다. 원래부터 세력이 약하고 수도 적으면, 탄압이나 박해도 거기에 비례하여 약해지는 것이 당연하다.

콘스탄티누스 자신이 기독교 신앙을 가지고 있었는지 어떤지는 간단히 단정할 수 없다. 어쨌든 신앙심만큼 개인적인 문제도 없기 때문이다. 그래도 기독교에 대한 혐오감은 없었을 것이다.

콘스탄티누스의 생모 헬레나가 기독교에 깊이 귀의한 것은 유명했다. 물론 이 사실은 디오클레티아누스 시대에는 감추어져 있었을 것이고, 아들이 황제로서 지위를 확립하고 '밀라노 칙령'을 공표한 뒤에야 비로소 표면에 나오게 되었다. 특히 콘스탄티누스가 경쟁자를 없애는 데 성공한 324년부터 모후로서 존경을 한 몸에 받게 된 헬레나는 성지 예루살렘으로 순례를 떠나기까지 했다.

헬레나는 선술집 딸이었기 때문에, 부제가 되려면 정제의 딸을 아내로 맞아야 한다고 규정한 '사두정치' 체제에 따라 남편한테 이혼당한 여자였다. 이런 어머니에게 친아들 콘스탄티누스가 깊은 애정을 품고 있었던 것은 조금도 이상한 일이 아니다. 아들은 항상 어머니를 사랑하고, 특히 불행을 맛본 어머니를 동정했다. 그 애정과 동정이 어머니가 믿는 종교에 대한 호의로 변해간 것은 아들의 심정으로서는 지나칠 만큼 당연하지 않을까.

그래도 왜 콘스탄티누스가 절대 소수에 불과한 기독교를 그렇게까지 편들었을까 하는 의문은 남는다. 콘스탄티누스도 정치가인 이상, 지지자가 적을 게 뻔한 정책을 단행하는 것은 정치가에게 치명적이라는 사실을 충분히 알고 있었을 것이기 때문이다.

지도자나 지배자의 임무는 자신의 지도나 지배를 받는 사람들의 욕구와 수요를 받아들여 그것을 현실화하는 것이라고 믿는 사람이 많다.

하지만 그것은 민주주의를 깊이 생각지도 않고 그대로 덥석 받아들였기 때문이고, 그래서 이런 종류의 '임무'는 온갖 정치가들의 좌우명이 되어 있다. 물론 이것도 그들의 임무이기는 하다. 하지만 임무의 일부일 뿐 전부는 아니다. 수요에는 이미 존재하는 수요도 있지만, 환기시켜야만 비로소 생겨나는 수요도 있기 때문이다.

콘스탄티누스가 통치란 통치를 받는 쪽의 수요를 받아들여 현실화하는 것뿐이라고 생각하는 지도자였다면, 5%밖에 안 되는 지지자를 위해 이익을 유도할 리는 없다. 콘스탄티누스도 환기시켜야만 비로소 생겨나는 수요도 있다고 믿는 지도자였을 것이다.

그렇다면 콘스탄티누스는 왜 그렇게까지 수요를 환기시킬 필요가 있었을까 하는 의문이 생긴다. '소수'를 '다수'로 만들려고 그렇게 애쓴 동기는 무엇일까. 그것은 피해서 지나갈 수 있는, 즉 경시해도 상관없는 문제는 아니다. 그렇게까지 기독교를 편들어서 얻을 수 있는 이익은 무엇이었을까.

'인스트루멘툼 레그니'(Instrumentum regni), 요컨대 '지배의 도구'

로마인은 왕정·공화정·제정으로 정치체제를 바꾸면서도 세습에 관해서는 시종일관 석연치 않은 느낌을 품어온 민족이다. 바꿔 말하면 세습을 어쩐지 수상쩍게 생각한다. 왕정도 선거제였고, 공화정 시대에는 오늘날의 총리에 해당하는 집정관을 시민집회에서 선거로 결정했다. 제정으로 넘어온 뒤에도 공식 주권자는 황제가 아니라 로마 시민과 로마 원로원이었다. 이 주권자들한테서 권력 행사를 위임받은 사람이 황제였다. 따라서 권력 행사를 맡을 만한 자격이 없다고 판단된 황제는 살해되었다. 1년 임기의 집정관과 달리 황제의 임기는 종신이니까, 그 황제를 '리콜'하고 싶으면 육신을 말살할 수밖에 없었기 때문이다.

3세기에 로마 제국이 위기에 직면한 것은, 현대식으로 말하면 황제에 대한 '리콜'이 잇따라 일어나 정국 불안정이 계속된 데 가장 중요한 원인이 있었다. 그런 상황을 타개하기 위해 디오클레티아누스가 창안하여 실시한 것이 '사두정치' 체제다. 하지만 이 시스템도 단명으로 끝났다. 그것을 단명으로 끝나게 한 사람이 콘스탄티누스였다. 그는 '사두정치'로는 정국 불안정을 해소할 수 없다는 것을 꿰뚫어본 게 분명하다. 또한 로마 제국을 혼자 통치한 원수정 시대의 황제들처럼 자기도 혼자 통치하고 싶다는 야망도 있었을 것이다.

하지만 제국을 혼자 통치하고 싶으면, 장기간에 걸쳐 그것을 가능하게 해줄 새로운 체제를 고안해낼 필요가 있다. '사두정치'형 체제는 기능을 발휘하지 못하는 게 분명하고, '원수정' 체제는 암살로 황제를 '리콜'할 위험성을 항상 내포하고 있다.

콘스탄티누스도 정국 안정이 제국 유지의 열쇠인 것은 알고 있었다. 하지만 이 황제는 제국의 국경인 방위선에 군사력을 배치하지 않고 그가 직접 이끄는 병력을 강화하는 데 중점을 두었다고 비판받은 사람이기도 했다. 그가 정국 안정을 위해 애쓴 것이 제국의 이익보다 자기 가문의 존속을 중시했기 때문이라 해도, 최초의 중세인이라고 불리는 콘스탄티누스라면 있을 수 있는 일이라고 생각한다.

그리고 권력자에게 권력 행사를 맡기는 것이 '인간'인 이상, 권력자에게서 권력을 빼앗을 권리도 '인간'에게 있다. 권력자를 리콜할 이 권리가 '인간'이 아니라 다른 존재에게 있다면 어떨까.

로마의 전통적인 신들은 이 역할을 맡기에 적절치 않았다. 다신교의 신은 인간을 보호하고 도와주는 신들이지, 인간에게 어떻게 살라고 명령하는 신은 아니었기 때문이다. 다신교와 일신교는 신의 성격부터 다르다. 콘스탄티누스의 필요를 충족시키는 신은 일신교의 신밖에 없었다. 그리고 4세기 당시 로마 제국에서 이 수요를 만족시킬 수 있는 일신교는 기독교뿐이었다. 유대교는 유대 민족의 종교에 머물러 있었던 반면, 기독교는 민족의 차이를 초월하는 것을 포교의 기본 방침으로 삼고 있었기 때문이다. 그리고 아직 기독교 세력이 미미했던 그 시절보다 무려 270년이나 전에 기독교를 유대인의 민족 종교에서 벗어나 세계 종교로 나아가게 한 성 바울은 이미 이렇게 말했다.

"우리는 모두 제각기 윗사람에게 복종해야 한다. 우리가 믿는 종교에서는 신 이외의 다른 권위를 인정하지 않지만, 그렇기 때문에 현실 세계에 존재하는 모든 권위는 신의 지시가 있었기에 권위가 된 것이다. 따라서 그 권위에 복종하는 것은 결국 이런 현세의 권위 위에 군림하는 지고의 신에게 복종하는 것이다."

언제부터인지는 모르지만 콘스탄티누스에게는 고문이 한 사람 있었다. 호시우스라는 사람이다. 이 인물에 관해서는 스페인 남부 도시인 코르도바 주교였다는 것, 나이는 모르지만 콘스탄티누스보다 연상이었다는 것밖에 알려져 있지 않다. 이 사람이 쓴 것이 분명한 저작이나 문서도 전혀 남아 있지 않다. 따라서 이 성직자가 실제로 무엇을 어떻게 황제에게 진언했는지를 알려주는 단서는 전혀 없다.

하지만 고문이 행사할 수 있는 영향력에도 한계는 있다. 고문의 진언은 권력자에게 받아들여지지 않으면 탁상공론으로 끝나기 때문이고, 진언의 실현성도 그것을 현실화할 수 있는 힘을 가진 권력자의 결단에 달려 있기 때문이다. 이렇게 되면 누가 무슨 진언을 했는지는 별로 문제가 되지 않는다. 진언을 받은 쪽이 그것을 받아들였느냐 아니냐가 더 중요하다. 그리고 역사에서 고대와 중세를 가르는 '루비콘'을 건너는 것과 다름없는 결단을 내린 사람은 어디까지나 콘스탄티누스였다.

현실 세계, 즉 속세를 통치하거나 지배할 권리를 군주에게 주는 것은 '인간'이 아니라 '신'이라는 사고방식의 유효성을 깨달았으니, 콘스탄티누스의 정치 감각은 경탄할 만큼 뛰어나다. 권력을 위임하든, 반대로 권력을 리콜하든, 그것을 결정할 권리는 '가지'한 인간이 아니라 '불가지'한 유일신에게 있다고 했으니까 말이다.

하지만 신은 실제로는 아무런 의사표시도 하지 않는다. 그렇다면 신의 뜻을 받을 자격이 있다고 여겨진 누군가가 그 신의 뜻을 인간에게 전달해야 한다. 기독교에서는 신의 뜻이 성직자를 통해 전해지는 것으로 믿고 있었다. 그것도 일상적으로 신자와 접촉하는 사제나 고독한 환경에서 신앙을 추구하는 수도사보다는 교리 해석을 정리하고 통합하는 공의회에 참석할 권리가 있는 주교가 더 권위있는 전달 코스다. 요컨대 세속 군주에게 통치권을 주느냐 아니냐에 관한 '신의 뜻'을 인간에게 전하는 것은 기독교회의 제도상으로는 바로 주교였다. 그렇다면 주교들을 '내 편'으로 만들어놓기만 하면 '신의 뜻'도 '내 편'으로 만들 수 있다는 이야기가 된다. 그것을 알면 이야기는 간단하다.

어떻게 하면 주교들을 회유할 수 있느냐. 문제는 그 점에 집약되기 때문이다.

기독교가 침투하고 있던 로마 제국 후기에 '주교'만큼 주목할 만한 계층은 없다. 주교는 후기 라틴어에서는 'episcopus', 후기 그리스어에서는 'episkopos'라고 불렸다.

관료제도가 고도로 발달한 현대의 가톨릭교회와 달리 아직 조직화가 진행되지 않은 시대의 기독교회 주교는 참으로 중요한 존재였다.

주교는 12사도의 후계자로 여겨졌고, 예수 그리스도와 12사도에게서 신의 뜻을 전달할 권리, 신도를 가르치고 인도할 권리, 신도를 통합할 권리를 위임받은 존재로 여겨졌다. 게다가 이런 모든 권리 이외에 기독교 확대에 도움이 되는 사물이나 기독교를 확대한 인물에게 신성한 정통성을 부여할 수 있는 권리까지 지니고 있었다.

중세를 특징짓는 봉건시대에는 지방마다 실권을 쥐고 있는 봉건 영주들이 합의하여 그중 한 사람을 왕위에 앉히는 경우가 많았는데, 주교의 한 사람이었던 교황과 나머지 주교들의 관계도 그와 비슷하다. 오늘날에도 로마 교황은 무엇보다 먼저 로마에 사는 신자들을 인도하는 것이 가장 중요한 임무인 로마 주교다. 주교와 비슷한 처지를 속세에서 찾는다면 주지사일까. 요컨대 주교구 안에 사는 신도를 통할하는 것이 주교인데, 그것은 주교가 신의 뜻을 전달하는 사람이기 때문이다. 오늘날에도 로마 교황은 주교들 중에서 임명된 추기경들의 선거로 결정되지만, 추기경들은 삼위일체 중 하나인 성령이 알려주는 '신의 뜻'을 받아 신의 뜻에 맞는 사람에게 표를 던지는 것으로 되어 있다. 누구에게 표를 던지느냐는 살아 있는 인간인 추기경의 의지가 아니라 어디까지나 신의 의지에 따른 것이다. 이처럼 기독교에서는 모든 것이 신의 뜻에 따라 이루어진다고 결정되어 있었기 때문에, 현실 세계의 통치도 신의 뜻을 얻은 사람이 맡는 게 당연하다. 그 신의 뜻을 받아서 인간에게 전하는 사람이 바로 주교였다.

그러면 이 주교들을 자기편으로 만들기 위해 콘스탄티누스는 구체적으로 어떤 방책을 썼을까.

조직의 우두머리는 반드시 자기가 정상에 앉아 있는 조직의 확립과 존속을 무엇보다 중시한다. 주교에게 그것은 자기가 관할하는 교구에서 벌어지는 각종 종교 활동을 비롯하여 복지사업과 교육사업을 하는 데 필요한 사람과 돈을 확보하는 것이다. 콘스탄티누스는 이것을 보장하고 더 늘려주면 되었다.

교회를 세워서 기증하기. 교회 활동의 재원이 될 재산을 기증하기. 교회의 모든 활동을 일선에서 실행하는 성직자들의 공무와 납세를 면제해주기. 성직에 들어가지 않고 속인의 신분을 유지하고 있더라도 봉사 활동에 적극적으로 참여하여 교회의 중요한 인적 자원이 되는 독신자의 법률적 불이익을 해소해주기.

여기까지는 앞에서 이미 말했지만, 콘스탄티누스는 이런 우대책에 덧붙여 교구 안에서의 사법권까지 주교에게 인정했다. 로마 제국은 이제 더는 법치 국가가 아니었다. 사법은 종교와 무관하게 실시되어야 할 터인데, 그 사법의 세계에서도 기독교도라는 사실이 유리해졌기 때문이다.

게다가 주교는 무거운 세금을 견디다 못한 납세자가 황제의 징세관에게 세금을 감면받기 위해 중재를 부탁할 수 있는 유일한 창구가 되었다. 이것은 콘스탄티누스가 결정한 일이 아니지만, 주교에게 주어진 권력이 이렇게 커지면 세금도 깎아줄 수 있을지 모른다고 누구나 생각하지 않았을까.

기독교가 가장 늦게 침투한 곳은, 인간보다 자연을 상대할 때가 많은 농촌 지역을 제외하면 아마 군대였을 것이다. 원래 로마군 병사들 중에는 개인적으로 태양신이나 미트라 신을 믿는 사람이 적지 않았지만, 군단으로서 단체 행동을 할 때는 개인의 신앙을 제쳐놓고 로마 제국 전체의 수호신인 전통적 신들에게 희생 동물을 바치는 데 익숙해져 있었다.

기독교를 공인한 '밀라노 칙령'이 공표된 지 11년이 지난 324년, 콘스탄티누스와 리키니우스의 내전에서 패하고 항복한 리키니우스 쪽 장병들은 승자인 콘스탄티누스 황제를 향해 이렇게 외쳤다.

"콘스탄티누스 황제여, 당신에게 '신들'의 가호가 있기를!"

'신들'이라면 로마의 전통적인 신들을 말한다. 기독교를 공인한 뒤에도 병사들에게는 '신들'이 더 친숙한 존재였음을 보여준다.

콘스탄티누스는 그런 병사들에게는 친기독교적 태도를 전혀 취하지 않고, 친기독교적 방책도 강구하지 않았다. 황제로서의 권위는 군대에 기반을 두고 있다는 사실을 잘 알고 있었기 때문이다. 장병의 지지를 줄이는 행동은 로마군 최고사령관인 황제에게는 치명적이 될 터였다.

다만 사소한 일은 실행했다. 기독교도 병사는 신에게 기도를 드린다는 이유로 일요일에 쉬는 것을 인정했지만, 이교도 병사들에게는 일요일에도 다른 날과 마찬가지로 훈련을 시킨 것이었다.

반복해서 말하지만, 콘스탄티누스는 기독교를 종교로서 공인했을 뿐 로마 제국의 국교로 삼지도 않았고 기독교 이외의 다른 종교를 배제하지도 않았다. 따라서 4세기 로마인에게 기독교는 많은 종교 가운데 하나에 불과했다. 그렇다면 단지 일요일에 쉴 수 있다는 하찮은 이유로 개종했다 해도, 정신적 부담은 후세인들이 생각하는 것보다 훨씬 가벼웠을 것이다.

최초의 『교회사』를 쓴 사람으로 유명한 카이사레아의 주교 유세비우스는 당시 기독교 개종자가 대부분 신앙심 때문이 아니라 이익 때문에 개종했다고 씁쓸하게 말한다. 하지만 그리스도에 대한 개개인의 신앙심이 저절로 강해지기를 기다리고 있다가는 '소수'를 '다수'로 만드는 데 터무니없이 긴 세월을 필요로 했을 것이다. 예수 그리스도가 십자가에서 죽은 뒤 그 가르침이 공인될 때까지만 해도 300년이나 걸렸다. 그런데 개인이나 직종에 따라 다르긴 하지만 '이익'을 개재시켰기 때문에 '소수'는 좀더 단기간에 '다수'가 되어간 게 아닐까. 그렇다면 주교 계급을 회유한 것과 더불어 이것도 인간성의 현실을 냉철하게 통찰한 뒤에 세운 교묘한 전술이었다고 말할 수밖에 없다. 경탄스러울 만큼 정치적이고, 정치가에게 가장 중요한 조건인 뛰어난 정치 감각이다.

통치나 지배의 권리를 '인간'이 아니라 '신'이 주는 것으로 만들었기 때문에, 좋든 나쁘든 역대 로마 황제들을 괴롭힌 것이 단번에 해소되었다.

황제의 권력을 견제하는 기관이었던 원로원도 가장 중요한 존재 이유를 잃어버렸다. 견제 기능을 가질 수 있는 것은 권력자에게 권력을 줄 자격을 가지고 있기 때문이다.

유권자인 시민이 의사를 표시하는 자리였던 원형투기장이나 대경기장도 그 후로는 단순한 오락장으로 바뀌었다.

로마인은 제위 세습을 항상 미심쩍은 눈으로 바라보았지만, 이제 황제는 아무리 무능한 아들을 후계자로 삼아도 그 구실을 찾으려고 고생할 필요가 없다.

"나와 내 아들이 너희를 통치하는 것은 너희의 의지에 따른 것이 아니라 너희가 믿는 신의 뜻에 따른 것이다"라고 말하면 되기 때문이다. "신의 뜻이다!" 한 마디면 그만이다.

'왕권신수설'은 절대왕정이 화려하게 꽃핀 17세기에 영국의 제임스 1세나 프랑스의 루이 14세가 주장한 설로 알려져 있다. 하지만 그것을 '현세에 대한 지배권의 신수설'로 바꿔 말하면, 17세기보다 1,300년 전에 이미 콘스탄티누스 황제가 씨를 뿌린 '사상'이었다.

피를 이어받은 아들에 대한 계승으로 한정하면, 콘스탄티누스가 이렇게까지 정착시키려고 애쓴 지배권은 그의 아들 대에서 단절되어버린다. 하지만 지배권의 신수설이라는 '사상'은 그 후에도 오랫동안 장수를 누렸다. 생각하기에 따라서는 프랑스 혁명 때까지 계속되었다. 이처럼 오랫동안 목숨을 유지할 수 있었던 것은, 인간이 아니라 신이 통치자를 결정한다는 이 '사상'이 지배자에게는 정말로 편리했기 때문이다.

대관식이 그 실태를 잘 나타내고 있다. 왕은 신의 뜻을 전하는 역할을 맡은 주교 앞에 무릎을 꿇는다. 그리고 이런 의미에서도 신의 대리인인 주교는, 무릎을 꿇고 있는 왕의 머리 위에 신이 그 정통성을 인정한 지배권의 상징인 왕관을 올려놓는다.

대관식(왕관을 받는 샤를마뉴를 묘사한 그림)

통치할 권리를 신이 준다고 생각지 않았던 원수정 시대의 로마 제국에는 왕관도 존재하지 않았고 대관식도 존재하지 않았다.

330년 5월 11일, 새 수도 콘스탄티노폴리스의 완성을 축하하는 의식이 화려하게 거행되었다. 돌관 작업을 계속한 덕에 6년이라는 짧은 기간에 일단 수도의 형태는 갖출 수 있었다. 로마가 다신교 로마 제국의 수도라면, 콘스탄티누스 황제가 자신의 이름을 붙이고 '새 로마'라고 부른 콘스탄티노폴리스는 일신교인 기독교 로마 제국의 수도였다. 영광스러운 옛 로마 제국의 부활을 새로운 정체, 새로운 수도, 새로운 종교로 이루겠다는 것이 콘스탄티누스의 생각이었다. 330년에 그는 수도의 모든 기능을 로마에서 콘스탄티노폴리스로 완전히 이전했다.

권력의 이전은 권력 주변에 모여드는 사람들의 이전으로 이어진다.

로마에서는 빗의 이가 빠져나가듯 지위가 높은 사람이나 부유층에 속하는 사람들이 새 수도로 옮아갔다. 그리고 이 이주 현상은 새 수도의 완성을 축하한 이듬해에 일어난 참사로 점점 가속화되었다.

그것은 제국 안전보장의 시금석이라고 불린 도나우 방위선을 뚫고 북방 야만족이 대규모로 침입한 사건이었다. 후방에 진을 쳤다고는 하지만, 황제가 직접 지휘하는 로마군이 쳐들어온 야만족을 무찌르고 항복한 야만족을 로마군에 편입시켜 사태를 마무리할 때까지 무려 2년이 걸렸다. 최종적으로는 이겼지만, 야만족이 국경을 뚫고 깊숙이 쳐들어온 뒤에야 겨우 격파하는 사태를 콘스탄티누스도 해소하지 못했다는 것을 보여준다.

337년 봄이 오기를 기다려 콘스탄티누스 황제는 대군을 이끌고 콘스탄티노폴리스를 떠나 소아시아로 건너갔다. '사두정치' 시대에 로마군에 철저히 격파당한 끝에 강화를 맺을 수밖에 없었던 페르시아 왕국이 40년 만에 로마를 상대로 군사행동을 시작했기 때문이다. 콘스탄티누스는 벌써 62세가 되어 있었지만, 상대가 페르시아 왕국이라면 직접 나설 필요가 있었다. 간통 혐의로 살해된 황후 파우스타가 낳은 세 아들은 아직 21세와 20세와 17세로 페르시아를 상대로 한 전쟁을 맡기기에는 너무 젊었다. 친아들 이외의 친족이라면 이복동생 두 명과 그 아들들이 있었지만, 제 혈통의 계승을 중시하는 콘스탄티누스가 그들에게 명성을 얻을 기회를 줄 수는 없었다.

하지만 60대 초반의 콘스탄티누스는 노쇠한데다, 제위를 획득할 때까지 경쟁자들과 싸우고 그 후 전제정치를 계속하면서 30년 동안 권력 쟁취와 유지에 기력과 체력을 쏟아부은 피로가 쌓여 있었는지도 모른다. 소아시아 서쪽 끝에 있는 니코메디아까지 왔을 때 그만 병석에 누워버렸다. 그리고 병세가 호전되지 않은 채 5월 22일 죽음을 맞았다. 향년 62세였다.

시신은 역대 로마 황제처럼 화장되지 않고 그대로 콘스탄티노폴리스로 운구되어, 생전에 그가 건설한 '성 12사도 교회'에 매장되었다. 역대 황제들의 마지막 안식처였던 로마는 이제 그 역할마저도 빼앗기고 말았다.

죽기 직전에 콘스탄티누스는, 원래는 삼위일체설에 반대하는 아리우스파였던 니코메디아 주교 유세비우스에게 세례를 받았다고 기독교 쪽 사료는 전하고 있다. 다만 이것을 전한 사람은 황제에게 세례를 준 당사자로서 최고의 현장 증인인 니코메디아 주교 유세비우스가 아니라, 이름은 같지만 그 자리에 없었던 카이사레아 주교 유세비우스다. 따라서 이것도 전해들은 정보에 불과하지만, 콘스탄티누스가 죽기 직전에 세례를 받고 기독교도가 되었느냐 아니냐는 별로 중요한 문제가 아닌 듯하다. 현대인은 콘스탄티누스가 죽음을 앞두고 과거의 잘못을 뉘우치고 성품과 행실을 고칠 마음이 났나 보다고 생각할 것이다. 하지만 죽음을 앞두고 세례를 받은 것에 대해서는 다른 해석도 있다. 1964년에 옥스퍼드 대학교에서 출판된 『The Later Roman Empire』의 저자로 로마 제국 후기에 대한 세계적 권위자 A.H.M. 존스 교수는 이렇게 말했다.

"콘스탄티누스는 단지 성실한 기독교도들의 본보기를 따랐을 뿐이다. 기독교에서 보면 대죄가 될 게 뻔한 나쁜 행위도 현세에서는 할 수밖에 없으니까, 그런 짓을 하려고 해도 할 수 없을 때까지 기독교도가 되기 위한 세례를 미룬 것이다."

이 글을 읽은 순간, 나는 요시다 시게루(吉田茂: 일본의 정치가. 제2차 세계대전 후 격동기에 여러 차례 총리를 지내면서 정치적 안정과 경제적 번영을 이룩했으며, 최후의 병상에서 기독교에 귀의하여 자기는 '천국 도둑'이라는 농담을 남기고 타계했다. 1878~1967 - 옮긴이)가 머리에 떠올라서 기분이 유쾌해졌다. 나는 고대 기독교가 지니고 있었던 시대에 대한 순응성과 로마적 사고방식에 대한 유연성도 충분히 이해하고 여러 번 그것을 언급했지만, 이런 유쾌한 면이 있는 줄은 미처 몰랐다. 이렇게 되면 데뷔작 이래 시종일관 비종교적 관점에서 역사를 써온 나도 기독교적으로 구원을 받으려면 죽기 직전에 세례를 받는 길이 아직 남아 있다는 이야기가 된다. 하지만 평생을 그리스도의 가르침에 충실하게 살아온 사람과 죽기 직전에 뛰어든 사람이 기독교의 신 앞에서 과연 평등할까.

아무리 죽기 직전에 뛰어들었다 해도 생전의 콘스탄티누스가 열성을 쏟은 기독교 진흥의 성과는 그에게 '대제'라는 존칭을 바치는 정도로는 부족하다. 샤를마뉴 따위는 그에게 훨씬 미치지 못한다. 어떤 연구자는 이렇게 말했다.
"콘스탄티누스가 존재하지 않았다면 기독교회는 교리 해석을 둘러싸고 거듭되는 논쟁과 그 결과인 분열로 다른 수많은 고대 종교와 마찬가지로 사라져버렸을 것이다."
하지만 또 다른 연구자는 디오클레티아누스에서 콘스탄티누스까지,

즉 내가 이 책에서 다룬 시대 전반에 대해 이렇게 말하기도 했다.

"이렇게까지 해서 로마 제국은 목숨을 부지하지 않으면 안 되었을까."

디오클레티아누스와 콘스탄티누스를 통해 로마 제국이 되살아났다고 보는 연구자는 많다. 이들 두 황제는 로마 제국을 완전히 다른 제국으로 변모시킴으로써 로마 제국을 일으켜 세워두는 데에는 성공했다. 만약 그 두 사람이 없었다면 3세기 말에 벌써 제국의 종말이 찾아왔을지도 모른다. 하지만 제국을 일단 일으켜 세워둘 수 있었던 기간은 100년도 채 안되었다. 그 100년이 오현제 시대 같은 100년이라면 많은 대가를 치를 가치도 있었을지 모른다. 그때 제국의 방위선은 철벽이어서 야만족이 침입하지 못하고, 따라서 일반 백성들도 안전하게 일할 수 있느냐 없느냐를 가늠하는 시금석인 농사도 활발했다. 가도를 오가는 사람과 수레도 도적을 걱정할 필요가 없을 만큼 치안 상태도 좋았다. 따라서 광대한 제국 안에서 사람과 물자가 활발하게 유통되고, 직업 선택의 자유도 있으니까 사회계층 사이에 유동성이 작용하고, 그 결과 인재를 적절히 활용하는 메커니즘이 기능을 발휘하고, 세금도 넓고 얕게 부과되었다. 바꿔 말해서 '팍스 로마나'를 누린 100년이라면 많은 대가를 치를 만한 가치도 있었다는 뜻이다.

하지만 앞으로 닥쳐올 100년은 그렇지 않았다. '팍스 로마나'는 다시는 돌아오지 않았다. 따라서 "이렇게까지 해서 로마 제국은 목숨을 부지해야 했는가"라는 의문은, 로마가 태어나서 죽을 때까지의 역사를 공부한 많은 이들의 가슴속에 저절로 솟아나는 의문이기도 하다. 게다가 그 뒤에 찾아올 중세가 어떤 시대였는지를 안다면 더욱 그렇다.

연 대	로 마 제 국		그 밖의 세계
	제국 동방 (중동, 소아시아, 이집트, 발칸, 도나우 유역)	제국 서방 (이탈리아, 라인 유역, 갈리아, 브리타니아, 에스파냐, 북아프리카)	
245년	이 무렵, 디오클레스(나중에 디오클레티아누스), 달마티아 지방의 스플리트 근처에 있는 살로나에서 태어남.		(한국) 원삼국시대 (일본) 야요이시대
260년	발레리아누스 황제, 페르시아 왕 샤푸르 1세에게 사로잡힘.		
275년	이 무렵, 콘스탄티누스, 나이수스(오늘날 세르비아·몬테네그로의 니시)에서 태어남.		
283년	여름, 카루스 황제, 페르시아와 싸우다가 벼락에 맞아 죽음. 가을, 카루스의 아들 누메리아누스, 니코메디아에서 사망. 황제 경호대장 디오클레스, 휘하 군단이 황제로 옹립.		(중국) 서진이 오를 멸하고 중국을 통일 (280년).
284년	여름, 누메리아누스의 동생 카리누스, 전사. 디오클레스, 황제에 취임, 디오클레티아누스로 개명. 가을, 디오클레티아누스, 막시미아누스를 '카이사르'에 지명. '양두정치' 개시.		
286년	이 무렵 디오클레티아누스가 도나우 방위선에서 야만족을 무찌른 뒤 동방으로 가서 방위선 강화에 나섬.	막시미아누스, 북아프리카 방위선 강화에 나섬.	
288년		원로원, 동방의 방위선 강화에 성공한 디오클레티아누스에게 '페르시쿠스 막시무스'(페르시아를 제압한 위대한 자)라는 존칭을 바침. 디오클레티아누스, 라이티아로 떠남.	
290년	디오클레티아누스, 다시 동방의 시리아에 가서 사라센 도적을 정벌.		
291년	디오클레티아누스, 이집트를 방문하여 나일강 상류에서 쳐들어온 야만족을 격퇴.		(중국) 팔왕의 난.
292년	디오클레티아누스, 도나우 방위선으로		(인도) 이 무렵, 『마

293년	돌아가 사르마티아족을 격퇴. 5월 1일, 제1차 '사두정치' 개시. 동방은 정제 디오클레티아누스와 부제 갈레리우스가 맡고, 서방은 정제 막시미아누스와 부제 콘스탄티우스 클로루스가 맡음. 콘스탄티누스, 오리엔트로 보내져 니코메디아의 디오클레티아누스 황제 밑에서 군무에 종사.		『마하바라타』와 『라마야나』라는 양대 서사시 성립. (인도) 초기 팔라바 왕조 일어남.
295년	'디오클레티아누스 목욕장' 착공. 누미디아의 젊은이 막시밀리아누스, 병역을 거부하고 순교.		
296년	페르시아군, 북부 메소포타미아를 침공. 동방 부제 갈레리우스가 출정했지만 참패당함.		
297년	갈레리우스, 페르시아에 승리. 페르시아와 강화를 맺고 메소포타미아를 지배 아래 둠.		
301년	디오클레티아누스, 가격 통제 칙령을 공포.		(중국) 조나라 왕 사마륜이 제위를 탈취.
303년	2월 24일, 디오클레티아누스, 기독교도 탄압 칙령을 공포.	11월 20일, 디오클레티아누스, 막시미아누스와 함께 로마에서 개선식 거행.	
305년	5월 1일, 디오클레티아누스, 막시미아누스와 함께 퇴위. 디오클레티아누스는 스플리트로, 막시미아누스는 이탈리아 남부로 가서 은거. 제2차 '사두정치' 개시. 동방 정제는 갈레리우스, 부제는 막시미누스 다이아. 서방 정제는 콘스탄티우스 클로루스, 부제는 세베루스.		(일본) 고분시대
306년		'디오클레티아누스 목욕장' 완성. 콘스탄티누스, 서방으로 가서 아버지 콘스탄티우스 클로루스의 군대에 들어감. 7월, 서방 정제 콘스탄티우스 클로루스 병사. 콘스탄티우스 클로루스의 휘하 군대, 콘스탄티누스를 정제로 옹립. 갈레리우스, 서방 정제에 세베루스를 앉히고 부제에 콘스탄티누스를 앉히는 것으로 사태 수습을 꾀함. 10월 28일, 막시미아누스의 아들 막센티우스, 로마에서 황제 즉위를 선언.		
307년		2월, 서방 정제 세베루스, 막센티우스를		

308년	가을, 동방 정제 갈레리우스, 카르눈툼으로 디오클레티아누스와 막시미아누스를 초대하여 회담을 열고 서방 정제에 리키니우스를 앉히기로 합의. 제3차 '사두정치' 개시.	정벌하기 위해 로마로 진격하다가 선제 막시미아누스의 군대에 붙잡혀 자결. 콘스탄티누스, 막시미아누스의 딸 파우스타와 결혼.	(중국) 한나라 왕 유연, 제위에 오름.
309년	디오클레티아누스의 기독교도 탄압 칙령이 철회.		
310년		라인 방위선을 넘어 야만족이 대거 침입. 막시미아누스, 그 틈을 타서 콘스탄티누스를 타도할 쿠데타 기도. 콘스탄티누스, 야만족과 강화를 맺고 막시미아누스에게 반격. 막시미아누스 자결.	
311년	4월, 동방 정제 갈레리우스, 칙령을 공포하여 신앙의 자유를 인정. 5월, 갈레리우스 사망. 리키니우스가 동방 정제를 계승하고 서방 정제는 공석으로 남겨둠.		
312년		콘스탄티누스, 막센티우스와 결전을 벌이기 위해 군대를 이끌고 알프스를 넘어 이탈리아로 진격. 10월 27일, 콘스탄티누스, 로마 근교의 밀비우스 다리에서 승리. 막센티우스 전사. 원로원, 로마에 입성한 콘스탄티누스를 정제로 승격시키기로 결의. '콘스탄티누스 개선문' 착공. 근위군단 해산.	
313년	막시미누스 다이아, 디오클레티아누스의 딸이자 갈레리우스의 아내였던 발레리아를 그 어머니인 프리스카와 함께 오리엔트로 추방. 막시미누스 다이아, 리키니우스 관할인 소아시아로 군대를 이끌고 쳐들어감. 3월 말, 리키니우스 군대가 막시미누스 다이아의 군대를 격파. 막시미누스 다이아는 도주. 6월 15일, '밀라노 칙령'이 공포되어 기독교가 공인. 8월, 막시미누스 다이아 사망. 디오클레티아누스 사망.	콘스탄티누스, 밀라노에서 리키니우스와 회담. '밀라노 칙령'의 내용에 합의. 리키니우스, 콘스탄티누스의 누이동생 콘스탄티아와 결혼.	(한국) 고구려, 낙랑군과 대방군을 멸함.
315년	'콘스탄티누스 개선문' 완성. 가을, 콘스탄티누스, 리키니우스와 싸워 승리. 이어진 두 번째 전투에서도 콘		

	스탄티누스가 승리. 12월, 콘스탄티누스, 리키니우스와 강화를 맺음. 리키니우스의 세력 범위는 소아시아 동쪽으로 제한.		
316년	콘스탄티누스, 북방 야만족을 격퇴하기 시작.		(일본) 고분시대 (중국) 서진 멸망.
317년	콘스탄티누스, 국경을 넘어 침입하는 야만족을 본격적으로 맞아 싸움. 도나우 방위선은 콘스탄티누스, 라인 방위선은 아들 크리스푸스가 담당.		(중국) 사마예, 동진 왕위에 오름(318년). (중국) 유요, 장안을 도읍으로 삼아 조나라를 일으킴(319년). (인도) 찬드라굽타 1세, 굽타 왕조를 일으킴(320년).
322년	콘스탄티누스, 군대와 함께 도나우강을 건너 북방 야만족을 격퇴. 야만족과 강화를 맺고 제국 북방의 안전을 확보하는 데 성공.		
324년	7월 3일, 콘스탄티누스, 터키의 에디르네에서 리키니우스와 싸워 승리. 콘스탄티누스, 비잔티움에서 리키니우스와 싸워 다시 승리. 리키니우스는 항복하고 정제 자리에서 물러나 테살로니키로 은퇴. 콘스탄티누스, 단독 황제가 되다. 콘스탄티누스, 제국의 수도를 비잔티움으로 옮기고 새 수도 건설에 착수.		
325년	리키니우스, 야만족과 공모하여 반란을 기도한 혐의로 처형됨. 콘스탄티누스, 소아시아의 니케아에 기독교 주교들을 소집하여 공의회를 개최. 삼위일체설을 정통으로 삼고 아리우스파를 이단으로 하는 니케아 신경이 결정됨.		
326년	크리스푸스, 계모 파우스타와 밀통한 죄로 체포되어 이스트라 반도의 풀라 감옥에서 사망. 파우스타도 모살됨.		
330년	5월 11일, 새 수도 콘스탄티노폴리스의 완성을 축하하는 의식이 거행됨.		
337년	콘스탄티누스, 페르시아의 군사행동에 대항하기 위해 군대를 이끌고 동방으로 감. 5월 22일, 콘스탄티누스, 머물고 있던 니코메디아에서 병사.		

참고문헌

Alfoldi, A., *Costantino tra paganesimo e cristianesimo*, Bari, 1976.

Ariès, P. & Duby, G., *La vita privata. Dall'impero romano all'anno mille*, Bari, 1990.

Barnes, T.D., *Constantine and Eusebius, the New Empire of Diocletian and Constantine*, Cambridge, 1981.

Barrow, R.E., *Slavery in the Roman Empire*, London, 1928.

Bleckmann, B., *Konstantin der Grosse*, Hamburg, 1996.

Brown, P., *Società romana e impero tardo-antico*, Roma-Bari, 1986.

Bruun, P.M., *Studies in Constantinian Chronology*, New York, 1961.

Bugner, L., (ed.) *The Image of the Black in Western Art vol. I: From the Pharaohs to the Fall of the Roman Empire*, Harvard University Press, 1983.

Buonaiuti, E., *Il Cristianesimo nell'Africa Romana*, Bari, 1928.

Burckhardt, J., *L'età di Costantino* (1853), Firenze, 1957.

Bury, J., *The Invasion of Europe by the Barbarians*, London, 1928.

Calderone, S., *Costantino e il cattolicesimo*, Firenze, 1962.

Cameron, A., *The Later Roman Empire*, Harvard University Press, 1993.

Charlesworth, M.P., *Trade Routes and Commerce in the Roman Empire*, Cambridge, 1924.

Corcoran, S., *The Empire of the Tetrarchs: Imperial Pronouncement and Government, A.D. 284~324*, Oxford, 1996.

Costa, G., *L'Opposizione sotto i Costantini*, Milano, 1925.

Crivellucci, A., *Storia delle relazioni tra lo stato e la chiesa*, Bologna, 1885.

Dagron, G., *Naissance d'une capitale: Constantinopole et ses institutions de 330 à 451*, Paris, 1974.

Dalle Spade, G., *Immunità ecclesiastiche nel diritto romano imperiale*, Venezia, 1940.

Daniele, I., *I documenti costantini della Vita Costantini di Eusebio di Cesarea*, Roma, 1938.

De Broglie, A., *L'eglise et l'empire romain au IV$_e$ siècle*.

De Giovanni, L., *Costantino e il mondo pagano*, Napoli, 1977.

De Martino, F., *Storia economica di roma antica*, Firenze, 1980.

De Robertis, F.M., *Il diritto associativo romano. Dai collegi della Repubblica alle corporazioni del Basso Impero*, Bari, 1938.

Diehl, Ch., *Constantinopole*, Paris, 1924.

Downey, G., *A History of Antioch in Syria, from Seleucus to the Arab Conquest*, Princeton, 1961.

Duncan-Jones, R., *Money and Government in the Roman Empire*, Cambridge University Press, 1998.

Eusebius, *Historia Ecclesiastica & Vita Constantini*, Berlin, 1909.

Fischer-Fabian, S., *I germani*, Bologna, 1985.

Fraschetti, A., *La conversione. Da Roma pagana a Roma cristiana*, Bari, 1999.

Gardner, I. & Lieu, S.N.C., (eds.), *Manichaean Texts from the Roman Empire*, Cambridge University Press, 2004.

Gibbon, E., *The Decline and Fall of the Roman Empire*, with introduction of J. Bury, London, 1890~1900; *Declino e caduta dell'impero romano*, Milano, 1992.

Giobbo, A., *Chiesa e Stato nei primi secoli del cristianesimo*, Milano, 1914.

Gwatkin, H.M. & Whitney, J.P. (eds.), *The Cambridge Mediaeval History vol. I: The Christian Roman Empire and the Foundation of the Teutonic Kingdoms*, Cambridge, 1936.

Jacques, F. & Scheid, J., *Roma e il suo impero. Istituzioni, economia, religione*, Roma-Bari, 1992.

Jones, A.H.M., *Constantine and the conversion of Europe*, London, 1964; *The Cities of the Eastern Roman Provinces*, Oxford, 1971; *The Later Roman Empire. 284~602*, Oxford, 1984.

Kidd, A., *A history of the Church to A.D. 461*, Oxford, 1922.

Levi, A., *Itineraria Picta. Contributo allo studio della Tabula Peutingeriana*, Roma, 1967.

Lot, F., *Les invasions germaniques*, Paris, 1935.

MacMullen, R., *Soldier and Civilian in the Later Roman Empire*, Harvard University Press, 1963; *Constantine*, London, 1987.

Mattingly, H., Ensslin, W., Baynes, N.H. & others, *The Cambridge Ancient History vol. XII: The Imperial Crisis and Recovery*, Cambridge University Press, 1939.

Mazza, M., *Lotte sociali e restaurazione autoritaria nel III secolo dopo Cristo*, Roma-Bari, 1973.

Mazzarino, S., *Antico, Tardo-antico ed era costantina*, Bari, 1980; *L'Impero Romano*, Bari, 1984; *La fine del mondo antico*, Milano, 1988.

Miller, E., Postan, C. & Postan, M.M., (eds.), *The Cambridge Economic History of Europe from the Decline of the Roman Empire vol. II: Trade and Industry in the Middle Ages*(2nd Edition), Cambridge University Press, 1987.

Momigliano, A., *Il conflitto tra paganesimo e cristianesimo nel IV secolo*, Torino, 1971.

Monti, G. M., *Le corporazioni nell'evo antico e mell'alto medioevo*, Bari, 1934.

Norwich, J. J., *Bisanzio. Splendore e decadenza di un impero 330~1453*, Milano, 2000.

Ortiz De Urbina, J., *La politica di Costantino nella controversia ariana*,

Roma, 1939.

Ostrogorsky, G., *Storia dell'impero bizantino*, Torino, 1968.

Paribeni, R., *L'Italia imperiale. Da Ottaviano a Teodosio*, Milano, 1939; *Storia di Roma vol. III: Da Diocleziano alla caduta dell'Impero d'occidente*, Roma, 1941.

Paratore, E., *La letteratura latina dell'età imperiale*, Milano, 1992.

Pohlsander, H.A., *Crispus: Brilliant Career and Tragic End*, London, 1984; *The Emperor Constantine*, London, 1996.

Postan, M. M., (ed.), *The Cambridge Economic History of Europe from the Decline of the Roman Empire vol. I: Agrarian Life of the Middle Ages*, Cambridge University Press, 1966.

Rémondon, R., *La crise de l'Empire romain de Marc Aurelè à Anastase*, Paris, 1964.

Romano, G., *Le dominazioni Barbariche*, Milano, 1940.

Salvatorelli, L., *La politica religiosa e la religiosità di Costantino*, Roma, 1928.

Salzman, M.R., *The Making of a Christian Aristocracy: Social and Religious Change in the Western Roman Empire*, Harvard University Press, 2002.

Schreiber, H., *I goti*, Bologna, 1981; *I vandali*, Milano, 1984.

Segre, G., *Osservazione sulla costituzione dell'impero da Diocleziano a Giustiniano*, Roma, 1934.

Stein, E., *Histoire du Bas-Empire*, Amsterdam, 1959.

Tenney, F., *Economic Survey of Ancient Rome*, Baltimore, 1930.

Veyne, P., *The Roman Empire*, Harvard University Press, 1997.

Wells, C., *The Roman Empire* (2nd ed.), Harvard University Press, 1995.

Williams, S., *Diocleziano. Un autocrate riformatore*, Milano, 1995.

그림 출전 일람

19쪽	이스탄불 동양고대미술관(이스탄불/터키)
	ⓒErich Lessing/Pacific Press Service
31쪽	베를린 국립박물관(베를린/독일)
	ⓒHirmer Fotoarchiv München
79쪽	(둘 다)영국박물관(런던/영국)
	ⓒCopyright The Trustee of The British Museum
93쪽	산 마르코 대성당(베네치아/이탈리아)
	ⓒErich Lessing/Pacific Press Service
96쪽	(콘스탄티우스 클로루스)니 카를스베르그 조각관(코펜하겐/덴마크)
	ⓒNy Carlsberg Glyptotek, Copenhagen
	(막시미아누스)아부르초 국립박물관(키에티/이탈리아)
	ⓒDeutsches Archäologisches Institut, Roma
97쪽	(갈레리우스)자예카르 국립박물관(자예카르/세르비아·몬테네그로)
	ⓒNational Museum Zajecar, Serbia-Montenegro
	(디오클레티아누스) 19쪽과 동일
	ⓒErich Lessing/Pacific Press Service
124쪽	로마 문명박물관(로마/이탈리아)
	ⓒArchivo Iconografico, S.A./CORBIS/CORBIS JAPAN
146쪽	성모 마리아와 천사와 순교자의 교회(로마/이탈리아)
	ⓒScala Archive, Firenze
154쪽	(디오클레티아누스) 19쪽과 동일
	ⓒErich Lessing/Pacific Press Service
	(갈레리우스) 97쪽과 동일
	ⓒNational Museum Zajecar, Serbia-Montenegro
	(막시미아누스) 96쪽과 동일
	ⓒDeutsches Archäologisches Institut, Roma
	(콘스탄티우스 클로루스) 96쪽과 동일
	ⓒNy Carlsberg Glyptotek, Copenhagen
155쪽	(막시미누스 다이아) 이집트 박물관(카이로/이집트)

	ⓒArchivo Iconografico, S.A./CORBIS/CORBIS JAPAN
	(갈레리우스) 97쪽과 동일
	ⓒNational Museum Zajecar, Serbia-Montenegro
	(세베루스)영국박물관
	ⓒCopyright The Trustee of The British Museum
	(콘스탄티우스 클로루스) 96쪽과 동일
	ⓒNy Carlsberg Glyptokek, Copenhagen
159쪽	에르네스트 헤브라르드 그림 ⓒAKG-Images
163쪽	카피톨리노 미술관(로마/이탈리아)
	ⓒAraldo de Luca/CORBIS/CORBIS JAPAN
170쪽	(막시미누스 다이아) 155쪽과 동일
	ⓒArchivo Iconografico, S.A./CORBIS/CORBIS JAPAN
	(갈레리우스) 97쪽과 동일
	ⓒNational Museum Zajecar, Serbia-Montenegro
	(세베루스) 155쪽과 동일
	ⓒCopyright The Trustee of The British Museum
	(콘스탄티누스) 163쪽과 동일
	ⓒAraldo de Luca/CORBIS/CORBIS JAPAN
	(막시미아누스) 96쪽과 동일
	ⓒDeutsches Archäologisches Institut, Roma
	(막센티우스)바티칸 미술관(바티칸)
	ⓒDeutsches Archäologisches Institut, Roma
190쪽	바티칸 미술관 ⓒMusei Vaticani
215쪽	밀비우스 다리(로마/이탈리아)
	ⓒGianni Giansanti/Sygma/CORBIS/CORBIS JAPAN

〈223~235쪽 콘스탄티누스 개선문(로마/이탈리아)〉

223~224쪽	(사진) ⓒDeutsches Archäologisches Institut, Roma
225쪽	그림: 峰村勝子(226쪽, 229쪽, 231쪽, 232쪽도 동일)
226~227쪽	(사진: ⑨번 제외) ⓒFototeca Unione, AAR
	(사진: ⑨) ⓒDeutsches Archäologisches Institut, Roma
288~229쪽	(사진: ⑤번 제외) ⓒDeutsches Archäologisches Institut, Roma
	(사진: ⑤) ⓒFototeca Unione, AAR
230~231쪽	(사진 전체) ⓒFototeca Unione, AAR
232~233쪽	(사진 전체) ⓒDeutsches Archäologisches Institut, Roma
234쪽	위: 아라 파체스(로마/이탈리아)
	ⓒArchäologisches Institut, Philosophische Fakultät, Universität zu Köln

그림 출전 일람 365

	아래: 로마 문명박물관 촬영: 桜井紳二
235쪽	위: 로마 국립박물관: 아르텐푸스 궁(로마/이탈리아)
	ⓒScala Archive, Firenze
	아래: 223쪽과 동일
	ⓒDeutsches Archäologisches Institut, Roma
299쪽	우피치 미술관(피렌체/이탈리아)
	ⓒAKG-Images/Nimatalah
303쪽	소피아 성당(이스탄불/터키)
	ⓒErich Lessing/Pacific Press Service
314쪽	영국박물관 ⓒCopyright The Trustee of The British Museum
351쪽	라파엘로와 그의 공방 작품, 바티칸 미술관
	ⓒScala Archive, Firenze

지도 제작: 綜合精図研究所

로마인 이야기 13
최후의 노력

지은이 **시오노 나나미**
옮긴이 **김석희**
펴낸이 **김언호**
펴낸곳 **(주)도서출판 한길사**

등록 • 1976년 12월 24일 제74호
주소 • 10881 경기도 파주시 광인사길 37
www.hangilsa.co.kr
E-mail:hangilsa@hangilsa.co.kr
전화 • 031-955-2000~3
팩스 • 031-955-2005

ROMAJIN NO MONOGATARI XIII
SAIGO NO DORYOKU
by Nanami Shiono

Copyright ⓒ 2004 by Nanami Shiono

Original Japanese edition published by Shinchosha Co., Ltd.
Korean translation rights arranged with Shinchosha Co., Ltd.
through Japan Foreign-Rights Centre

Translated by Kim Seok-Hee
Published by Hangilsa Publishing Co., Ltd., Korea, 2005

제1판 제1쇄 2005년 3월 22일
제1판 제48쇄 2023년 12월 11일

Published by Hangilsa Publishing Co., Ltd., Korea

값 17,500원
ISBN 978-89-356-5486-4 04900
• 잘못된 책은 구입하신 서점에서 바꿔드립니다.